山东省
标准地名诠释

威海市卷

《山东省标准地名诠释》编纂委员会 编

山东城市出版传媒集团·济南出版社

《山东省标准地名诠释》

编纂委员会

主　　编　冯建国

副 主 编　于建波　张子龙

编　　委　（以姓氏笔画排序）

丁志强　王为民　王玉磊　王晓迪　付振民　庄茂军

刘兴宝　孙树光　张西涛　张屹卿　张兴军　张鲁宁

陈　芳　陈效忠　陈朝银　陈德鸿　徐希超　徐帮杰

黄贤峰　崔继泽

编辑部主任　孙凤文

编辑部成员　（以姓氏笔画排序）

马　瑞　王书清　王成明　王红艳　巩铁军　刘　玲

李成尧　杨　军　张义勇　张亚萍　张光耀　林　锋

赵文琛　倪　语　倪春雷　高洪祥

前　言

地名是重要的基础地理信息和社会公共信息，与经济社会发展、人们日常生产生活息息相关。编纂出版《山东省标准地名诠释》是地名管理服务工作的一项基础工程，对进一步推行山东省地名标准化，推广普及地名知识，适应改革开放和高质量发展的需要，以及国家和社会治理、经济发展、文化建设、国防外交等方面具有重要的意义和作用。

2014 年 7 月，国务院印发通知开展第二次全国地名普查。2015 年，国务院地名普查办印发《第二次全国地名普查成果转化规划（2015—2020 年）》（国地名普查办发〔2015〕6 号），山东省地名普查办依此制定了《山东省第二次全国地名普查成果转化规划（2016—2020 年）》（鲁地名普查办发〔2016〕4 号），部署开展成果转化相关工作，其中包括组织编制出版标准地名图、录、典、志等出版物。编纂出版《山东省标准地名诠释》是贯彻落实"边普查、边应用"指示要求，及时发布并推动第二次全国地名普查成果社会应用的重要举措，也是落实规划目标任务的重要内容。

《山东省标准地名诠释》编纂委员会按照公开出版的要求，在全省第二次全国地名普查成果数据基础上，进行成果的整理挖掘（包括资料收集、数据考证等），编辑出版《山东省标准地名诠释》，并将本书定位为第二次全国地名普查重要的省级成果，是一部以"地名"为主题的省级标准地名工具书。

本书在资料整理和编辑加工的过程中力求做到内容权威、文字精练、编写精心、编辑独到、设计新颖，以期达到当前编辑出版水平的先进行列。在词目释义编写上，本书着力突出"三个重点"（即地名基本要素、地名文化属性、地名所指代地理实体性质与特征），具备四个特点（即广、新、准、实）。其中，"广"即收词广泛，应录尽录，要涵盖重要地名类别及其主要地名；"新"即资料新、信息新，要充分利用地名普查最新成果，反映全省各地地名的新情况、发展建设取得的新成就；"准"即实事求是、表述准确、考证严谨，要求词目释文中的资料、数据翔实有据，表述准确、规范，做到地名拼写准确无误、词条诠释准确无误；"实"即具有实用性。在采词、释文内容和词目编排上都力求符合读者需要，便于读者使用，使之有较高的实用和收藏价值。

本次《山东省标准地名诠释》编纂得到多方面的支持，全省各级地名主管部门的领导和地名工作者，不辞辛苦，埋头于本书所需资料的搜集、整理，根据《山东省标准地名诠释》的编写要求，认真组织撰稿，力求做到精益求精。在此，我们对为本书的编纂、出版工作提供了帮助和支持的所有单位、领导和工作人员，表示诚挚的感谢。编纂出版《山东省标准地名诠释》工作任务重、涉及内容多、标准要求高，限于我们的人员专业水准和时间等因素，书中难免存在错误或不足，恳请广大读者批评指正。

凡　例

一、《山东省标准地名诠释》采收山东省 17 市 137 县（市、区）范围内，包括乡镇以上行政区划名称、主要的居民点和自然实体及主要社会、经济设施等重要地名词条，按照行政区域划分和地名类别特点分列 18 卷。

二、采收地名分为六个大类：

1. 政区类：包括山东省政区建制镇、乡、街道及以上全部行政区划单位；国家和省正式批准的各类经济功能区（含开发区、高新区、工业区、保税区、科技园区、新区等）；1949—2014 年间曾经设立而现已废置的地区行署、县级和乡级行政区，特指被撤销建制、被合并或拆分不继续使用原专名的情况。另，城乡社区是社会治理的基本单元，故也收录了部分建有综合服务中心且统一开展基本公共服务的社区名称。

2. 居民点类：具有地标意义或文化意义的住宅区；镇、乡人民政府驻地居民点；经省级以上人民政府或有关部门批准的"历史文化名村""传统村落"；具有明显特点的非镇、乡驻地的居民点（如：文化底蕴浓厚、存续历史悠久、人口数量多、占地面积广、重要历史事件发生地、名人故里、重要少数民族聚居地、交通要口、物资集散地、土特产品产地等）等。

3. 交通运输类：包括城市道路与城镇街巷、铁路、公路、航道、桥梁、车站、港口、机场等。城市道路收录市辖区城区内的快速路、主干道、次干道，县和县级市驻地城区主干道，及其他具有突出特色的一般街巷；铁路收录公开运营的国有铁路（含高铁、干线、支线和专用线）和地方铁路；公路收录省级以上普通公路、高速公路；桥梁和立交桥只收录规模大、历史久、有特色的；隧道只收录 500 米以上的及其他有特色的；港口只收年吞吐量在 10 万吨以上的；码头、船闸只收录大型的、特别重要的；渡口只收录正在使用的重要渡口。

4. 自然地理实体类：包括平原、盆地、山地、丘陵、沼泽、洞穴、河流、峡谷、三角洲、湖泊、陆地岛屿、瀑布、泉、海、海湾、海峡、海洋岛屿、半岛、岬角等。其中河流主要收录长度在 30 千米及以上的，以及具有航运价值的人工水道；湖泊主要收录面积在 3 平方千米及以上的。

5.名胜古迹、纪念地和旅游地类：包括纪念地、重点文物保护单位、风景名胜区、重要景点和一般名胜古迹、自然保护区。其中纪念地收录市级及以上级别的；重点文物保护单位收录经过正式批准的市级（含）以上的；城市公园收录 AAA 级以上的；风景名胜区、自然保护区收录经过正式批准的国家和省级的词条。

6.农业和水利类：包括农场、牧场、林场、渔场、水利枢纽、水库、灌区、渠道、堤防（海塘）等。其中水库收录库容 0.5 亿立方米以上的，灌区收录 3 平方千米以上的。

三、词目排列按分市与分类相结合的原则。即先将全部词目按市大类划分，大类下面分亚类，亚类下面再分小类。在同一亚类或小类词目中，先排全市性的大条目，再按区、县、街道、镇、乡的顺序排出市内条目。各市跨区县的条目在市本级单独排列。

四、本地名诠释资料截止日期为 2014 年 12 月 31 日，所选地名主要来源于第二次全国地名普查成果，主要兼顾反映普查成果和普查期间地名的存量情况，其中少量地名为非标准地名，此类地名需标准化处理，不作为判定标准名称的依据。

五、按照词条释文编写规则，本书相关词条中所列人口数做了技术处理，均为约数，不作为人口统计的依据。

六、本地名诠释中地名罗马字母拼写，遵从《中国地名汉语拼音字母拼写规则（汉语地名部分）》的规定。一般地名的专名与通名分写。专名和通名中的修饰、限定成分，单音节的与其相关部分连写，双音节和多音节的与其相关部分分写；通名已专名化的，按专名处理；居民点中的村名均不区分专名和通名，各音节连写。

地名用字的读音以普通话法定读音为主，同时适当考虑地方读音，如"崖"我省部分地区的地名中读"yái"，标准读音为"yá"；"垓"我省部分地区的地名中读"hǎi"，标准读音为"gāi"；"国"我省部分地区的地名中读"guī"，标准读音为"guó"；"郝"我省部分地区的地名中读"hè"，标准读音为"hǎo"，等等。

七、在每卷卷首，均有本卷地名的词目表。为方便读者检索，在每卷卷末，设有本卷地名的汉语拼音音序索引。

威海市卷　目录

一　政区

威海市

威海市 371000
[Wēihǎi Shì]

山东省辖地级市。北纬 36°41′—37°35′，东经 121°11′—122°42′。在省境东部，山东半岛东端，东、北、南三面濒临黄海。面积 5 797 平方千米。户籍人口 254.7 万，常住人口 280.9 万。以汉族为主，还有朝鲜、满、佤、蒙古、回等民族。辖环翠、文登 2 区，代管荣成、乳山 2 县级市。市人民政府驻环翠区。春秋时为莱国地。战国属齐。秦属齐郡（后属胶东郡）。西汉为不夜县、昌阳县地。东汉为昌阳县地，皆属东莱郡。晋为东莱国牟平县地。北齐天统四年（568）置文登县（一说文登设县于北齐天保七年）。隋至元皆为文登县地。明洪武三十一年（1398）析文登县辛汪都三里，置威海卫，寓"威镇东海"之意。清雍正十三年（1735）裁卫，复归文登县。清光绪二十四年（1898），除威海卫城里外，被英国租借。1930 年 10 月收回后，设威海卫行政区，直隶国民政府行政院。1940 年 9 月，抗日民主政权设东海行政督察专署，简称东海专署，属胶东行政区。1945 年 8 月，以原威海卫行政区的行政区域范围设立威海卫市（专区级），属胶东行政区。1948 年降为县级市，属东海专区。1950 年 5 月撤市，改为威海县（未实行），隶属文登专区。1951 年 3 月撤县，恢复威海卫市；4 月，更名为威海市。1954 年 10 月升为省辖市，由文登专区督导。1956 年 2 月，由莱阳专区督导。1958 年 10 月，属烟台专区。同年，改为专区辖市。1967 年 7 月，属烟台地区。1983 年 8 月改为省辖县级市，由烟台市代管。1987 年 8 月，升为省辖地级市。（资料来源：《中华人民共和国地名大词典》）山地丘陵与沿河阶地和滨海平原相间分布，山地丘陵占总面积的 78.7%。昆嵛山主峰泰礴顶海拔 922.8 米，为境内最高峰。年均气温 13.0℃，1 月平均气温 0.6℃，7 月平均气温 24.8℃。年均降水量 716.4 毫米。年均无霜期 307 天。有母猪河、乳山河、黄垒河等流经。海岸类型属于港湾海岸，沿海有大小港湾 30 多处、岬角 20 多个，并有众多优质海滩分布。全市大小海岛 114 个，其中，面积 500 平方米以上的 84 个，有居民岛屿 6 个。有优质地下温泉 8 处。有铁、铜、铅、金、锆、锌、玻璃用砂、花岗岩、钾、钠长石、石墨、高岭土、地热、矿泉水等矿产资源。有植物 132 种，其中国家重点保护野生植物有玫瑰、东北茶藨子、软枣猕猴桃、狗枣猕猴桃、葛枣猕猴桃、紫椴 6 种。有动物 647 种，其中国家重点保护野生动物Ⅰ级的有梅花鹿、中华秋沙鸭、金雕等 7 种，Ⅱ级的有大天鹅、鸳鸯、灰鹤等 16 种。有山东昆嵛山国家级自然保护区（文登部分）、荣成大天鹅国家级自然保护区 2 个，省级自然保护区 1 个。森林覆盖率 40%。有高等院校 8 所，中小学 200 所，知名文艺团体 6 个，体育场馆 6 个，三级以上医院 7 个。有国家级文物保护单位 4 个、省级文物保护单位 51 个，有国家级爱国主义教育基地、纪念地 2 个，省级爱国主义教育基地、纪念地 6 个。有历史文化名城文登区，历史文化名村东楮岛村、万家村，东楮岛村、万家村等 5 个国家级传统村落，王家疃村、大庄许家村等 8 个省级传统村落。有民间文学类"秃尾巴老李的传说"、民俗类"渔民开洋、谢洋节"等国家级非物质文化遗产项目 2 个，威海剪纸、鲁绣、糖瓜制作技艺、海草房民居建筑技艺等省级非物质文化遗产项目 20 个。有国家 AAAAA 级旅游景区刘公岛景区，AAAA 级旅游景区成山头景区、赤山景区、天沐温泉度假区、汤泊温泉度假村等 11 个，AAA 级旅游景区定远舰景区、槎山风景区、圣水观景区、岠嵎山景区、文登市圣经山景区等 25 个。三次产业比例为 7.7∶50.5∶41.8。农业以种植业、渔业为主。农作物以小麦、玉米、甘薯、花生、大豆为主，特色农产品有苹果、西洋参、无花果、茶叶、苗木花卉等，盛产苹果，以"小国光"苹果著称。有烟威、石岛、乳山三大渔场，是全国重要的渔业生产基地，盛产对虾、海参、鲍鱼、贝类、藻类及鲅鱼、青鱼、黄鱼、带鱼各种经济鱼等 300 多种海产品。工业以机械制造、食品加工、运输设备、纺织服装等产业为主，新信息、新医药、新材料及制品为三大新兴产业。有地毯、钓鱼竿、女绣花衣、云龙绣制品、宁海绸、生丝台布、锡镶茶具等名产。服务业以交通运输和旅游业为主，有威海环翠省级旅游度假区、荣成石岛湾省级旅游度假区、好运角旅游度假区、乳山滨海新区。有国家级开发区 3 个、省级开发区 3 个，威海南海新区是国家战略山东半岛蓝色经济区重点建设的海洋经济新区。境内有铁路 153.5 千米，公路 7 060.1 千米，高速 124.476 千米。铁路有青烟威荣城际铁路、桃威铁路。有荣乌高速、青威高速、烟海高速公路过境，有 G18、G309 两条国道过境，有威石公路、威青公路、石烟公路等 20 条省道过境。港口开通国际、国内班航线 22 条。有民用机场 1 个，民航航线 13 条，通往国内北京、大连、广州、哈尔滨、杭州、济南、南京、上海、深圳、沈阳、天津、长春、台北等和韩国首尔等城市。

威海 371000-Z01
[Wēihǎi]

威海市聚落。在市境北部。面积 991 平方千米。人口 92 万。以汉族为主，还有朝鲜、满、佤、蒙古、回等民族。原为海滨渔村。明永乐元年（1403）修筑威海卫城，是为城建之始。卫城在城南河北岸，明清两代一直是中国北方沿海军事重镇之一。其时有街巷 21 条，面积 0.56 平方千米。其直街与横街交会处及周围（今统一路与和平路交会处）最为繁华，卫指挥使司、卫学、关帝庙、城隍庙及集市集中于此。清光绪二十四年（1898），英国租借威海卫后，在卫城外东部、东北部建爱德华商埠区。1930 年中国政府收回威海卫后，将商埠区和卫城里连成一片，并将北部北门外、东仓、戚家疃、谷家疃 4 村及东部刘公岛划入。威海卫成为当时山东半岛和华北地区重要贸易港口，中山路（今育华路、海滨北路北段、新威路中段）周围是商业中心，中外商人汇集于此。当时城内有街道 156 条，面积 4 平方千米。1949 年后，城区向北部、西部和南部逐步发展。1988 年，开始旧城改造。1991—1998 年，加快城市绿化建设和开发区建设，塑造了山、海、城、林融为一体的城市风格。1998—2014 年，加快了市政公用设施和环境综合整治。2003—2006 年，实施了 3 轮城市基础设施"十大工程"，一大批市政公用设施相继完成，城市建设进入又好又快发展的新阶段。1991 年 3 月 6 日，在市区西北部设立了威海火炬高技术产业开发区。1992 年 10

月 21 日，在市区南部设立了威海经济技术开发区。2013 年 11 月 20 日，在市区南部设立了威海临港经济技术开发区。威海之名，始于明洪武三十一年（1398）设置的威海卫，寓"威震东海"之意。（资料来源：《威海市地名志》）城区环山滨海，棉花山、里口山和正棋山拱抱北、西、南三面，刘公岛耸峙于东，隔海相望，东山、高角山、奈古山、垛顶山、塔山、金线顶诸山散落城区之间，有的成为园林绿地。聚落沿海岸和山峰分布，受地势影响道路纵横交错，连接生活区、工业区、风景区和郊区。有环翠楼、幸福门、悦海灯塔、收回威海卫纪念塔、"大相框"等标志性建筑物。城区中部为老城区，是城市中心、行政办公区、商贸文化区和居民生活区；西部为旅游开发区，环翠省级旅游度假区连接里口山与双岛国家森林公园；西北部为文化科教区，文化西路沿侧有哈尔滨工业大学（威海）、山东大学（威海）及威海火炬高技术产业开发区；南部为工业区，有经济技术开发区、临港经济技术开发区，威海港国际客运中心、威海汽车站、威海火车站亦坐落在此；北部环海路沿侧及东部刘公岛为旅游观光区。有公路、铁路、航空、海运等多种交通运输方式，共同构筑起对外开放、对内辐射的现代化立体交通网络。公路对外连接胶东半岛干线公路网，对内通达各区（市）及主要城镇节点。

威海火炬高技术产业开发区　371000-E01
[Wēihǎi Huǒjù Gāojìshù Chǎnyè Kāifāqū]

在市区西北部。东临奈古山，西濒黄海，北濒黄海，南临佛顶山。面积 14 000 公顷。是由科技部、山东省人民政府、威海市人民政府共建的全国三个带有"火炬"头的高科技产业开发区之一，故名。1991 年 3 月 6 日经国务院正式批准建立国家级开发区，由市级政府管理。是高科技产业研发

和成果转化基地，拥有电子信息、光机电一体化、医疗器械、新材料、海洋生物技术五大产业群。光威碳纤维复合新材料及制品填补国内碳素纤维的空白，打破国外碳素纤维对国内的垄断。规模以上工业企业 99 家。开发区内部道路布局为五纵六横，通公交车。

威海经济技术开发区　371000-E02
[Wēihǎi Jīngjìjìshù Kāifāqū]

在市区东北部。东与荣成市为邻，西部和南部与环翠区接壤，东南部与文登区、临港经济技术开发区交界，北濒黄海。面积 27 762 公顷。以所在政府和功能定位命名。1992 年 10 月经国务院正式批准成立国家级开发区，由市级政府管理。规模以上工业企业有 124 个，销售收入过亿元工业企业 44 个，限额以上批发零售住宿餐饮类和重点服务业企业 106 个，市级以上企业研发创新平台 67 个，省级以上著名驰名商标和各类品牌 47 个，有中航威海船厂、迪沙药业、泓淋电子、豪顿华工程、贝卡尔特钢帘线、世一电子、昌星电子等企业。多条城市主干道纵横交错，形成便利的交通网络，通公交车。

威海临港经济技术开发区　371000-E03
[Wēihǎi Língǎng Jīngjìjìshù Kāifāqū]

在市区中部。东靠正棋山，西、南临文登区，北临环翠区温泉镇、羊亭镇。面积 29 700 公顷。前身是威海工业新区，后升级为国家级经济技术开发区，定名为威海临港经济技术开发区。2013 年 11 月经国务院正式批准建立国家级开发区，由市级政府管理。坚持"产城互动、三生共融"，形成以钓具博览城、五金机电城、威海特产城、天润家居城、韩国城、汽博城六城为主体的现代服务业项目，建有百万平方米新型城市社区。企业数量 1 756 家。促进

国家级经济技术开发区向以产业为主导的多功能综合性区域转变，美国佳顿、日本豪雅、韩国乐天等世界知名企业入驻，有国内最大的全钢子午线轮胎生产基地——三角工业园，国内最大的碳纤维生产基地、世界最大的钻夹头生产基地等。快速主干公路与港口、市区及周边城市相连接，形成七纵六横的路网布局，通公交车。

威海南海新区 371000-E04
[Wēihǎi Nánhǎi Xīnqū]

在市区南部。北以环海路为界与文登市泽头镇、宋村镇、侯家镇相连，西至黄垒河入海口与乳山市相望，东至圣海路与侯家镇接壤，南临黄海。面积 25 000 公顷。文登市委、市政府决定全面开发南海，设立南海新区，故名。2011 年 1 月经国务院正式批准，确定南海新区为山东省重点建设的三个海洋经济新区、三个国家级旅游度假区、九个集中集约用海片区之一，由市级政府管理。强化与威海中心城区的联动发展，建设具有较强国际竞争力的现代海洋产业聚集区和现代化、国际化、生态化的副中心城区，规划设置三大功能区：东部为临港产业区，重点发展先进装备制造、临港物流、新材料、新医药等临港产业，有天润曲轴动力装备、威力节能环保、蓝岛新型建材、德瑞博新能源汽车、昆箭电缆、韩国现代风电等近 90 个投资过亿元的项目进驻；西部为旅游度假区，重点发展海洋文化旅游、滨海度假养生等高端旅游业，有北交大威海校区、威海福地传奇水上乐园等重点项目；中部为综合商务区，重点发展行政办公、金融商务、科教创新等现代服务业，区内的蓝创大厦是南海新区科技创新基地、产业孵化平台和发展综合服务中心。区内交通便利，形成五纵四横主干路网，通公交车。

环翠区

环翠区 371002
[Huáncuì Qū]

威海市人民政府驻地。在市境东北部。面积 991 平方千米。人口 73.4 万。以汉族为主，还有朝鲜、满、蒙古、回、锡伯等民族。辖 9 街道、10 镇。区人民政府驻环翠楼街道。1945 年 8 月设威海卫市，由胶东行政公署管辖。1950 年 5 月撤市，改为威海县，属文登专区。1951 年 3 月撤县，恢复威海卫市，5 月更名为威海市，属文登专区。1987 年 6 月威海市升格为地级市后，将原县级威海市的行政区域设立环翠区。以境内明弘治二年（1489）始建的环翠楼得名。有里口山、正棋山、南玉皇山、棉花山等，境内东、西、北三面濒临黄海，沿岸有刘公岛、褚岛、黑岛等岛屿。主要海湾有威海湾、葡萄滩等。石家河、五渚河从境内穿过。有中小学 30 所，三级以上医院 3 个。有国家级文物保护单位刘公岛甲午战争纪念地，省级文物保护单位威海英国领事馆旧址、宽仁院旧址、收回威海卫纪念塔、义和遗址，市级文物保护单位环翠楼等，省级非物质文化遗产威海锡镶技艺。有国家 AAAAA 级旅游景区、红色旅游经典景区刘公岛，国家 AAAA 级景区仙姑顶、华夏城，省级风景名胜区里口山。有幸福门、威海公园"大相框"雕塑等标志性建筑物。三次产业比例为 7.7∶36.8∶55.5。立足区位优势和产业基础，打造蓝色经济中心区，发展旅游岸线、养殖岸线、港口岸线资源开发，建设临海先进制造业聚集区、滨海休闲旅游度假区、城区中心金融商务区。有 7 个省级现代渔业园区，威海北海水产开发有限公司被列为全省首批省级休闲海钓示范基地。农业以种植业为主，主要农作物有小麦、玉米、花生、蔬菜、苹果。工业形成装备制造业、纺织服装业、食品行业、电子信息业、新材料及其制品业、生物医药业六大支柱产业。拥有工友等中国驰名商标 4 个,四海酿造、威海卫酒业、怡和制造等山东著名商标 13 个、中国名牌产品 2 个、山东名牌产品 33 个。服务业以休闲观光业等为主,有里口山休闲观光农业园、嵩山街道舜元休闲观光农业园、羊亭镇威盛大樱桃采摘园、温泉镇明辰开心农场。有威海站、长途汽车站,有多条公交线路。

环翠楼街道 371002-A01
[Huáncuìlóu Jiēdào]

环翠区人民政府驻地。在区境中部。面积 4 平方千米。人口 5.0 万。1982 年设立。以辖区内的名胜环翠楼得名。1986 年起,相继进行旧村改造,2007 年改造完成。地势西高东低,最高峰奈古山,有城南河从境内穿过。有中小学 3 所,文化馆 1 个,医疗卫生机构 4 个。有市级文物保护单位环翠楼,有威海电视塔、民族英雄邓世昌铜像、国家卫生城市纪念碑等标志性建筑物。经济以服务业为主,拥有威海市最大的商业综合体威高广场,聚集了振华商厦、振华奥特莱斯、华联商厦、华联购物、苏宁生活广场、百货大楼等 9 家大型商场,主营金融保险业、珠宝首饰业、现代商贸业。通公交车。

鲸园街道 371002-A02
[Jīngyuán Jiēdào]

属环翠区管辖。在区境北部。面积 6 平方千米。人口 7.6 万。1984 年设立。以辖区内的街心花园原鲸园(今名三角花园)得名。有中小学 6 所,文艺团体 3 个,医疗卫生机构 5 个。有省级文物保护单位威海英国领事馆、海星学校旧址、新威路泰茂洋行避暑房(四栋楼)等。有人民广场、收回威海卫纪念塔等标志性建筑物。农业

以海洋捕捞、水产养殖为主。工业以服装加工、机械制造为主,产品有各种型号旋流器、高精密度气动元件、填补国内空白的低速电机、与国际接轨的侨谊纸箱等。服务业以金融业、商贸业等为主,依托临港优势,形成以威胜商城、海港大厦、财富广场、友谊商场为中心的韩国特色精品商贸区。通公交车。

竹岛街道 371002-A03
[Zhúdǎo Jiēdào]

属环翠区管辖。在区境中部。面积 19 平方千米。人口 7.8 万。1984 年设立。因辖区内有南、北竹岛村得名。1988 年起相继进行旧村改造,2014 年改造完成。地处里口山东麓,境内最高峰为仙姑顶。望岛河、戚家庄河从境内穿过。有中小学 8 所,文艺团体 7 个,医疗卫生机构 3 个。有中信大厦、威海卫人民医院、品乐坊、威海国际会议中心、威海市图书馆、威海市科技馆等标志性建筑物。渔业以海洋捕捞、水产品加工为主。工业以建筑业、海洋装备制造为主。服务业以金融保险、商业地产、休闲旅游、商贸流通等为主导产业,出口服装、食品、电子配件、汽车线束、化工、轮胎等。通公交车。

孙家疃街道 371002-A04
[Sūnjiātuǎn Jiēdào]

属环翠区管辖。在区境北部。面积 18 平方千米。人口 1.4 万。2013 年设立。沿用原镇名。先后对环海路靖子路段、隧道路、合庆湾旅游沿线两侧的路段、古寨西路、益海路、北山路、隧道东接线、孙家疃统一路公园、半月湾铁人三项赛区场地进行绿化,完成了葡萄滩海水浴场、半月湾公园的绿化升级改造。北濒大海,有黑岛、连林岛、褚岛等岛屿,葡萄滩、柳树湾、合庆湾等海湾,棉花山、雕山、古陌

岭、远遥墩等山峰。有中小学 4 所，医疗卫生机构 11 个。有被国家体育总局指定为"中国铁人三项运动协会专用赛场"的半月湾国际长距离铁人三项赛场。有七星楼、望夫石、龙王庙等历史遗迹和传统民俗旅游景点，以及合庆湾、葡萄滩等天然海水浴场。农业以海洋捕捞、海产品养殖为主。工业以建筑业、机械加工、塑胶制品为主。服务业以总部经济和特色旅游业为支柱产业。先后引进了北大博雅·中韩（威海）国际生命健康中心、工信部威海电子信息综合研究中心、国家海洋技术研发中心、港中科医学康复中心、鑫海新能源、家圆移动智能信息技术等一批生命科学、信息科技、海洋科研、医疗美容型产业。通公交车。

皇冠街道 371002-A05
[Huángguān Jiēdào]

属环翠区，由威海经济技术开发区代管。在区境南部。面积 35 平方千米。人口 7.3 万。2000 年设立。以境内的皇冠花园小区得名。东部依托城子、沟北社区独特的自然风景，建成老虎山生态园、鸣翠山庄植物园；西部建成集旅游、休闲、娱乐、商贸、居住为一体的大型城区。2009 年 11 月开工建设威海港国际客运中心。渤海河、九龙河、海峰河从境内穿过。有中小学 5 所，医疗卫生机构 9 个。有世纪大厦、九龙城购物广场、九龙湾公园等标志性建筑物。农业以种植玉米、小麦、花生、地瓜、土豆等为主，渔业养殖海带、贝类、鱼、海参等。工业以机械制造、高新技术产业、热电为主导产业。服务业以旅游业、外贸为主，出口产品有机械、电子、医药、渔具等。通有客运码头，通公交车。

凤林街道 371002-A06
[Fènglín Jiēdào]

属环翠区，由威海经济技术开发区代管。在区境南部。面积 23 平方千米。人口 2.3 万。2000 年设立。因境内凤林村得名。2007 年开始实施城中村改造。有中小学 3 所，医疗卫生机构 2 个。农业以现代特色农业为主，种植无花果、蘑菇等，建成杨家台、凤林、福里 3 个社区的疏港路，沿线为无花果旅游采摘观光带。有藏香猪养殖基地。工业以化工、服装、铸造、机械加工等为主。商业外贸主要出口服装、机械、冶金、装饰、汽车零部件等产品。通公交车。

西苑街道 371002-A07
[Xīyuàn Jiēdào]

属环翠区，由威海经济技术开发区代管。在区境南部。面积 9 平方千米。人口 2.6 万。以汉族为主，有回、朝鲜、满等民族。2000 年设立。因优美的环境和原属蒿泊街道的方位得名。辖区内九龙河蒿泊支段、九龙河曲阜支段、九龙河天东支段三条河流汇入九龙河。有中小学 2 所，医疗卫生机构 3 个。有威海丰禾国际商业广场、茶博文化城等标志性建筑物。经济以轮胎钢帘线、汽车轮胎、电子、纳米产品、房地产业、服务业为主，建有三总站商圈、青岛南路丰禾国际商圈和天东周边商圈三大商贸聚集区。有威海站，通公交车。

怡园街道 371002-A08
[Yíyuán Jiēdào]

属环翠区，由威海火炬高技术产业开发区代管。在区境西北部。面积 25 平方千米。人口 14.3 万。以汉族为主，还有朝鲜、回、蒙古、土家等民族。1992 年设立。"怡园"取快乐家园之意，象征居民安居乐业，和谐欢乐。2008 年以来，全面完成了 11 个"城中村"拆迁任务，开工回迁房 80 多万平方米，贯通了科技路、沈阳路、宫松岭路、古寨西路等 12 条市政道路，新建、改扩建了神道口等 4 所中小学。有中小学 8 所，图书馆 1 个，体育场馆 1 个，医疗卫生机构 7 个。有神道口遗址。有国际海水浴场、威海第一海水浴场、垛顶山公园、小石岛钓鱼公园等旅游景点。有威海市体育场、威海市乒羽中心、威海市游泳馆等标志性建筑物。工业以医药、电子产业为主。服务业以物流业为主。有青荣城际铁路威海北站，通公交车。

田和街道 371002-A09
[Tiánhé Jiēdào]

属环翠区，由威海火炬高技术产业开发区代管。在区境西部。面积 13 平方千米。人口 9.4 万。以汉族为主，还有满、朝鲜等民族。2001 年设立。取田村的田字，加和谐之意命名。南有佛顶山，北有柴峰顶。有小学 3 所，医疗卫生机构 5 个。有李氏宗祠等景点。有欧乐坊、田村体育公园等标志性建筑物。工业以高端制造产业为主。服务业以商贸、物流业等为主。有青荣城际铁路威海北站、威海汽车北站，通公交车。

张村镇 371002-B01
[Zhāngcūn Zhèn]

环翠区辖镇。在区境西北部。面积 49 平方千米。人口 3.1 万。辖 17 居委会、8 村委会，有 8 自然村。镇人民政府驻张村。1951 年设双岛、莱海、里口、皂河 4 乡，属昆嵛县第十四区。1956 年 6 月划归威海市，9 月合并为张村乡。1958 年 9 月成立田村人民公社。1984 年析置张村镇。因镇政府驻地得名。有博士后工作站 2 个，院士工作站 1 个，国家级研发中心 5 个，省级研发中心 15 个，中小学 5 所，卫生院 1 个。有新石器时代遗址姜南庄遗址。建设了银海项目区、机械电子产业园、自主创新园区三大工业园区。农业以种植小麦、玉米为主。工业以装备制造、电子信息、医药器械、科技新材料为主。服务业以旅游业和商贸业为主，有里口山生态旅游产业区。有烟威高速过境。

羊亭镇 371002-B02
[Yángtíng Zhèn]

环翠区辖镇。在区境西南部。面积 76 平方千米。人口 2.4 万。辖 5 居委会、28 村委会，有 28 自然村。镇人民政府驻羊亭村。1951 年设羊亭乡，属昆嵛县第十三区。1956 年划归威海市。1958 年成立羊亭人民公社。1984 年撤社，改置羊亭镇。以镇政府驻地得名。羊亭河穿境而过。有中小学 1 所，医院 1 个。有吕剧、舞龙、舞狮表演等地方特色民间艺术。农业以休闲农业为主，种植猕猴桃、珍珠枣、油桃、草莓、樱桃、桑葚等。有智能制造产业区、电子信息产业区、生物医药产业区等，企业涉及医药、特种车辆、生物科技、机械制造、化工、建材、毛纺、水产等领域。有公路经此。

温泉镇 371002-B03
[Wēnquán Zhèn]

环翠区辖镇。在区境南部。面积 67 平方千米。人口 2.5 万。辖 10 居委会、22 村委会，有 29 自然村。镇人民政府驻双泉城社区。宋代以温泉命名设温水镇。元代、明代设温泉镇巡检司，亦名温泉寨巡检司，属文登县。清雍正十三年（1735）后属荣成县。1951 年 6 月设温泉乡，属文登县第十四区。1956 年 12 月，温泉乡属草庙子区。1957 年 11 月撤区，温泉乡直接属县。1958 年 9 月成立高峰人民公社，10 月划归威海市，改称温泉人民公社。1984 年置温泉镇。境内温泉资源充裕，以此得名。有中小学 3 所，图书馆 7 个，卫生院 1 个。有正棋山旅游风景区、天然温泉洗浴、五渚河绿化景区等景点。农业以种植业和养殖业为主，主产小麦、玉米、地瓜、花生、大豆、板栗、药材等，建立了小麦、玉米良种繁育基地

和西洋参、黄芪、鸵鸟、鹌鹑、小尾寒羊、肉食鸽、蝎子等种养示范基地。工业以木工机械、电机、服装、电子、乳制品、制药、皮革制品、建材、化工等为主。服务业以温泉旅游产业为主导。有桃威铁路、威青高速、威荣公路、威石公路、202省道等过境。

桥头镇 371002-B04
[Qiáotóu Zhèn]

环翠区辖镇。在区境东南部。面积 111 平方千米。人口 3.0 万。辖 1 居委会、51 村委会，有 54 自然村。镇人民政府驻桥头村。1951 年设桥头乡，属荣成县第十三区。1957 年属桥头区桥头乡。1958 年 9 月成立明光人民公社，10 月划归威海市，改称桥头人民公社。1965 年划归荣成县。1984 年设立桥头镇。1994 年 6 月划归环翠区。2012 年 9 月由威海经济技术开发区代管。以镇政府驻地得名。石家河从境内穿过。有中小学 2 所，医院 1 个，广场 1 个。农业以果蔬种植为主，"桥头牌"优质红富士苹果属国家绿色品牌，有果蔬综合交易市场、农资市场。畜牧业养殖肉食牛、奶羊，建有集种植业、养殖业、农产品加工、肥料加工、肉类加工于一体的牧场。工业以纺织、化纤、汽车零部件生产与制造等为主。服务业重点发展现代休闲旅游农业，有伟德山"八仙坛"旅游区、圣水观旅游区、石家河橡皮拦河坝等 10 多个农业观光景点。有威石公路、荣烟公路、泊高公路过境。

崮山镇 371002-B05
[Gùshān Zhèn]

环翠区辖镇。在区境东南部。面积 49 平方千米。人口 1.8 万，辖 24 村委会，有 24 自然村。镇人民政府驻崮山镇中村。1962 年 6 月由温泉人民公社和泊于人民公社划出 25 村，建崮山人民公社。1984 年 4 月撤社，置崮山镇。2003 年 5 月由环翠区

划归威海经济技术开发区。以镇人民政府驻地得名。五渚河从境内穿过。有中小学 1 所，文化馆 1 个，卫生院 1 个。经济以工业为主。农业以特色农业、海产品养殖捕捞为主，特色种植无花果及黑松、龙柏等绿化苗木。工业以船舶及配套、重型装备制造业、爆破、电子、渔具、水产品加工、轮船修造、客车制造为主。服务业以餐饮业为主。有省道成大路过境。

泊于镇 371002-B06
[Pōyú Zhèn]

环翠区辖镇。在区境东南部。面积 73 平方千米。人口 2.5 万。辖 33 村委会，有 33 自然村。镇人民政府驻夏庄。1951 年设泊于乡，属荣成县第十四区。1957 年属港西区。同年撤区，泊于乡直接属县。1958 年 9 月成立先进人民公社，10 月划归威海市。1965 年划归荣成县。1984 年撤公社置泊于乡。1989 年撤乡改置泊于镇。1994 年 7 月由荣成市划归环翠区，2003 年由威海经济技术开发区代管。因镇人民政府原驻地得名。石家河、逍遥河从境内穿过。有中小学 1 所，卫生院 1 个，广场 1 个。有省级文物保护单位九皋寨遗址。有逍遥湾国际海水浴场、石家河公园等景点。农业以种植业、海水养殖业、畜牧业为主，特色种植苹果、无花果、葡萄等，海水养殖贝类、藻类，畜牧业有猪、牛、羊、家禽养殖。工业以风能发电、船舶制造、高新技术产业为主。服务业以农业观光旅游、外贸为主，出口船舶、电子、渔具等。有省道成大路等过境。

初村镇 371002-B07
[Chūcūn Zhèn]

环翠区辖镇，由威海火炬高技术产业开发区代管。在区境西南部。面积 73 平方千米。人口 2.4 万。以汉族为主，有满、蒙

古、回、朝鲜等民族。辖 1 居委会、34 村委会，有 34 自然村。镇人民政府驻西南村。1951 年建初村乡。1958 年建渤海人民公社。1959 年改为石岭公社。1962 年更名为初村公社。1983 年复设初村乡。1984 年改置镇。相传，古代双岛港发生地层断裂，引发海啸，附近 18 村陷没，元朝中期，毕姓由文城迁此建村，为地震后初次建村，故名初村。镇以村名。东、南、西三面环山，一面环海，有 9 平方千米的潮间带和 7 000 平方米的黄泥岛。有中小学 1 所，图书馆 1 个，卫生院 1 个。农业以种植业、海水养殖业为主，主产小麦、玉米、花生、大豆、红富士苹果、马山小葱等，盛产海参、鲍鱼、扇贝、海带。工业以机械制造、电子产品、风力发电、医用耗材、汽车配套生产等为主。服务业以餐饮、住宿、零售等为主。有省道石烟公路过境。

草庙子镇 371002-B08
[Cǎomiàozi Zhèn]

环翠区辖镇。在区境南部。面积 83 平方千米。人口 2.2 万。以汉族为主，还有回、藏、傣、德昂、壮、满、朝鲜、佤等民族。辖 2 居委会、46 村委会，有 46 自然村。镇人民政府驻草庙子村。1951 年建草庙子乡，属文登县第十三区。1956 年属文登县草庙子区。1957 年撤区，草庙子乡直接属县。1958 年 9 月成立锦旗人民公社，10 月划归威海市，改称草庙子人民公社。1965 年划归文登县。1984 年撤公社，改建为草庙子乡。1989 年撤乡建镇。1994 年划归环翠区。以镇政府驻地得名。正棋山西麓在草庙子镇境内，草庙子河从境内穿过。有中小学 2 所，图书馆 1 个，文化馆 1 个，卫生院 1 个，体育馆 1 个，公共绿地 1 个，广场 1 个。经济以种植业、工业、商业为主。农作物主产小麦、玉米、大豆、花生，主要经济作物为苹果。土特产有打铁豆腐、

金井寺香油（汉江香油）、北黄山葡萄、草庙子羊汤、草庙子饽饽、正棋山草莓、蒋家庄西瓜、大木岚粉条等。工业以碳纤维、橡胶化工、装备制造、建筑新材料、机电工具、医药科技为主。服务业以餐饮、养老、医疗为主。有桃威铁路、青威高速、202 省道、303 省道过境。

汪疃镇 371002-B09
[Wāngtuǎn Zhèn]

环翠区辖镇。在区境西南部。面积 107 平方千米。人口 2.8 万。以汉族为主，还有佤、蒙古、满、维吾尔、朝鲜等民族。辖 58 村委会，有 58 自然村。镇人民政府驻汪疃村。1951 年 6 月设汪疃乡，属昆嵛县第八区。1956 年属文登县山马区。1958 年撤区，汪疃乡直接属县。同年 9 月，建巨龙人民公社。1959 年改称汪疃人民公社。1984 年撤公社建镇。以镇政府驻地得名。境内有阮岭河。有中小学 1 所，图书馆 1 个，文化馆 1 个，卫生院 1 个，广场 1 个。经济以农业、工业为主。农业以粮油作物种植、中草药种植、畜牧养殖、水产品养殖为主，是山东省粮油生产基地，盛产小麦、玉米、花生、天麻、西洋参、黄芪、丹参等。工业以食品加工、塑料制品、机械电子、建材制造、地毯加工等为主。服务业以销售、餐饮等为主。有 303 省道、204 省道过境。

苘山镇 371002-B10
[Mànshān Zhèn]

环翠区辖镇。在区境南部。面积 111 平方千米。人口 3.3 万。以汉族为主，还有朝鲜、满、蒙古、佤、傣、拉祜等民族。辖 6 居委会、65 村委会，有 65 自然村。镇人民政府驻西苘山村。1962 年 6 月由威海市草庙子人民公社析出苘山人民公社。1984 年撤公社，设立苘山乡。1989 年撤乡设镇。2001 年北郊镇并入。以镇人民政府驻地得

名。有中小学4所，图书馆2个，卫生院2个，广场2个。有省级文物保护单位新权墓群。经济以农业、工业为主。农业以种植业为主，主产小麦、玉米、果蔬，有草莓种植专业村。工业以机械、电子、有色金属、轻工、建材、通信器材、医药、建筑、塑料、化工等行业为主，有山东威达集团有限公司、文登七七七金属制品有限公司、文登世仁电子有限公司、威海乐扣乐扣塑胶有限公司、威海佳赛体育用品有限公司等知名企业。服务业以零售、餐饮、住宿为主。有桃威铁路、202省道、302省道过境。

社区

南山社区 371002-A01-J01
[Nánshān Shèqū]

属环翠楼街道管辖。在环翠区中部。面积0.5平方千米。人口2 900。因位于南山脚下得名。1980年成立。有楼房53栋，现代简约建筑风格。驻有环翠教育幼儿园、环翠广播电视台、环翠区农业局、环翠区林业局等单位。有志愿者服务、日间照料中心，开展主题宣讲等活动。通公交车。2011年被评为省文明社区。

塔山社区 371002-A01-J02
[Tǎshān Shèqū]

属环翠楼街道管辖。在环翠区中部。面积0.5平方千米。人口1 600。因辖区所在之山建有石塔，即以塔山为名。1983年成立。有楼房60栋，现代简约建筑风格。驻有威海出入境检验检疫局、威海市交通运输局等单位。有志愿者服务、老年人日间照料中心。通公交车。2005年被评为省文明社区。

西北村社区 371002-A01-J03
[Xīběicūn Shèqū]

属环翠楼街道管辖。在环翠区中部。面积0.29平方千米。人口1 500。原为威海卫城里西北隅，1945年合并西安巷、吕家巷、傅家巷、西山巷、郭家巷、荣德巷、北城根巷等9条街巷，建西北村。社区沿用原村名。1958年成立。有楼房23栋，现代简约建筑风格。驻有环翠楼公园、威海市园林管理局、威海市地税局等单位。有老年人照料、互助养老等服务。通公交车。2007年被评为省文明社区。

前进社区 371002-A01-J04
[Qiánjìn Shèqū]

属环翠楼街道管辖。在环翠区中部。面积0.5平方千米。人口4 100。原为威海卫城里西南隅，后将西南村社区部分辖区划出成立前进社区，以街名为名。1994年成立。有楼房44栋，现代简约建筑风格。驻有威海市统一路小学、威海市结核病防治所等单位。有老年人照料服务。通公交车。2010年被评为省文明社区。

塔山中路社区 371002-A01-J05
[Tǎshānzhōnglù Shèqū]

属环翠楼街道管辖。在环翠区中部。面积0.47平方千米。人口3 400。因地处塔山中路得名。1994年成立。有楼房43栋，现代简约建筑风格。驻有南山小学、威海市福润物业服务有限公司等单位。有志愿者服务、老年人照料服务等。通公交车。2013年被评为省文明社区。

鸿武社区 371002-A01-J06
[Hóngwǔ Shèqū]

属环翠楼街道管辖。在环翠区中部。面积0.32平方千米。人口2 300。取"鸿鹄之志，经文纬武"之意得名。2007年成立。有楼房30栋，现代简约建筑风格。驻有环翠区武装部、环翠区交通局、环翠楼街道办事处等单位。有志愿者服务、老年人照料服务。通公交车。2014年被评为省文明社区。

菊花顶社区 371002-A02-J01
[Júhuādǐng Shèqū]

属鲸园街道管辖。在环翠区北部。面积0.66平方千米。人口3 500。因地处棉花山脉分支菊花顶得名。1989年成立。有楼房90栋、别墅85栋，现代简约建筑风格。驻有威海市市级机关幼儿园、威海市机关事务管理局等单位。有志愿者服务、老年人日间照料中心，开展爱心义剪、阳光合唱、七彩二胡等活动。通公交车。2009年被评为省文明社区。

戚谷疃社区 371002-A02-J02
[Qīgǔtuǎn Shèqū]

属鲸园街道管辖。在环翠区东北部。面积0.5平方千米。人口4 000。因明永乐与万历年间谷姓和戚姓定居于此而得名。1984年成立。有楼房66栋，现代简约建筑风格。驻有威海市渔政渔港监察支队、威海市公安局环翠分局等单位。有志愿者服务、老年人日间照料中心，开展合唱、舞蹈、书法油画兴趣班等活动。通公交车。2009年被评为省文明社区。

古陌社区 371002-A02-J03
[Gǔmò Shèqū]

属鲸园街道管辖。在环翠区北部。面积0.6平方千米。人口2 900。明末，毕氏兄弟从文登县迁来定居并建村，因村后有古陌岭山，得名古陌。社区沿用原村名。1984年成立。有楼房48栋、别墅36栋，现代简约建筑风格。驻有威海市中级人民

法院、威海市质量技术监督局、威海市人民检察院、威海市海洋渔业局等单位。有志愿者服务、老年人照料服务，开展重阳节老年运动会、微笑日为辖区孤寡老人献爱心、"缔造历史 传承爱敬"为主题的历史照片展示等活动。通公交车。2010年被评为省文明社区。

光明社区 371002-A02-J04
[Guāngmíng Shèqū]

属鲸园街道管辖。在环翠区北部。面积1平方千米。人口5 800。取正大光明之意得名。1983年成立。有楼房82栋，现代简约建筑风格。驻有威海市档案局、威海市林业局、海通证券等单位。有志愿者服务、老年人照料服务，开展文艺汇演等活动。通公交车。2012年被评为省文明社区。

古北社区 371002-A02-J05
[Gǔběi Shèqū]

属鲸园街道管辖。在环翠区北部。面积1平方千米。人口8 600。因地处奈古山北侧得名。1987年成立。有楼房97栋，现代简约建筑风格。驻有威海市住房和城乡建设局、威海市环保局、威海市规划局、威海市公共交通总公司等单位。有志愿者服务、老年人照料服务，开展"15号回家""12系民行""十剪时美""健康加油站""永恒的牵手"等活动。通公交车。2013年被评为省文明社区。

望岛社区 371002-A03-J01
[Wàngdǎo Shèqū]

属竹岛街道管辖。在环翠区中部。面积2.28平方千米。人口4 100。元朝孟姓、卢姓与马姓先后在此建孟家疃、卢家疃、马家疃，因三村落背靠高山，面朝大海，可远望威海湾中的日岛，统称望岛。社区沿用原村名。2001年成立。有楼房92栋、

别墅 140 栋，现代简约建筑风格。驻有望岛小学、望岛幼儿园、望岛老年公寓、明海集团等单位。有志愿者服务、老年公寓，开展民生公益、邻里互助等活动。通公交车。2010 年被评为省文明社区。

南竹岛社区 371002-A03-J02
[Nánzhúdǎo Shèqū]

属竹岛街道管辖。在环翠区中部。面积 1 平方千米。人口 8 200。社区沿用原南竹岛村名。1984 年成立。有楼房 79 栋，现代简约建筑风格。驻有上海浦东发展银行股份有限公司威海分行、兴业银行股份有限公司威海分行、威海市总工会职工服务中心等单位。有志愿者服务、老年人照料服务，开展民生公益、邻里互助等活动。通公交车。2012 年被评为省文明社区。

戚家夼社区 371002-A03-J03
[Qījiākuǎng Shèqū]

属竹岛街道管辖。在环翠区中部。面积 2.5 平方千米。人口 1 100。原村名养马夼，后以姓氏改称戚家夼，社区沿用原村名。1985 年成立。有楼房 106 栋，现代简约建筑风格。驻有文笔峰集团、文笔峰老年公寓、文笔峰幼儿园等单位。有老年公寓、志愿者服务，开展民生公益、邻里互助等活动。通公交车。2005 年被评为省文明社区。

翠竹社区 371002-A03-J04
[Cuìzhú Shèqū]

属竹岛街道管辖。在环翠区中部。面积 0.61 平方千米。人口 6 300。取环翠区之"翠"字、竹岛街道之"竹"字得名。2010 年成立。有楼房 68 栋，现代简约建筑风格。驻有翠竹小学等单位。有志愿者服务、日间托老室，开展民生公益、邻里互助等活动。通公交车。2012 年被评为省文明社区。

戚家庄社区 371002-A03-J05
[Qījiāzhuāng Shèqū]

属竹岛街道管辖。在环翠区中部。面积 1.25 平方千米。人口 2 800。社区沿用原戚家庄名。2001 年成立。有楼房 65 栋，现代简约建筑风格。驻有现代妇产医院、戚家庄建筑公司等单位。有老年公寓，开展民生公益、邻里互助等活动。通公交车。2014 年被评为省文明社区。

陶家夼社区 371002-A03-J06
[Táojiākuǎng Shèqū]

属竹岛街道管辖。在环翠区中部。面积 3.5 平方千米。人口 1 300。社区沿用原陶家夼村名。2001 年成立。有楼房 71 栋、别墅楼 42 栋，现代简约建筑风格。驻有威海市残疾人康复中心等单位。有残障人康复训练基地、志愿者服务，开展民生公益、邻里互助等活动。通公交车。

嘉和社区 371002-A06-J01
[Jiāhé Shèqū]

属凤林街道管辖。在环翠区东南部。面积 0.16 平方千米。人口 2 600。以吉祥嘉言名嘉和社区。2013 年成立。有楼房 17 栋，现代简约建筑风格。驻有威海旭日过滤器有限公司、威海九洲橡塑有限公司、威海越宸电子科技有限公司、威海旭日印刷有限公司等单位。有志愿者服务。通公交车。

锦宏社区 371002-A06-J02
[Jǐnhóng Shèqū]

属凤林街道管辖。在环翠区东南部。面积 0.32 平方千米。人口 5 400。以希望居民安居乐业、生活美好之意命名。2013 年成立。有楼房 53 栋，现代建筑风格。驻有大方渔具、泛中物流等单位。有老年人日间照料中心、志愿者服务等，开展大手拉小手，快乐动起来趣味亲子运动会、舞动皮影、清明蒸燕、防范旅游陷阱等活动。通公交车。

天弘社区 371002-A07-J01

[Tiānhóng Shèqū]

属西苑街道管辖。在环翠区南部。面积 0.96 平方千米。人口 4 000。天弘社区原为大天东村，村改居后，保留了大天东中的"天"，加"弘"字，取弘扬、发展意命名。2013 年成立。有楼房 41 栋，现代简约建筑风格。驻有威海市公交一公司等单位。有老年人日间照料中心、志愿者服务，开展小水滴爱心志愿者联盟、"衣家人"志愿缝纫、诺和悦然公益等活动。通公交车。

曲阜万鑫社区 371002-A07-J02

[Qūfùwànxīn Shèqū]

属西苑街道管辖。在环翠区西南部。面积 0.11 平方千米。人口 5 200。明末清初建村时，该处有曲姓道人的道观，名曲府，后演变为曲阜。村改居后，以原村名和吉祥嘉言命名。2013 年成立。有楼房 54 栋，现代建筑风格。驻有仁爱中医院等单位。有老年人日间照料中心、志愿者服务，开展亲子科学实验课、货郎铺子、传统民俗等活动。通公交车。2013 年被评为省文明社区。

后峰西社区 371002-A08-J01

[Hòufēngxī Shèqū]

属怡园街道管辖。在环翠区西部。面积 4.4 平方千米。人口 12 500。社区沿用原后峰西村名。2009 年成立。有楼房 108 栋，现代建筑风格。驻有金猴集团、江峰国际新农贸水产品交易中心等单位。有老年人日间照料中心、志愿者服务。通公交车。2013 年被评为省文明社区。

双泉城社区 371002-B03-J01

[Shuāngquánchéng Shèqū]

温泉镇人民政府驻地。在环翠区南部。面积 0.3 平方千米。人口 5 800。原为金泉集团、鑫泉集团开发建设的小区，故名双泉城社区。2007 年成立。有楼房 73 栋、别墅 157 栋，现代建筑风格。驻有温泉医院、刘公岛国税分局、环翠区食品药品监督管理分局等单位。有日间照料中心，开展文化宣传、司法教育、教育培训、心理援助、家庭教育、健身娱乐等活动。通公交车。

文登区

文登区 371003

[Wéndēng Qū]

威海市辖区。在市境南部。面积 1 615 平方千米。人口 58.3 万。辖 3 街道、12 镇。区人民政府驻天福街道。1950 年文登县、昆嵛县两县均属文登专区。1956 年昆嵛县并入，属莱阳专区。1958 年属烟台专区。1967 年属烟台地区。1983 年属烟台市。1987 年属威海市。1988 年撤县改市，为省辖县级市。2014 年撤市设区，为威海市文登区。以城东隅文登山得名。西南为沿海平原。母猪河、昌阳河、青龙河等流经。有中小学 43 所，图书馆 1 个，体育场馆 1 个，文登整骨医院等三级以上医院 2 个。有国家级文物保护单位 1 个，省级文物保护单位 1 个，有国家级爱国主义教育基地、纪念地 1 个，省级爱国主义教育基地、纪念地 1 个，省级物质文化遗产 1 个，国家级非物质文化遗产 1 个，省级非物质文化遗产 5 个，风景名胜区和重要古迹、景点 26 个，其中昆嵛山国家森林公园为 AAAA 级旅游景区、全国青少年科技教育基地。有文登学广场、文登火车站、文登汽车站、南海公园等标志性建筑物。城市建设突出

"山、水、文"特色，形成"山中有城，城中有山；双龙抱城，玉带积翠；南商北工，东文西居；三位一体，成组成团"结构。三次产业比例为9∶49∶42。农业以种植业、养殖业为主，主产小麦、玉米、甘薯、花生，盛产苹果，沿海富产黄花鱼、带鱼、青鱼、鲅鱼和对虾、毛蛤等。为国家粮食、花生、奶山羊饲养、对虾养殖和淡水鱼养殖基地。"文登苹果""文登大花生""文登西洋参"获"中国农产品区域公用品牌"称号。"文登水貂""文登奶山羊""文登银杏""文登砂梨"获国家农业部农产品地理标志认证。工业形成汽车及零部件、机电工具和机械装备、家纺服装、电子信息、高新材料、现代服务业等六大支柱产业，有高端装备制造、（碳烯）新材料、生物医药、电子信息、精细化工等临港产业。服务业以旅游餐饮、住宿等为主，有温泉节、圣经山樱桃节、南海螃蟹品鉴艺术节、南海沙雕节、金滩采贝节等。有威海机场、埠口港、文登站、文登区汽车站，通公交车。

文登经济开发区 371003-E01
[Wéndēng Jīngjì Kāifāqū]

在区境北部。东连文登营镇，西以柳林河为界与龙山街道为邻，北与葛山镇接壤，南与天福街道接界。面积3 420公顷。以所在行政区和职能定位命名。1992年12月经省政府正式批准建立省级开发区，由区级政府管理。形成汽车及零部件、机电工具、家纺服装、电子信息、休闲旅游等五大支柱产业齐头并进的发展格局。入驻企业200多家，主要有东安黑豹、天润曲轴等知名企业和产品，有国家驰名商标3个、省级著名商标15个。公路网密布，通公交车。

天福街道 371003-A01
[Tiānfú Jiēdào]

属文登区管辖。在区境中部。面积34平方千米。人口7.5万。2007年成立。以天福路得名。抱龙河从境内穿过。有中小学5所，图书馆1个，医疗卫生机构3个。有省级文物保护单位丛氏宗祠、万字会旧址，纪念地峰山烈士陵园。有峰山公园、文登学公园、抱龙河公园等景点。有召文台、文登学广场、金都大厦、市中广场等标志性建筑物。经济以建筑建材、化工、食品、机械、纺织、电子、服装、商贸、运输、餐饮服务为主，有义乌小商品、蔬菜水果、文山花卉大世界等专业市场和天福商贸城、美食街、胶东文化街等特色商贸区。特色小吃有家常饼。有文登汽车站，通公交车。

龙山街道 371003-A02
[Lóngshān Jiēdào]

属文登区管辖。在区境中部。面积33平方千米。人口4.7万。2007年成立。以龙山路得名。抱龙河自西向东穿境而过，柳林河自北向南与抱龙河交汇并流。境内主要山峰为莲花顶。有中小学3所，医疗卫生机构2个。有市级文物保护单位马家汤后遗址。有龙山宾馆、润泰购物广场、三里河中学等标志性建筑物。农业种植小麦、玉米、蔬菜、水果，工业有光缆、线缆、机械、纺织、电子、服装等业。服务业以农业特色采摘、商贸业等为主，有蓝莓采摘等特色旅游业。有文登站，通公交车。

环山街道 371003-A03
[Huánshān Jiēdào]

属文登区管辖。在区境西南部。面积40平方千米。人口8.2万。2007年成立。因环山路得名。境内有豹山、小崮岭、万石山、庙山、马山。有中小学7所，体育馆1个，医疗卫生机构1个。有万石山石刻、小崮岭水库、七里汤地下温泉、青龙山庄名胜古迹。有七里中学、劳动大厦等标志性建筑物。农业盛产苹果、桑葚、西瓜等时鲜水果，黄瓜、西红柿等大棚蔬菜，西洋参等药材，黑松、红豆杉等苗木。工业有建筑、化工、机械、电子、服装、食品等业。服务业以旅游、商贸为主。有威海（文登）国际建材城、汽车交易市场、水产品市场等。通公交车。

文登营镇 371003-B01
[Wéndēngyíng Zhèn]

文登区辖镇。在区境东部。面积110平方千米。人口2.4万。辖70村委会，有70自然村。镇人民政府驻文登营。元末明初，山东半岛为倭患重灾区。设置三卫以备倭寇，三卫各据一隅，不相统属。建文登营节制三卫，联络声援。文登营军眷落籍成村。1930年属文登县第一区三育、洪兴、凤鸣、卧龙、林泉、松山、驾山、彭城、宝泉、凤山、奇山等乡。1936年属第一区文登营镇、松山镇和东北乡、林泉乡、洪育乡、仓上乡、东北乡。1941年12月属文东县松山区、天福山区。1950年3月属文登县第五区（松山区）、第六区（天福山区）。1951年3月，区下建洪水、文登营、营南、杜梨花、店子、金龙、驾山、泊子、西子城、岚宅、仓上、宝泉等乡。1956年区划调整，属文登县文山区文登营乡、杜梨乡、九里乡和天福山区方格乡、泊子乡。1957年6月撤销文山区，所属乡直属县领导。1958年2月至7月，渠格乡、杜梨乡和九里乡的赵家产、于家产等6村并入文登营乡；天福山区撤销，方格乡和泊子乡合并为天福山乡；9月成立松山人民公社和天福山人民公社。1959年3月实行政社合一，称文登营人民公社和天福山人民公社。1984年10月文登营人民公社和天福山人民公社分别改建文登营乡和天福山乡。1993年10月文登营乡改建文登营镇。1994年8月，营西、杜家泊等9村划归双龙街道。2001年行政区划调整，天福山镇所辖各村并入文登营镇。以镇政府驻地得名。有抱龙河、刘马庄河、青龙河流经。有中小学3所，卫生院2个，体育馆1个，公共绿地2个。有省级文物保护单位天福山革命遗址、沙里店遗址，纪念地天福山起义革命纪念馆，重要名胜古迹文登营古兵营遗址、松山水库、老崮顶、大溪谷风景区。天福山、草场庵为省级森林公园。农业以种植小麦、玉米等为主，盛产花生、桃子、梨、板栗、葡萄等，畜牧业养殖奶牛、奶山羊、梅花鹿、狐狸、长毛兔等，波尔山羊、奶山羊胚胎移植基地为省畜牧重点科技项目。特产有苹果、猕猴桃等，有2个全国无公害食品生产基地，有"佛鼎山""西字城"2个全国绿色食品商标。工业以电子、家纺、制药、食品、酿酒、机械制造和汽车零配件等为主。有青荣城际铁路和省道荣文路、威石路、初张路过境。

大水泊镇 371003-B02
[Dàshuǐpō Zhèn]

文登区辖镇。在区境东部。面积123平方千米。人口3.6万。辖89村委会，有91自然村。镇人民政府驻大水泊。1958年属东风人民公社，同年并入天福山人民公社。1966年恢复大水泊人民公社。1984年改设镇。2001年口子镇并入。以镇政府驻地村得名。境内有青龙河。有中小学3所，卫生院1个，公共绿地1个，广场1个。有重要古迹五垌地遗址、三庄墓群。农业以种植小麦、玉米和饲养桑蚕、奶牛、蛋鸡、貂狐、奶羊、猪、长毛兔等为主，盛产梨、苹果、香菇、西洋参，是花香菇生产基地、西洋参种植基地，有果品集散地和仓储保鲜中心。工业以建筑、机械制造、电子、化纤、彩钢结构、铸造、绣品、橡胶制品、纸箱等为主。有青荣城际铁路、309国道、威石专用线过境，威海国际机场位于境内。

张家产镇 371003-B03
[Zhāngjiāchǎn Zhèn]

文登区辖镇。在区境东南部。面积 125 平方千米。人口 2.3 万。辖 64 村委会，有 64 自然村。镇人民政府驻因寺桥。1956 年属侯家区邹家乡。1958 年属火炬人民公社，后称水道人民公社。1982 年属张家产人民公社，1984 年属张家产乡，1992 年改设镇。因镇政府原驻地张家产村而得名。境内多丘陵，有昌阳河、柘阳山。有中小学 2 所，卫生院 1 个，公共绿地 1 个，广场 1 个。有纪念地张家产烈士塔。经济形成以西洋参为主的药材、优质水果种植和特种动物养殖三大特色农业，农特产品有御龙旗西洋参、明晟水果、程达蔬菜、东汤村粉条、安子泊土姜、邹家床明胶、文石山野菜等。工业以机电、制革、药材加工为主。威海泰富西玛电机集团生产的"文宝"牌单相异步电动机荣获"中国名牌产品"称号，是国家质量免检产品，"文宝"商标被评为中国驰名商标。威力风机生产的"天福"牌除尘风机被评为"山东省名牌产品"。有荣乌高速、309 国道和省道青石公路、初张公路过境。

高村镇 371003-B04
[Gāocūn Zhèn]

文登区辖镇。在区境东南部。面积 97 平方千米。人口 2.9 万。辖 46 村委会，有 51 自然村。镇人民政府驻高村。1951 年属第一区。1956 年属高村区。1958 年成立明星人民公社。1959 年称高村人民公社。1984 年改设镇。因镇政府驻地得名。青龙河自北向南注入黄海。有中小学 2 所，卫生院 1 个，公共绿地 1 个，广场 1 个。有省级文物保护单位万家梁氏庄园、脉田遗址，省级非物质文化遗产糖瓜制作技艺、"串黄河"风俗、草柳编，重要名胜古迹呼雷汤温泉、西山张家遗址、万家古墓。农业以种植小麦、玉米等粮食作物和花生、苹果等经济作物为主，特色农业以棚栽果蔬、西洋参种植、沿海滩涂养殖、特色禽畜养殖为主。特产有脉田糖瓜、沙柳西红柿、万家草莓、青龙河蟹、莲花扫帚、二甲草柳编、河西刃具、西山蜜桃、河西鸭梨等。沿海主要以精养对虾、文蛤、蛏、梭子蟹、海蜇、海参等为主，畜牧业以养殖奶牛、奶山羊、貂、狐狸、貉子为主。工业有炼钢、轧钢业、饲料加工、水产品加工、渔具制造、箱包加工等业。有荣乌高速和省道石泽路、初张路过境。

泽库镇 371003-B05
[Zékù Zhèn]

文登区辖镇。在区境南部。面积 94 平方千米。人口 2.2 万。辖 23 村委会，有 23 自然村。镇人民政府驻泽库。1956 年属侯家镇泽库乡、刘家乡、慈家乡。1958 年并入侯家人民公社。1964 年析置泽库公社。1984 年改设乡。1992 年改设镇。因村南为沼泽地，积水成潭，故名。有中小学 2 所，卫生院 1 个，体育馆 1 个，公共绿地 1 个，广场 1 个。农业主产小麦、玉米、大豆、花生，浅海滩涂盛产扇贝、夏贻贝、蚬子蛤、花蛤、牛眼蛤、海螺、蛏、牡蛎等 50 余种贝类，其中牡蛎资源尤为丰富。盛产多种名优水产品，尤以刺参、鱿鱼、虾米、梭子蟹、皮皮虾、蜢子虾酱等久负盛名。特种毛皮动物养殖业主要品种有水貂、狐狸、貉子等。工业主要有船舶制造、起重设备、纸制品加工、食品加工、塑料制品等行业。有公路经此。

侯家镇 371003-B06
[Hóujiā Zhèn]

文登区辖镇。在区境南部。面积 86 平

方千米。人口 2.1 万。辖 38 村委会，有 38 自然村。镇人民政府驻侯家。1955 年为侯家区。1958 年为侯家乡。1958 年泽库乡并入，1959 年属侯家人民公社。1964 年析出 23 生产大队，设泽库人民公社。1984 年为侯家乡。1989 年改设镇。以镇政府驻地得名。有柘阳山。有中小学 2 所，卫生院 1 个，公共绿地 1 个，广场 1 个。农业以种植小麦、花生、玉米、地瓜等为主，浅海滩涂养殖鱼、虾、蟹、贝、海参等 50 多种，特产主要有西洋参、对虾、海参、蛣子虾酱、海蜇皮等。养殖业以水貂、貉、狐狸等特种毛皮动物养殖为主。工业有机械制造、制鞋、水产品养殖加工、原盐生产等业。有省道环海路过境。

宋村镇 371003-B07
[Sòngcūn Zhèn]

文登区辖镇。在区境西南部。面积 127 平方千米。人口 3.8 万。辖 53 村委会，有 55 自然村。镇人民政府驻宋村。1959 年称宋村人民公社。1962 年将北部郭格庄、佛东夼等 16 村划归米山人民公社。1984 年改设镇。以镇政府驻地得名。境内有摩天岭。有中小学 2 所，卫生院 1 个，公共绿地 1 个，广场 1 个。有省级文物保护单位石羊汉墓群，国家级非物质文化遗产"秃尾巴老李的传说"，重要古迹昌阳古城、姜家庄遗址。农业主产小麦、玉米、花生、蔬菜、对虾、果品等，特产姚米、"昌阳牌"无公害蔬菜等，是蔬菜生产专业镇和农副产品集散地。工业以建筑建材、纺织、木制品、电子、食品、机械等业为主。有荣乌高速、青威高速过境。

泽头镇 371003-B08
[Zétóu Zhèn]

文登区辖镇。在区境西南部。面积 105 平方千米。人口 3.4 万。辖 47 村委会，有 47 自然村。镇人民政府驻泽头。1956 年属文登县虎山区。1958 年为燎原人民公社。1959 年称泽头人民公社。1964 年宋村人民公社的南桥、北桥两村划入。1984 年为泽头镇。以镇政府驻地得名。有中小学 3 所，图书馆 1 个，卫生院 1 个，公共绿地 1 个，广场 1 个。农业以玉米、小麦、花生等种植为主，特色农业以苹果、西洋参、大姜、草莓、核桃、奇异果、树莓种植为主。海珍品对虾、贝类等养殖形成规模。工业有高档内装饰布、标准件、水暖管件、铸造加工、果品加工储藏、水产品冷冻加工、针织羊毛衫、涤纶短丝、渔具生产等。有青威高速、威青公路过境。

小观镇 371003-B09
[Xiǎoguān Zhèn]

文登区辖镇。在区境西南部。面积 128 平方千米。人口 3.7 万。辖 47 村委会，有 47 自然村。镇人民政府驻小观。1956 年东浪暖等 6 乡 28 村划归文登县虎山区。1958 年波罗乡并入小观乡。1959 年称小观人民公社。1984 年为小观乡。1989 年改设镇。因镇政府驻地得名。黄垒河流经。有中小学 6 所。有金家庄古村落遗址。农作物主产小麦、玉米等，特产有万家口优质大花生、东浪暖大白菜、北黄白根韭菜、裴家岛西瓜。海珍品有牛舌鱼、桃花虾、虎头蟹等。贝类资源丰富，盛产黄瓢蛤、杂色蛤、毛蛤、文蛤、西施舌等 40 余种，统称"小观贝"。特色经济为水产养殖，以海水筏式养殖生蚝，池塘养殖对虾、海参、梭子蟹等为主。有陶瓷、建材、玻璃、纺织、轮胎、渔具、钢窗附件、冷藏、汽车修理等企业。有威乳高速、威青公路过境。

葛家镇 371003-B10
[Gějiā Zhèn]

文登区辖镇。在区境西部。面积 186 平方千米。人口 5.1 万。辖 68 村委会，有

89 自然村。镇人民政府驻葛家。1955 年改为县辖镇。1958 年设立灯塔公社，1959 年改为葛家公社。1984 年改设镇。2001 年铺集镇并入。以镇政府驻地得名。母猪河从境内穿过。有中小学 2 所，卫生院 1 个，公共绿地 1 个，广场 1 个。有国家级文物保护单位圣经山摩崖，重要名胜古迹昆嵛山、圣经山风景区、丛境月故居。特色农业有果品、花卉、畜牧、苗木、丹参等产业，是胶东地区小麦、玉米、花生、苹果、樱桃的主要产区，特产有樱桃、苹果、蟠桃、葡萄、梨等，产柞蚕茧、桑蚕茧。工业以机械制造、蓄电池、石材加工、纺织、印刷、化工、建筑、消防器材等为主。有桃威铁路、309 国道、省道上泽公路过境。

米山镇 371003-B11
[Mǐshān Zhèn]

文登区辖镇。在区境西部。面积 85 平方千米。人口 2.1 万。辖 44 村委会，有 45 自然村。镇人民政府驻横口。1962 年成立米山人民公社。1984 年为米山乡。1989 年改设镇。取"米面成山"之意命名。有中小学 2 所，卫生院 1 个，公共绿地 1 个，广场 1 个。有省市级文物保护单位耩南庄古遗址、老埠墓群。农业主产小麦、玉米、花生，盛产苹果、淡水鱼，特产草莓、鲈鱼、大银鱼等。工业以皮革、化工、电子、轻工家纺、服装、车辆制造、渔具、乳品、服装农副产品加工为主。服务业以物流业为主。有桃威铁路、309 国道过境，设文登站。

界石镇 371003-B12
[Jièshí Zhèn]

文登区辖镇。在区境西北部。面积 188 平方千米。人口 2.9 万。有 65 村委会，辖 65 自然村。镇人民政府驻大界石。1956 年属苘山区。1958 年属昆嵛公社。1959 年称界石公社。1984 年改设乡。1989 年改设镇。

2001 年晒字镇并入。因镇政府驻地得名。境内有楚岘河、界石河、张格河、八甲河、蒿河、昆嵛山。有中小学 2 所，卫生院 1 个，体育馆 1 个，公共绿地 1 个，广场 1 个。有纪念地晒字烈士塔，重要古迹罗汉庵摩崖石刻、司马长元墓、无染寺旧址、阳谷山遗址。盛产花生、小樱桃、大樱桃、黄金梨、葡萄、苹果等，特产昆嵛山绿茶等。工业主要有玩具、石材、矿泉水、电子、建材等行业。有省道李俚公路、上泽公路过境。

社区

九里水头社区 371003-A01-J01
[Jiǔlǐshuǐtóu Shèqū]

属天福街道管辖。在文登区西北部。面积 0.73 平方千米。人口 2 500。以原九里水头村得名。1994 年成立。有楼房 8 栋，现代简约建筑风格。有志愿者服务。通公交车。2012 年被评为省文明社区。

北宫社区 371003-A01-J02
[Běigōng Shèqū]

属天福街道管辖。在文登区中部。面积 0.2 平方千米。人口 2 500。以北宫街得名。1998 年成立。有楼房 43 栋，现代建筑风格。驻有东方商务会馆等单位。有老年活动室。通公交车。

文山社区 371003-A01-J03
[Wénshān Shèqū]

属天福街道管辖。在文登区中部。面积 0.95 平方千米。人口 4 000。以近文登山命名，简称文山。1998 年成立。有楼房 52 栋，现代建筑风格。驻有文山实业总公司、中国农业银行文登文山路分理处等单位。有老年活动室。通公交车。

峰西社区 371003-A01-J04
[Fēngxī Shèqū]

属天福街道管辖。在文登区东部。面积 1.3 平方千米。人口 6 400。以峰山命名。1998 年成立。有楼房 76 栋，现代建筑风格。驻有峰西工贸总公司电缆厂等单位。有老年活动室。通公交车。

凉水湾社区 371003-A01-J05
[Liángshuǐwān Shèqū]

属天福街道管辖。在文登区东部。面积 2.6 平方千米。人口 2 300。以凉水湾得名。1998 年成立。有楼房 28 栋，现代建筑风格。驻有大成驾驶培训有限公司等单位。有老年活动室。通公交车。

城南社区 371003-A01-J06
[Chéngnán Shèqū]

属天福街道管辖。在文登区南部。面积 0.72 平方千米。人口 1 000。村改居时沿用原村名。1998 年成立。有楼房 16 栋，现代建筑风格。驻有城南经济股份合作社等单位。有老年活动室。通公交车。

香水庵社区 371003-A01-J07
[Xiāngshuǐ'ān Shèqū]

属天福街道管辖。在文登区中部。面积 3.5 平方千米。人口 2 300。原村名香水庵，社区沿用原村名。1998 年成立。有楼房 23 栋，现代建筑风格。驻有香水庵经济股份合作社等单位。有老年活动室。通公交车。

大观园社区 371003-A02-J01
[Dàguānyuán Shèqū]

属龙山街道管辖。在文登区西部。面积 0.51 平方千米。人口 5 300。因 20 世纪 80 年代末 90 年代初此处建商贸区称大观园而得名。1998 年成立。有楼房 56 栋，现代简约建筑风格。驻有威海市生态环境局文登分局等单位。有志愿者服务，开展进敬老院看望老人等活动。通公交车。

大众社区 371003-A02-J02
[Dàzhòng Shèqū]

属龙山街道管辖。在文登区中部。面积 0.24 平方千米。人口 4 000。村改居时沿用原村名。1998 年成立。有楼房 47 栋，现代建筑风格。驻有华玺大酒店等单位。有志愿者服务，开展进敬老院看望老人等活动。通公交车。

生产社区 371003-A02-J03
[Shēngchǎn Shèqū]

属龙山街道管辖。在文登区中部。面积 0.57 平方千米。人口 4 400。村改居时沿用原村名。1998 年成立。有楼房 39 栋，现代建筑风格。驻有宏大商厦、柳营街商厦、宏大废旧金属回收站等单位。有志愿者服务，开展进敬老院看望老人等活动。通公交车。

西楼社区 371003-A02-J04
[Xīlóu Shèqū]

属龙山街道管辖。在文登区中部。面积 0.64 平方千米。人口 3 400。村改居时沿用原村名。1998 年成立。有楼房 87 栋，现代建筑风格。驻有烟草有限公司等单位。有志愿者服务，开展进敬老院看望老人等活动。通公交车。

七里水头社区 371003-A02-J05
[Qīlǐshuǐtóu Shèqū]

属龙山街道管辖。在文登区北部。面积 0.68 平方千米。人口 1 300。村改居时沿用原村名。1998 年成立。有楼房 21 栋，现代建筑风格。驻有七里水头建筑工程公司等单位。有志愿者服务，开展进敬老院看望老人等活动。通公交车。

柳林社区 371003-A02-J06
[Liǔlín Shèqū]

属龙山街道管辖。在文登区西部。面积 0.15 平方千米。人口 3 400。村改居时沿用原村名。1998 年成立。有楼房 36 栋，现代建筑风格。驻有柳林建筑工程公司、文登宝龙泵业制造厂等单位。有志愿者服务，开展进敬老院看望老人等活动。通公交车。

三里河社区 371003-A02-J07
[Sānlǐhé Shèqū]

属龙山街道管辖。在文登区北部。面积 0.67 平方千米。人口 4 300。村改居时沿用原村名。1998 年成立。有楼房 63 栋，现代建筑风格。驻有三里河中学等单位。有志愿者服务，开展进敬老院看望老人等活动。通公交车。

南山社区 371003-A03-J01
[Nánshān Shèqū]

属环山街道管辖。在文登区南部。面积 1.03 平方千米。人口 9 700。因地处城市建成区南侧小山，且建有南山居民小区而得名。1998 年成立。有楼房 82 栋，现代简约建筑风格。有志愿者服务，开展进敬老院看望老人等活动。通公交车。

桃园社区 371003-A03-J02
[Táoyuán Shèqū]

属环山街道管辖。在文登区西部。面积 1.24 平方千米。人口 11 400。因地处原城西村的桃（树）园原址，且建有桃园居民小区而得名。1998 年成立。有楼房 98 栋，现代简约建筑风格。有志愿者服务，开展进敬老院看望老人等活动。通公交车。

秀山社区 371003-A03-J03
[Xiùshān Shèqū]

属环山街道管辖。在文登区南部。面积 1.04 平方千米。人口 13 000。因辖区内的秀山而得名（现秀山已无实体）。1998 年成立。有楼房 118 栋，现代简约建筑风格。有志愿者服务，开展进敬老院看望老人等活动。通公交车。

河南社区 371003-A03-J04
[Hénán Shèqū]

属环山街道管辖。在文登区南部。面积 1.38 平方千米。人口 5 000。村改居时沿用原村名。1998 年成立。有楼房 42 栋，现代建筑风格。驻有河南实业有限公司、宏利客运有限公司等单位。通公交车。

苏家河社区 371003-A03-J06
[Sūjiāhé Shèqū]

属环山街道管辖。在文登区南部。面积 1.71 平方千米。人口 2 000。村改居时沿用原村名。1998 年成立。有楼房 33 栋，现代建筑风格。驻有文登苏家河保温材料厂、恒源供热公司等单位。通公交车。

城西社区 371003-A03-J07
[Chéngxī Shèqū]

属环山街道管辖。在文登区西部。面积 1.91 平方千米。人口 3 600。村改居时沿用原村名。1998 年成立。有楼房 51 栋，现代建筑风格。驻有城西综合市场有限公司等单位。通公交车。

马家庵社区 371003-A03-J08
[Mǎjiā'ān Shèqū]

属环山街道管辖。在文登区北部。面积 1.55 平方千米。人口 1 600。村改居时沿用原村名。1998 年成立。有楼房 20 栋，现代建筑风格。驻有家家悦集团股份有限公司文登马家庵店等单位。通公交车。

七里汤社区 371003-A03-J09
[Qīlǐtāng Shèqū]

属环山街道管辖。在文登区西南部。面积 1.29 平方千米。人口 2 100。村改居时沿用原村名。1998 年成立。有楼房 19 栋，现代建筑风格。通公交车。

汤南社区 371003-A03-J10
[Tāngnán Shèqū]

属环山街道管辖。在文登区南部。面积 1.18 平方千米。人口 1 800。村改居时沿用原村名。1998 年成立。有楼房 26 栋，现代建筑风格。驻有文登市汤南企业总公司、文登幸福晚年敬老院等单位。通公交车。

麦疃后社区 371003-A03-J11
[Màituǎnhòu Shèqū]

属环山街道管辖。在文登区西南部。面积 3.97 平方千米。人口 1 200。村改居时沿用原村名。2006 年成立。有楼房 11 栋，现代建筑风格。驻有文登市麦疃后面粉厂、麦疃后经济股份合作社等单位。通公交车。

小嵛岭社区 371003-A03-J12
[Xiǎoyúlǐng Shèqū]

属环山街道管辖。在文登区南部。面积 2.44 平方千米。人口 400。村改居时沿用原村名。2006 年成立。以平房为主。驻有玉岭山庄养老院、威海市嵛岭山泉水厂等单位。通公交车。

河圈社区 371003-A03-J13
[Héquān Shèqū]

属环山街道管辖。在文登区西部。面积 1.68 平方千米。人口 500。村改居时沿用原村名。2006 年成立。以平房为主。驻有威海市文登区污水处理厂、威海市文登区环山街道办事处河圈经济股份合作社等单位。通公交车。

荣成市

荣成市 371082
[Róngchéng Shì]

山东省直辖县级市。由威海市代管。北纬 37°10′，东经 122°20′。在威海市境东南部，东、北、南濒临黄海。面积 1500 平方千米。人口 67.5 万。以汉族为主，还有苗、壮、朝鲜等民族。辖 10 街道、12 镇。市人民政府驻崖头街道。西汉置不夜县，治不夜城，属东莱郡。东汉废，入昌阳县，后屡属昌阳县（三国魏）、牟平县（南朝宋）、观阳县（北魏）。北齐始为文登县地。明洪武三十一年（1398）析文登县朝阳都地置成山卫。清雍正十三年（1735）裁卫置荣成县，"钦定嘉名，以始皇尝射大鱼于荣成山，山在邑境内"，故名。属登州府。1913 年属胶东道。1925 年属莱胶道。1928 年属省。1937 年属第七行政督察区。1940 年属东海专区。1945 年析置石岛特区，翌年改为石岛市。1950 年石岛市并入，属文登专区。1956 年属莱阳专区。1958 年属烟台专区。1967 年属烟台地区。1983 年属烟台市。1987 年属威海市。1988 年改县为市。（资料来源:《中华人民共和国地名大词典》，略有调整）2002—2007 年，推进市区南跨、东进与石岛的相向对接，形成以市区为轴心、石岛和成山为两翼的城市建设框架。崖头建成区由 27.5 平方千米拓展到 77 平方千米，石岛建成区由 12.5 平方千米拓展到 58 平方千米。集中建成滨海公园、十里河公园、文体中心、客运物流中心等工程。2008 年建成青山公园、湿地公园、沿海防护林和城乡接合部四大生态区，开发了三环小区、成山嘉园等高档住宅工程。完成县道升级改造等工程。2009 年长会口大桥建成通车。启动石岛核电船舶工业园、成山海洋食品科技园、港西蓝星工业园、石岛新区建设。2010 年建设石岛商业步行街、石岛滨海商业中心等。2011年启动以家家悦休闲购物广场、博隆城市广场为代表的城市综合体建设工程，以倪氏海泰度假酒店、珀斯皇冠酒店等为代表的星级酒店群建设工程，以自在香滨、金帝桂都、成山御园为代表的高端住宅建设工程。同步对市区主干道成山大道沿线进行改造，"一环三纵九横"的路网框架基本形成。有海洋食品博览中心、社会福利中心、中韩边贸城、博物馆、文体中心、市民文化中心、滨海公园、湿地公园等标志性建筑物。城市建设突出"点状组团、错落有致、简约大方、智能生态"的滨海城市特色，公共建筑以现代玻璃幕墙和石材立面为主要特征，居住建筑以温馨淡雅的简欧式风格为特色，工业建筑以简明实用的层叠车间为基本框架。地形以低山丘陵为主，平均海拔25米。北部为山区，丘陵广布，平原主要分布在河流沿岸和沿海地区。海岸多为岩岸，曲折多湾，陆上山丘直插入海，形成陡峭的海岬或海蚀阶地。属海洋性季风气候，四季分明，年均气温11.3℃，1月平均气温-1.8℃，7月平均气温24.2℃。年均降水量785.4毫米。主要河流有沽河、石家河、车道河等。有铁、铝、铜等矿产资源。有野生植物641种。野生动物647种，其中国家重点保护野生动物有梅花鹿、中华秋沙鸭、金雕、东方白鹳等7种。有国家级自然保护区1个、省级自然保护区1个。森林覆盖率40.7%。有省级以上研发机构62个。有哈尔滨理工大学荣成学院、荣成海洋职业学院等高等院校8所，中小学57所，图书馆4个，博物馆6个，知名文艺团体4个，体育馆6个，三级以上医院2个。有国家级文物保护单位留村石墓群，省级文物保护单位5个，省级爱国主义教育基地2个。有国家级非物质文化遗产"渔民开洋、谢洋节"，省级非物质文化遗产9个。有河口、北蓝格新石器时期古遗址及三甲泊汉代墓群和秦

皇庙、千真洞等名胜古迹。有成山头风景区、赤山风景区、圣水观风景区及海驴岛、神雕山野生动物自然保护区等重要景点。境内有蜊江、石岛等十大天然海水浴场。三次产业比例为8.1：46.4：45.5。农业以捕鱼业和水产养殖业为主，已形成远洋、近洋捕捞，海水养殖和精深加工相结合的现代渔业格局。拥有全国最大的海上牧场，海带产量占全国的40%，主产中牙鲆鱼、琵琶虾、黄花鱼、带鱼、鲅鱼、鲳鱼、魁蚶、扇贝等。石岛渔港建有中国最大的鱼货交易市场。工业以轮胎、汽车、造船、电机、建材、食品六大板块为主体，是全国最大的冷冻调理食品生产出口基地和海带养殖基地及加工制造地，形成独具特色的海洋食品、海洋保健品和海洋生物药品生产体系。"成山牌"轮胎、华泰汽车、黄海造船、"好当家"食品等驰名海内外。服务业以滨海旅游产业为主，有2个省级旅游度假区。有省级开发区1个。与中国海洋大学、中科院海洋所等55家高校院所建立合作关系，实施和转化国家"863""973"科技项目52项。荣乌高速公路、309国道及省道石烟公路、威石公路等过境，青荣城际铁路通车。境内有石岛港、龙眼港、俚岛港、蜊江港、朱口港等港口，石岛港、龙眼港为国家一类对外开放港口。开通直达韩国平泽港、群山港、仁川港等15条国际国内航线。

荣成经济开发区 371082-E01
[Róngchéng Jīngjì Kāifāqū]

在荣成市区南部。东濒桑沟湾，南至沽河，西靠南山南路，北依成山大道。面积5 500公顷。初设立时命名为荣城蜊江外向型工业加工区，后更名为荣成经济开发区。1992年12月经山东省人民政府批准为省级开发区，由县市级政府管理。重点发展信息技术、生物科技、碳材料、房车四大产业，荣成双太电子公司、韩国三佑电子、

宣凤电子、飞利浦电子等 138 家企业落户，入驻项目 70 多个。境内公路四通八达。

崖头街道 371082-A01
[Yátóu Jiēdào]

荣成市人民政府驻地。在荣成市城区中部。面积 78 平方千米。人口 13.1 万。2006 年设立。因原崖头镇驻地村得名。对成山大道以北、伟德大道以南的府东、府西、世纪、新台、高阳、耩蒲城中村整体改造，建成山奥苑、曙光、三环、海山等高档生活小区。境内最高峰为青山，崖头河、沽河、桑沟河从境内穿过。有中小学 2 所，医疗卫生机构 2 个。有全国烈士纪念建筑物保护单位荣成烈士陵园。有荣成奥林匹克中心、樱花湖体育公园、东方广场、新世纪广场等标志性建筑物。种植业主产小麦、玉米、大豆等，近海区域为海带、扇贝养殖区，特产苹果、梨、草莓、葡萄、鲍鱼、对虾等。工业以玻璃制造、机械配件、海洋食品加工业为主。荣佳电机 YD 系列变极多速起重用三相异步电动机为山东省名牌产品。有苏宁电器、大润发、振华商厦、小义乌批发城等商贸集散地。有荣成汽车站，通公交车。

斥山街道 371082-A02
[Chìshān Jiēdào]

属荣成市管辖。在荣成市城区南部。面积 55 平方千米。人口 3.2 万。以汉族为主，还有苗、壮、朝鲜等民族。2005 年设立。成立后，启动凤凰湖综合开发工程，建设大型滨海公园，构筑山海旅游圈；完成凤凰湖小区建设。因街道办事处原驻地斥山村而得名。斥山河过境，境内有凤凰湖。有中小学 3 所，医疗卫生机构 1 个。有国家 AAAA 级风景区赤山风景区。种植业主产小麦、玉米、花生、苹果。渔业以水产品捕捞与加工为主，有斥山渔港、水产品精深加工基地。特色养殖水貂、狐狸、牛、鸵鸟等。工业以机械制造、塑料制品、食品加工等为主，海山工业园为胶东最大的拖拉机、正三轮摩托车生产基地，重点企业有中水荣成渔业钢丝绳厂、荣成市热电厂、荣成市花岗理石厂等。旅游业为新兴支柱产业。有斥山港，通公交车。

东山街道 371082-A03
[Dōngshān Jiēdào]

属荣成市管辖。在荣成市区南部。面积 43 平方千米。人口 1.7 万。2005 年设立。因街道办事处驻东山村，以驻地村为名。境内有甲子山、林家河、东山河。有中小学 1 所，医疗卫生机构 19 个。有龙山革命纪念馆。有百亩水景公园、东山文化活动广场等标志性建筑物。种植业主产小麦、玉米、花生、苹果，重点发展果园、蔬菜、苗木、茶园四大产业基地。海上养殖业发展浅海、滩涂和底播三类养殖，特色养殖蛋鸡、貂、貉、狐狸、猪、蛋鸭、鹌鹑、鹿、牛、羊等。食品、船舶配套、石材及机械加工等一批高端产业项目相继落户辖区内工业园。服务业主要发展房地产、商贸等业。通公交车。

王连街道 371082-A04
[Wánglián Jiēdào]

属荣成市管辖。在荣成市区南部。面积 64 平方千米。人口 1.7 万。2005 年设立。街道办事处驻王家庄，因王家庄与连家融为一体，故以王连为名。2012 年启动集中供暖工程。王连河是境内最大河流。有中小学 2 所，医疗卫生机构 1 个。种植业主产小麦、玉米、花生、苹果、茶叶、中药材，畜牧业以养殖猪、奶牛、特色动物为主。工业以远洋捕捞、水产品精深加工、汽车零配件制造、橡塑制品、船舶配件五大产业为主。出口产品主要有水产品等。通公交车。

桃园街道 371082-A05
[Táoyuán Jiēdào]

属荣成市管辖。在荣成市区东南部。面积 25 平方千米。人口 1.4 万。街道办事处驻桃园村，故名。2005 年设立。完成亲海花园等 8 个老旧小区的改造工程。是夏家河发源地，流入黄海。最高峰为朝阳洞山。有中小学 2 所，医疗卫生机构 9 个。建有特色动物养殖、高档苗木培育、茶叶种植三大产业基地，有水产品加工企业、房地产开发企业、建筑企业等。有桃园民俗旅游度假村，发展特色旅游业。出口产品主要有服装、食品等。通公交车。

宁津街道 371082-A06
[Níngjīn Jiēdào]

属荣成市管辖。在荣成市区东南部。面积 68 平方千米。人口 2.4 万。2005 年设立。街道办事处驻宁津所，故名。境内有留村山，东墩河、夏家河流入黄海。有中小学 3 所，医疗卫生机构 1 个。有国家级文物保护单位留村石墓群，爱国主义教育基地宁津烈士陵园，重要古迹宁津所城等。有东楮岛风景区等景点。辖区内东楮岛村被评为"中国历史文化名村""中国传统古村落"，是胶东地区海草房保留最完整的村庄之一，被誉为生态民居的活标本。农业以渔业为主，主产对虾、海参、鲍鱼、海带，有河豚鱼养殖基地。工业以建材、食品、修造船等业为主。服务业以特色旅游业为主，开发海洋牧场观光走廊、人工鱼礁垂钓、沙滩休闲运动、渔家民俗、河豚会馆、海景餐饮住宿、海水 SPA 等旅游项目。通公交车。

港湾街道 371082-A07
[Gǎngwān Jiēdào]

属荣成市管辖。在荣成市城区南部。面积 30 平方千米。人口 6.5 万。2005 年设立。因辖区内多港口码头而得名。王门河、车脚河过境。有中小学 2 所，医疗卫生机构 1 个。有省级非物质文化遗产石岛渔家大鼓。农业以渔业为主，主产海参、海带、扇贝等。工业以食品加工、水产品加工、修造船、海洋高新技术产业为主，有黄海造船、石岛集团、广信食品等企业。服务业以商贸物流业、旅游业为主，有石岛渔港、渔人码头。有石岛港、石岛汽车站，通公交车。

崂山街道 371082-A08
[Láoshān Jiēdào]

属荣成市管辖。在荣成市区南部。面积 50 平方千米。人口 3.3 万。2011 年设立。因境内之崂山而得名。相继建设"一纵三横"路网。境内有崂山、崂山河。有中小学 2 所，医疗卫生机构 17 个。农业以种植业、养殖业为主，粮食作物主产小麦、玉米，盛产草莓、大樱桃。建有生猪养殖、牡蛎养殖、大棚草莓、大樱桃四大产业基地。是国家魁蚶养殖示范基地。工业形成三条经济带，第一条经济带周边已汇聚海山工业园、荣佳电机、鹏泽食品、高虹电力二期工程等项目，第二条经济带引进泰达橡胶、恒建建材、荣昌塑料等项目，第三条经济带有盛泉数码科技园、太原博士后工作站、北大科技园、黄金海岸度假区等高科技及旅游度假项目。通公交车。

寻山街道 371082-A09
[Xúnshān Jiēdào]

属荣成市管辖。在荣成市区东部。面积 53 平方千米。人口 2.2 万。2006 年设立。因原乡政府驻寻山所村，故以寻山命名。车道河穿境而过，流入黄海。有哈理工荣成校区（学院）、威海工程技术学院，中小学 3 所，医疗卫生机构 1 个。有爱国主义教育基地青安烈士纪念馆、张晶麟烈士故居、寻山烈士陵园等。农业以渔业为主，主产海带、扇贝、鲳鱼、鲅鱼等，是中国重要的水产基地。工业以汽车配件、锻压热处理、海洋食品、轮胎化工产业为主。服务业以物流业、旅游业为主。有蜊江商港，通公交车。

城西街道 371082-A10
[Chéngxī Jiēdào]

属荣成市管辖。在荣成市区西部。面积44平方千米。人口2.2万。2011年设立。因地处荣成市城区西郊，故以城西为名。沽河、龙河为主要河流。有中小学2所，医疗卫生机构1个。种植业主产小麦、花生、苹果、梨等，有花生加工基地、蔬菜种植基地、果品集散基地。畜牧业以养殖猪、家禽为主，有生猪屠宰基地。工业以食品、石材加工、冷藏加工、制造业为主，宝丽佳电子（原科星机械厂）是国内5家专业生产ITO靶材的高科技企业之一，远海滑动轴承是山东省生产自润滑材料轴承最大的厂家之一。有荣成站，通公交车。

俚岛镇 371082-B01
[Lǐdǎo Zhèn]

荣成市辖镇。在荣成市境东部。面积108平方千米。人口3.6万。辖14居委会、60村委会，有83自然村。镇人民政府位于大庄许家社区。1949年10月属俚岛区、荣山区。1950年9月属第七区、第六区。1955年9月属俚岛区、荣山区。1958年3月属俚岛乡、林村乡。1958年9月属跃进公社、林村公社。1959年2月合并为俚岛公社。2001年4月并入俚岛镇。以原政府驻地俚岛村命名。境内有红山、母龙河、马道河。有中小学3所，卫生院2个。主要农产品有小麦、玉米、地瓜、大豆、苹果、梨等。培植修造船、海洋食品、旅游度假三大支柱产业，形成以三星、伽耶、百步亭、烟墩角造船等为代表的船舶制造产业，打造以"海芝宝""食藻宝""獐子岛"等

品牌为龙头的水产品精深加工产业，发展滨海旅游度假产业。有省道石烟公路过境。

成山镇 371082-B02
[Chéngshān Zhèn]

荣成市辖镇。在荣成市境东北部。面积123平方千米。人口5.8万。以汉族为主，还有朝鲜、满、蒙古等民族。辖12居委会、51村委会，有77自然村。镇人民政府驻成山四村。1942年2月属成山区。1950年9月属第五区。1958年3月属城厢乡。1982年2月属成山卫公社。1984年4月属成山卫镇。2000年6月，成山卫、龙须岛两镇合并置成山卫镇。2002年7月改称成山镇。因明洪武十三年（1380）曾置成山、靖海两卫，故名。境内有锥山、石水河、于家河。有中小学5所，医院1个，卫生院2个。有世界四大天鹅越冬栖息地之一的天鹅湖，国家AAAA级风景区成山头风景区。主要农作物有小麦、玉米、花生、水果、蔬菜等，建有名优特新水果丰产基地、雪松基地、生猪饲养基地、大棚蔬菜基地、黄芩栽植基地、苗木繁育基地六大农业示范基地。工业以纺织、化工、食品加工、机械、保健品、建材、饲料等行业为主。有西霞口集团、马山集团、鸿洋神集团等大型渔业集团公司，低脂鱼综合加工利用项目被列为山东省重大科研攻关项目，深海鱼油胶丸具有国际先进水平。拥有鸿洋神牌深海鱼油、新诚山昆布食品、西霞口野生刺参等特色产品。建立龙眼港出口加工区、海洋食品科技园两个工业园区。拥有各种特色旅游度假项目、文化创意及旅游地产项目。有301省道、302省道、704省道过境，龙眼港位于境内。

埠柳镇 371082-B03
[Bùliǔ Zhèn]

荣成市辖镇。在荣成市境北部。面积

90平方千米。人口2.2万。以汉族为主，还有佤、朝鲜等民族。辖1居委会、37村委会，有38自然村。镇人民政府驻埠柳村。1940年4月属第二区，同年12月改为第五区。1941年3月属第四区。1942年2月属凤山区。1950年9月改称第四区。1958年8月三乡合并称埠柳乡，9月成立凤山人民公社，10月更名为埠柳人民公社。1984年3月置埠柳镇。因镇政府驻地而得名。境内有老阎坟、埠柳河、白龙河、孔家河、沙楼河。有中小学2所，卫生院1个。农业主产小麦、玉米、地瓜、花生、苹果，是荣成市最大的果品生产基地。凤山千亩果园为省级优质果品生产样板园，"凤山"牌苹果为绿色食品标志产品。工业以食品加工、化肥制造、机械加工为主，荣成市胜利化工集团有限公司主要产品"胜利"牌多元复合肥为"省免检产品"。有301省道过境。

港西镇 371082-B04
[Gǎngxī Zhèn]

荣成市辖镇。在荣成市境北部。面积49平方千米。人口1.4万。以汉族为主，还有蒙古、回、朝鲜、满、佤等民族。辖1居委会、21村委会，有22自然村。镇人民政府驻大岚头村。1930年属第三区，1941年属第四区，1945年属凤山区，1951年属十四区，1954年4月属十二区，1956年3月属港西区，1958年9月属埠柳人民公社，1966年8月设立港西人民公社，1975年1月属埠柳人民公社，1984年4月设港西乡，1993年10月港西乡撤乡改设港西镇。因镇政府原驻地北港西村得名。地形以丘陵为主，北临黄海，主要河流有龙家河、港西河、白龙河、埠柳西河。有中小学2所，卫生院1个。是荣成市重要的商品粮、花生、水果生产基地，盛产中华绒螯蟹、海蟹、对虾、鲍鱼、扇贝、海参、藻类等各种海珍品。工业形成以高新技术产业为先导，以矿产

资源开发等行业为支柱，以建材、工艺品、水产品、农产品加工业为骨干的生产体系。服务业以旅游业等为主，有纹石滩等景点。有704省道、302省道过境。

夏庄镇 371082-B05
[Xiàzhuāng Zhèn]

荣成市辖镇。在荣成市境北部。面积56平方千米。人口1.2万。以汉族为主，还有满、朝鲜、布依、傣等民族。辖1居委会、33村委会，有35自然村。镇人民政府驻小夏庄村。1940年4月属荣成县第三区，同年12月改为第一区。1942年3月分属伟德山和杏华口两区。1946年属伟德山区。1966年8月增设夏庄人民公社。1984年3月置夏庄乡。1989年12月撤乡，改置夏庄镇。因镇政府驻地而得名。夏庄南河流经。有中小学2所，卫生院1个。有伟德山国家森林公园。经济以农业为主，主要农产品有小麦、玉米、花生、大豆、水果、蔬菜，名特优产品有板栗、甜石榴、猕猴桃、甜柿子。有圈杨、二胪两个育苗专业村。工业主要有化工、建材、机械配件、橡塑制品、乳制品、花生加工等。有303省道、荣威公路、俚李公路过境。

崖西镇 371082-B06
[Yáxī Zhèn]

荣成市辖镇。在荣成市境西北部。面积102平方千米。人口1.9万。以汉族为主，还有白、朝鲜、满、佤等民族。辖1居委会、49村委会，有49自然村。镇人民政府驻北崖西村。1940年4月属荣成县第三区，是年12月，改为第六区。1942年2月属伟德山区。1950年9月属第二区。1957年7月至1958年3月撤区建乡，置藏村、夏庄两乡。1958年8月增设崖西乡，10月更名为崖西人民公社。1984年3月置崖西乡。1989年12月改置崖西镇。因镇政府驻地而

得名。崖西河从境内穿过。有中小学 2 所，卫生院 1 个。境内有伟德山老闫坟、伟德山国家级森林公园、圣水观。农业以种植花生、苹果、玉米、小麦和养殖猪、牛、羊、家禽为主。工业以机械电子、服装加工、食品精深加工三大产业为主。有 303 省道、荣威公路、俚李公路过境。

荫子镇 371082-B07
[Yīnzǐ Zhèn]

荣成市辖镇。在荣成市境西北部。面积 44 平方千米。人口 1.2 万。以汉族为主，还有佤、蒙古、壮、满等民族。辖 1 居委会、43 村委会，有 43 自然村。镇人民政府驻墙上姚家。1940 年 4 月属第三区，同年 12 月改属第六区。1941 年 3 月缩区设乡，属第五区。1942 年 2 月属雨山区。1950 年 9 月属第三区。1955 年复称雨山区。1957 年 7 月至 1958 年 3 月置荫子乡。1958 年 9 月成立红光人民公社，同年 10 月更名为荫子人民公社。1993 年 10 月改建为荫子镇。因原镇政府驻地前荫子夼村而得名。境内最高峰为凤台，有荫子西河从境内穿过。有中小学 2 所，卫生院 1 个。有市级文物保护单位三冢泊墓群。农业培育花生、药材、畜牧和果品等四大支柱产业。工业初步形成机械制造、食品加工等六大类 20 多个行业的产业体系。金辰锻压机械畅销十多个国家和地区，荣成山月食品有限公司已成为烟威地区花生加工出口行业的龙头企业。有威石辅路、303 省道、908 省道过境。

滕家镇 371082-B08
[Téngjiā Zhèn]

荣成市辖镇。在荣成市境西南部。面积 88 平方千米。人口 2.5 万。辖 1 居委会、41 村委会，有 49 自然村。镇人民政府驻滕家村。1940 年 4 月属第五区，同年 12 月改为第八区。1942 年改为凤山乡。1949 年属崂山区。1950 年改称第十区。1957 年属崂山区。1957 年 7 月至 1958 年 3 月属滕家乡。1958 年 9 月成立滕家人民公社。1984 年 4 月置滕家镇。因镇人民政府驻地而得名。境内最高峰为高落山，主要河流有小落河、单家河、滕家河、炮东河。有中小学 3 所，卫生院 1 个。大力发展蔬菜、药材、畜牧及水果为主的高效创汇型农业，养殖牛、羊、鹿、狐狸、兔等 10 多个品种，是荣成市粮油重镇、蔬菜大镇和畜牧强镇。工业形成以建筑、化工、机械加工、电机、塑料制品、水产品加工、果蔬加工为主导的产业结构，产品有电塑料管材、万能材料试验机、橡胶隔离膜、各种工业用电机、各种水产品等。有荣乌高速、烟石公路、威石公路、滕墩公路过境，设滕家镇客运站。

大疃镇 371082-B09
[Dàtuǎn Zhèn]

荣成市辖镇。在荣成市境西部。面积 71 平方千米。人口 1.6 万。以汉族为主，还有佤、侗、傣等民族。辖 1 居委会、45 村委会，有 54 自然村。镇人民政府驻大疃村。1942 年 3 月分属文登县第七区、第八区及荣成县第九区。1956 年 3 月，将文登县第七区、第八区所属的 7 个乡划为邹山区。1957 年 7 月至 1958 年 3 月置大疃乡。1958 年 8 月将部分村并入大疃乡，同年 9 月成立邹山人民公社，12 月更名为大疃人民公社。1984 年 4 月置大疃乡。1989 年 12 月撤乡置大疃镇。因镇政府驻地而得名。境内最高点为牛仙顶，主要河流为大疃河。有中小学 2 所，卫生院 1 个。农业主产小麦、玉米、花生、苹果、梨、西洋参、大樱桃，养殖奶牛、家禽，产动物毛皮等。工业以精密铸造、橡胶机带、生物肥料、皮革制衣等为主，是荣成市最大的铸件加工基地。服务业以旅游业为主。有荣威高速公路、309 国道、威石公路过境。

上庄镇 371082-B10

[Shàngzhuāng Zhèn]

荣成市辖镇。在荣成市境西南部。面积85平方千米。人口2.3万。以汉族为主，还有满、佤、壮、苗、朝鲜等民族。辖1居委会、45村委会，有45自然村。镇人民政府驻东上庄。1950年3月属文登县第八区、第九区。1956年3月属荣成县黄山区。1958年3月属上庄乡，同年9月属上庄人民公社，1984年4月设立上庄镇。因镇政府驻地而得名。境内有龙庙山。有中小学4所，卫生院1个。种植业主产花生、西洋参、苹果、梨、金针菇、木耳等，养殖业以牛、獭兔、海参、海带养殖为主，是荣成市的药材、水果、蔬菜、食用菌和粮食生产基地。工业主要以仪表、纺织、机械、电子、建材、水产品加工、西洋参加工、果品加工蔬菜加工等为主，产品有燃气表、地毯纱、电机、塔机配件、启动机、太阳能热水器、羽绒服、休闲椅、微型灯具等。有省道石泽公路、烟石公路、威石公路过境。

虎山镇 371082-B11

[Hǔshān Zhèn]

荣成市辖镇。在荣成市境西南部。面积115平方千米。人口4.1万。辖1居委会、46村委会，有53自然村。镇人民政府驻东峰山后村。1956年属荣成县黄山区。1958年9月改称荣成县黄山人民公社。1966年分设为邱家人民公社和黄山人民公社。1984年改称邱家乡和黄山乡。1989年撤乡，分别改建为邱家镇和黄山镇。2001年合并为虎山镇。因狼虎山位于境内而得名。境内有龙王庙山、峰山，河流有晏驾河、黄山河。有中小学3所，卫生院1个。经济形成以食品加工、针织服装、粮油机械、船舶制造、造纸、发电、远近洋捕捞、石材加工、水产养殖等产业为主体的新型经济格局。主要农产品有小麦、花生、玉米、地瓜、大豆、蔬菜，主产茶叶、海蜇、对虾、鲍鱼等，是海参养殖基地。畜牧业养殖狐狸、水貂、肉鸡、奶牛等。有228国道、201省道过境。

人和镇 371082-B12

[Rénhé Zhèn]

荣成市辖镇。在荣成市境西南部。面积105平方千米。人口6.8万。辖4居委会、85村委会，有91自然村。镇人民政府驻人和村。1952年属文登县第十区。1954年属石岛县人和区。1956年称靖海区。1958年3月撤区建乡，同年9月成立公社，1984年撤乡置镇。2001年靖海镇并入。因镇政府驻地而得名。槎山山脉横贯镇境南部海滨，河流有齐山河、人和河、大庄河。有中小学6所，医院4个。有省级文物保护单位河口遗址、槎山千真洞石刻，重要古迹宋廷训墓、靖海卫城址、寨前军寨。有九顶铁槎山、千真洞、云光洞等景点。农业以种植小麦、玉米、花生等为主，主要经济作物为蔬菜。畜牧业以养猪、家禽、水貂为主。工业以水产品加工、石材加工、机械制造业和船舶零配件加工等为主导产业。有省道威石公路过境。

社区

康平社区 371082-A01-J01

[Kāngpíng Shèqū]

属崖头街道管辖。在荣成市东部。面积2平方千米。人口7 500。因社区居民大都在人民医院附近居住，故以希望人人健康平安的美好愿望命名。2001年成立。有楼房107栋，现代建筑风格。驻有青岛啤酒（荣成）有限公司、荣成市人民医院、方圆房地产、阳光房地产、方正经贸公司等单位。开展图书进社区、文艺演出进社区、趣味运动会进社区、家庭安全教育进社区等活动。通公交车。

河西社区 371082-A01-J02
[Héxí Shèqū]

属崖头街道管辖。在荣成市东部。面积1平方千米。人口5 700。因位于崖头河西面，故名。1996年成立。有楼房68栋，现代建筑风格。驻有友谊宾馆等单位。有志愿者服务，开展各类文体活动。通公交车。

南山社区 371082-A01-J03
[Nánshān Shèqū]

属崖头街道管辖。在荣成市东部。面积2平方千米。人口6 800。因社区辖境分布于荣成市南山中路两侧，故名。2001年成立。有楼房86栋，现代建筑风格。开展各类文体活动。通公交车。

蜊江社区 371082-A01-J04
[Lìjiāng Shèqū]

属崖头街道管辖。在荣成市东部。面积2.5平方千米。人口3 500。因位于蜊江港，故名。2001年成立。有楼房76栋，现代建筑风格。有志愿者服务，开展各类文体活动。通公交车。

三环社区 371082-A01-J05
[Sānhuán Shèqū]

属崖头街道管辖。在荣成市东部。面积2平方千米。人口14 800。因居民大都居住在三环嘉苑附近，故名。2001年成立。有楼房217栋，现代建筑风格。开展各类文体活动。通公交车。

曙光社区 371082-A01-J06
[Shǔguāng Shèqū]

属崖头街道管辖。在荣成市东部。面积6平方千米。人口7 500。以辖区内曙光小区命名。2010年成立。有楼房335栋，现代建筑风格。有志愿者服务，开展走访慰问、联谊等活动。通公交车。

双泊社区 371082-A01-J07
[Shuāngpō Shèqū]

属崖头街道管辖。在荣成市东部。面积3平方千米。人口9 500。因辖区主要在原大泊子、小泊子村范围，故名双泊社区。2010年成立。有楼房145栋，现代建筑风格。有"一站式"便民服务。通公交车。

玉龙社区 371082-A01-J08
[Yùlóng Shèqū]

属崖头街道管辖。在荣成市东部。面积4平方千米。人口10 400。因临近龙河路，故命名为玉龙社区。2002年成立。有楼房129栋，现代建筑风格。开展各类文体活动。通公交车。2010年被评为省文明社区。

青山社区 371082-A01-J09
[Qíngshān Shèqū]

属崖头街道管辖。在荣成市东部。面积1平方千米。人口8 700。位于青山西麓，故名。2001年成立。有楼房129栋，现代建筑风格。有"一站式"便民服务，开展各类文体活动。通公交车。

府新社区 371082-A01-J10
[Fǔxīn Shèqū]

属崖头街道管辖。在荣成市东部。面积4平方千米。人口7 500。因位于市政府驻地而得名。2001年成立。有楼房191栋，现代建筑风格。开展各类文体活动。通公交车。

河东社区 371082-A01-J11
[Hédōng Shèqū]

属崖头街道管辖。在荣成市东部。面

积 1 平方千米。人口 4 800。因地处崖头河东，故名。2001 年成立。有楼房 119 栋，现代建筑风格。开展"放学来吧""文化舞台"等各类文体活动。通公交车。

得润社区 371082-A01-J12
[Dérùn Shèqū]

属崖头街道管辖。在荣成市东部。面积 1.5 平方千米。人口 12 000。以辖区内得润居民小区命名。2010 年成立。有楼房 149 栋，现代建筑风格。有志愿者服务。通公交车。

沽河社区 371082-A01-J13
[Gūhé Shèqū]

属崖头街道管辖。在荣成市东部。面积 2 平方千米。人口 7 500。因社区南有一条河名沽河，故以河名命名。2001 年成立。有楼房 147 栋，现代建筑风格。开展各类文体活动。通公交车。

华侨社区 371082-A01-J14
[Huáqiáo Shèqū]

属崖头街道管辖。在荣成市东部。面积 0.31 平方千米。人口 9 100。光绪三十四年（1908），旅日华侨出资兴建华侨新村，后移民在此定居并形成村落，村因此而得名。社区以村名命名。2001 年成立。有楼房 212 栋，现代建筑风格。开展图书进社区、体育活动进社区、文艺演出进社区等活动。通公交车。

石桥子社区 371082-A01-J15
[Shíqiáozi Shèqū]

属崖头街道管辖。在荣成市东部。面积 0.09 平方千米。人口 900。明万历年间，王景思自山西大同徙此定居成村，因村东有一石桥，故名石桥子。社区沿用原村名。2001 年成立。有楼房 84 栋，现代建筑风格。

驻有荣成市人民政府、荣成市人民法院等单位。有志愿者服务，开展为有需求的老年人提供助餐助洁、文艺等活动。通公交车。

亚飞社区 371082-A01-J16
[Yàfēi Shèqū]

属崖头街道管辖。在荣成市东部。面积 0.16 平方千米。人口 800。名字具体来历无考，可能是因辖区内曾有亚飞酒店而得名。2001 年成立。有楼房 84 栋，现代建筑风格。通公交车。

台上刘家社区 371082-A01-J17
[Táishàngliújiā Shèqū]

属崖头街道管辖。在荣成市东部。面积 0.27 平方千米。人口 3 200。社区沿用原村名。2001 年成立。有楼房 205 栋，现代建筑风格。有志愿者服务，开展为有需求的老年人提供助餐助洁、文艺等活动。通公交车。

马家庄社区 371082-A01-J18
[Mǎjiāzhuāng Shèqū]

属崖头街道管辖。在荣成市东部。面积 0.4 平方千米。人口 700。社区沿用原村名。2007 年成立。有楼房 6 栋，现代建筑风格。驻有荣成市华星宾馆有限公司等单位。有志愿者服务，开展为有需求的老年人提供助餐助洁、文艺等活动。通公交车。

蒲头社区 371082-A01-J19
[Pútóu Shèqū]

属崖头街道管辖。在荣成市东部。面积 0.21 平方千米。人口 1 600。社区沿用原村名。2007 年成立。有楼房 22 栋，现代建筑风格。驻有高丽钢线荣成有限公司、威海嘉盛乳液有限公司等单位。有志愿者服务，开展为有需求的老年人提供助餐助洁、文艺等活动。通公交车。

凤凰湖社区 371082-A02-J01
[Fènghuánghú Shèqū]

属斥山街道管辖。在荣成市南部。面积 10 平方千米。人口 10 000。凤凰湖社区围绕着美丽的凤凰湖而建，故名。2010 年成立。有楼房 247 栋，西班牙建筑风格。驻有石岛人民医院、石岛二中、斥山集团等单位。有志愿者服务队、社区养老院。通公交车。2011 年被评为省文明社区。

尹格庄社区 371082-A02-J02
[Yǐngézhuāng Shèqū]

属斥山街道管辖。在荣成市南部。面积 2.8 平方千米。人口 2 400。社区沿用原尹格庄名。2001 年成立。有楼房 40 栋，现代建筑风格。驻有石岛人民医院、赤山集团等单位。有日间照料中心。通公交车。

下谭家社区 371082-A05-J01
[Xiàtánjiā Shèqū]

属桃园街道管辖。在荣成市东南部。面积 0.79 平方千米。人口 1 400。明朝隆庆年间，始祖谭有禄在上谭家村西地势较低处建村，故名下谭家。社区沿用原村名。2001 年成立。有楼房 7 栋，现代建筑风格。驻有东铭建筑公司等单位。有老年人活动室。通公交车。

东楮岛社区 371082-A06-J01
[Dōngchǔdǎo Shèqū]

属宁津街道管辖。在荣成市东南部。面积 0.75 平方千米。人口 200。因岛内长有楮树又位于陆地东端，以此命名。2001 年成立。有海草民居 650 间。有日间照料中心，开展庆谷雨活动。通公交车。

富甲山庄社区 371082-A06-J02
[Fùjiǎshānzhuāng Shèqū]

属宁津街道管辖。在荣成市东南部。面积 0.5 平方千米。人口 1 900。以希望安康幸福、富甲一方的寓意命名。1992 年成立。有楼房 13 栋，现代建筑风格。驻有荣成第九中学等单位。通公交车。

卢家庄社区 371082-A06-J03
[Lújiāzhuāng Shèqū]

属宁津街道管辖。在荣成市东南部。面积 0.13 平方千米。人口 300。清顺治年间，卢氏由宁津所徙此定居成村，以姓氏命名为卢家庄。社区沿用原村名。2001 年成立。有楼房 13 栋，现代建筑风格。有老年人活动室。通公交车。

桥上社区 371082-A06-J04
[Qiáoshàng Shèqū]

属宁津街道管辖。在荣成市东南部。面积 0.87 平方千米。人口 600。因地处宁津所西石桥旁，故名所西桥上张家村，1940 年简化为桥上村。社区以村命名。2001 年成立。有楼房 30 栋，现代建筑风格。有老年人活动室。通公交车。

林家流社区 371082-A06-J05
[Línjiāliú Shèqū]

属宁津街道管辖。在荣成市东南部。面积 2.95 平方千米。人口 900。明正德年间，林氏由今文登鲍山徙此定居成村，因东临海湾急流，故名林家流。社区沿用原村名。2001 年成立。有楼房 72 栋，现代建筑风格。有老年人活动室。通公交车。

兴隆社区 371082-A07-J01
[Xīnglóng Shèqū]

属港湾街道管辖。在荣成市南部。面积 2 平方千米。人口 9 800。因地处兴隆路，寓意生意兴隆、百姓安康，故名。2001 年成立。有楼房 171 栋，现代建筑风格。驻有石岛小学、石岛宾馆等单位。有志愿者服务。通公交车。

渔港社区 371082-A07-J02
［Yúgǎng Shèqū］

属港湾街道管辖。在荣成市南部。面积 7 平方千米。人口 12 500。因社区临石岛渔港，故名。2002 年成立。有楼房 105 栋，现代建筑风格。驻有石岛水产集团、荣成造船有限公司等单位。开展各种文体活动。通公交车。

映红山社区 371082-A07-J03
［Yìnghóngshān Shèqū］

属港湾街道管辖。在荣成市南部。面积 2.1 平方千米。人口 7 200。因居民居住于映红山四周而得名。2001 年成立。有楼房 127 栋，现代建筑风格。驻有石岛卫生院、港湾派出所等单位。开展各种文体活动。通公交车。

陀山社区 371082-A07-J04
［Tuóshān Shèqū］

属港湾街道管辖。在荣成市南部。面积 1 平方千米。人口 5 700。社区内的西山形状像鸵鸟，故以同音字命名。2001 年成立。有楼房 103 栋，现代建筑风格。驻有华鹏玻璃厂、广信食品厂等单位。有志愿者服务，开展建立银龄关爱帮扶对子等活动。通公交车。

炮台东社区 371082-A07-J05
［Pàotáidōng Shèqū］

属港湾街道管辖。在荣成市南部。面积 2.28 平方千米。人口 1 000。清朝雍正年间，李氏由今街道玄镇村迁此建村，以村前的鳌子圈命名，又以村处古炮台之东更名为炮台东。社区沿用原村名。2001 年成立。有楼房 23 栋，现代建筑风格。驻有宝马渔业集团、明泰渔公司等单位。有老年人活动室。通公交车。

姜家疃社区 371082-A07-J06
［Jiāngjiātuǎn Shèqū］

属港湾街道管辖。在荣成市南部。面积 0.85 平方千米。人口 2 000。明崇祯年间，姜守志由乳山峒岭村迁此建村，以姓氏命名为姜家疃。社区沿用原村名。2001 年成立。有楼房 19 栋，现代建筑风格。有老年人活动室。通公交车。

西岚社区 371082-A07-J07
［Xīlán Shèqū］

属港湾街道管辖。在荣成市南部。面积 1.70 平方千米。人口 2 300。清朝嘉庆年间，吴氏由蓬莱迁此建村，当时地处石岛西侧，三面环山，秋树茂密，因此取名为西岚。社区沿用原村名。2001 年成立。有楼房 10 栋，现代建筑风格。驻有荣成市西岚工贸有限公司等单位。有老年人活动室。通公交车。

北沟社区 371082-A07-J08
［Běigōu Shèqū］

属港湾街道管辖。在荣成市南部。面积 0.47 平方千米。人口 2 100。清朝顺治年间，夏、沙、袁、周诸姓相继迁此定居成村，因村位于石岛北沟，故名北沟。社区沿用原村名。2001 年成立。有楼房 5 栋，现代建筑风格。通公交车。

西王门社区 371082-A07-J09
［Xīwángmén Shèqū］

属港湾街道管辖。在荣成市南部。面积 1.24 平方千米。人口 500。社区沿用原西王门村名。2001 年成立。有楼房 4 栋，现代建筑风格。有老年人活动室。通公交车。

东王门社区 371082-A07-J10
［Dōngwángmén Shèqū］

属港湾街道管辖。在荣成市南部。面积 0.54 平方千米。人口 700。社区沿用原东王门村名。2001年成立。有楼房9栋，现代建筑风格。驻有友谊冷藏厂等单位。有老年人活动室。通公交车。

玄镇社区 371082-A07-J11
[Xuánzhèn Shèqū]

属港湾街道管辖。在荣成市南部。面积2.16平方千米。人口1 800。明洪武年间，阎姓迁至玄镇寨旁建村，村以寨为名。后简化为玄镇。社区沿用原村名。2001年成立。有楼房12栋，现代建筑风格。驻有圣洋冷藏厂等单位。有老年人活动室。通公交车。

唐家夼社区 371082-A07-J12
[Tángjiākuǎng Shèqū]

属港湾街道管辖。在荣成市南部。面积0.67平方千米。人口300。清康熙年间，姜松由今本市斥山街道迁此建村，因地处岭上家村的夼地，故名唐家夼。社区沿用原村名。2001年成立。有楼房4栋，现代建筑风格。有老年人活动室。通公交车。

大鱼岛社区 371082-A07-J13
[Dàyúdǎo Shèqū]

属港湾街道管辖。在荣成市南部。面积2.3平方千米。人口8 000。清道光年间，贫苦农民在岛上定居，逐渐形成村落。因岛上风景秀美，水产资源丰富，遂取名岱屿岛（水中仙岛之意）。后捕获一条罕见的大鲨鱼，为祈求以后鱼虾丰收，改为大鱼岛。社区沿用原村名。2001年成立。有楼房950栋，现代建筑风格。驻有泰祥集团、荣成农村商业银行等单位。通公交车。

张家村社区 371082-A07-J14
[Zhāngjiācūn Shèqū]

属港湾街道管辖。在荣成市南部。面积1.54平方千米。人口5 400。因张姓居民较多，村初名张家疃，后改名张家村。社

区沿用原村名。2001年成立。有楼房62栋，现代建筑风格。驻有石岛实验中学、石岛实验小学等单位。通公交车。

牧云庵社区 371082-A07-J15
[Mùyún'ān Shèqū]

属港湾街道管辖。在荣成市南部。面积2.31平方千米。人口900。牧云庵原名姑子庵，清康熙十七年（1678），宋氏文灿公由宁海州乳山乡石山社村迁此建村，又以村北有牧牛场，村临南海，常有云雾，故更名为牧云庵。社区沿用原村名。2001年成立。有楼房2栋，现代建筑风格。通公交车。

石岛街社区 371082-A07-J16
[Shídǎojiē Shèqū]

属港湾街道管辖。在荣成市南部。面积0.45平方千米。人口2 900。明崇祯年间，各地渔民和商人相继迁于此地，以捕鱼和经商为业，因此地三面临海，一面依山，遍地皆石，故名石岛。1949年更名为石岛街。社区沿用原村名。2001年成立。有楼房27栋，现代建筑风格。驻有华龙冷藏厂、渔业机械厂等单位。通公交车。

青鱼滩社区 371082-A09-J01
[Qīngyútān Shèqū]

属寻山街道管辖。在荣成市东部。面积3.88平方千米。人口1 500。因村北盛产青鱼，故名青鱼滩。2001年成立。有楼房119栋，现代建筑风格。驻有寻山集团、青鱼滩边防派出所等单位。有志愿者服务，开展各类文体活动。通公交车。2010年被评为省文明社区。

逍遥山社区 371082-A09-J02
[Xiāoyáoshān Shèqū]

属寻山街道管辖。在荣成市东部。面

积 300 平方千米。人口 600。1980 年因修逍遥水库，从逍遥山村迁出部分居民，在逍遥山南麓建村，故名南逍遥山。社区沿用逍遥山之名。2006 年成立。有楼房 6 栋，现代建筑风格。驻有哈理工荣成学院、蜊江渔业公司等单位。通公交车。

罗庄社区 371082-A09-J03
[Luózhuāng Shèqū]

属寻山街道管辖。在荣成市东部。面积 0.31 平方千米。人口 1 400。由罗山寨、樊家庄两村合并而成，故名。1994 年成立。有楼房 56 栋，现代建筑风格。驻有青鱼滩派出所等单位。有老年活动室。通公交车。

龙泉社区 371082-A10-J01
[Lóngquán Shèqū]

属城西街道管辖。在荣成市中部。面积 0.49 平方千米。人口 1 200。1981 年地名普查时，因村前有甘泉，大旱不干，村更名为龙泉。社区沿用村名。1993 年成立。有楼房 54 栋，现代建筑风格。驻有中国邮政储蓄银行、荣成市农村商业银行城西支行等单位。通公交车。

大庄许家社区 371082-B01-J01
[Dàzhuāngxǔjiā Shèqū]

俚岛镇人民政府驻地。在荣成市东部。面积 0.7 平方千米。人口 700。社区沿用原村名。2001 年成立。有楼房 48 栋，现代建筑风格，另有四合院式海草房。驻有俚岛镇人民政府、俚岛卫生院等单位。有文化活动中心、党建活动室。通公交车。2012 年被评为省文明社区。

瓦屋石社区 371082-B01-J02
[Wǎwūshí Shèqū]

属俚岛镇管辖。在荣成市东部。面积 0.26 平方千米。人口 600。清康熙年间，张廷玉从本市成山卫镇成山卫村迁此居住后，村以东南海岸有一奇石，形似瓦屋门楼，更名为瓦屋石。社区沿用原村名。2001 年成立。有楼房 1 栋，现代建筑风格。有老年人活动室。通公交车。

南我岛社区 371082-B01-J03
[Nánwǒdǎo Shèqū]

属俚岛镇管辖。在荣成市东部。面积 0.52 平方千米。人口 700。明崇祯年间，李欣由今本市寻山街道东北山村迁此居住，村仍沿用原名南倭岛。1981 年地名普查时，更名为南我岛。社区沿用原村名。2001 年成立。有楼房 5 栋，现代建筑风格。有老年人活动室。通公交车。

东烟墩社区 371082-B01-J04
[Dōngyāndūn Shèqū]

属俚岛镇管辖。在荣成市东部。面积 0.44 平方千米。人口 600。清顺治年间，张姓迁入，因村处烟墩山东麓，更名为东烟墩。社区沿用原村名。2001 年成立。有楼房 13 栋，现代建筑风格，另有传统民居海草房。有老年人活动室。通公交车。

烟墩角社区 371082-B01-J05
[Yāndūnjiǎo Shèqū]

属俚岛镇管辖。在荣成市东部。面积 1.12 平方千米。人口 1 400。明崇祯年间，曲氏从本市港西镇巍巍村迁此建村，因明初为抗击倭寇，在村东崮山顶设烟墩（烽火墩），村在烟墩西北角，故名烟墩角。社区沿用原村名。2001 年成立。有楼房 9 栋，现代建筑风格，另有传统民居海草房。通公交车。

沟崖张家社区 371082-B01-J06
[Gōuyázhāngjiā Shèqū]

属俚岛镇管辖。在荣成市东部。面积

1.01 平方千米。人口 600。明永乐年间，张氏由云南徙此定居，因地处山沟北岸，故以姓氏命名为沟崖张家。社区沿用原村名。2001 年成立。有楼房 3 栋，现代建筑风格。有老年人活动室。通公交车。

峨石山社区 371082-B01-J07
[Éshíshān Shèqū]

属俚岛镇管辖。在荣成市东部。面积 1.38 平方千米。人口 3 800。清顺治年间，杨氏由今本市夏庄镇圈杨家村迁至峨石山前定居，村以山为名，后三村合一，仍称峨石山。社区沿用原村名。2001 年成立。有楼房 25 栋，现代建筑风格。驻有学校、幼儿园、邮政等单位。通公交车。

瀛波社区 371082-B01-J08
[Yíngbō Shèqū]

属俚岛镇管辖。在荣成市东部。面积 8.78 平方千米。人口 1 100。以清时荣成八大景之一"峨石瀛波"命名。1994 年成立。有楼房 62 栋，现代建筑风格。有老年人活动室。通公交车。

西霞口社区 371082-B02-J01
[Xīxiákǒu Shèqū]

属成山镇管辖。在荣成市东北部。面积 3.4 平方千米。人口 1 300。明弘治三年（1490），田姓徙此建村，因村西有一山口，每逢夕阳西下，万道霞光飞染碧天，映照村庄，故命名为霞口。后以河为界分东、西两村，该村在西，名西霞口。社区沿用原村名。2001 年成立。有楼房 9 栋，现代建筑风格。驻有西霞口渔业有限公司等单位。通公交车。

东霞口社区 371082-B02-J02
[Dōngxiákǒu Shèqū]

属成山镇管辖。在荣成市东北部。面积 0.51 平方千米。人口 400。明弘治三年（1490），田姓徙此建村，因村西有一山口，每逢夕阳西下，万道霞光飞染碧天，映照村庄，故命名为霞口。后以河为界分东、西两村，该村在东，名东霞口。社区沿用原村名。2001 年成立。有楼房 6 栋，现代建筑风格。驻有东霞口渔业有限公司等单位。通公交车。

河口社区 371082-B02-J03
[Hékǒu Shèqū]

属成山镇管辖。在荣成市东北部。面积 1.51 平方千米。人口 700。明正统年间，蔡运由成山卫徙至河流入海之处建村，故命名为河口。社区沿用原村名。2001 年成立。有楼房 12 栋，现代建筑风格。驻有银河养殖有限公司等单位。通公交车。

礼村社区 371082-B02-J04
[Lǐcūn Shèqū]

属成山镇管辖。在荣成市东北部。面积 0.16 平方千米。人口 1 300。因村处丛山之中，以此名村里丛村。清嘉庆年间，取"仁、义、礼、智、信"中的"礼"字，更名为礼村。社区沿用原村名。2001 年成立。有楼房 6 栋，现代建筑风格。驻有礼村渔业总公司等单位。有老年活动室。通公交车。

落凤岗社区 371082-B02-J05
[Luòfènggǎng Shèqū]

属成山镇管辖。在荣成市东北部。面积 1.1 平方千米。人口 1 300。明万历年间，袁赏由成山卫迁至山岗前建村，因此山岗形似凤凰，以吉祥嘉言命名为落凤岗。社区沿用原村名。2001 年成立。有楼房 6 栋，现代建筑风格。驻有落凤岗渔业有限公司等单位。有老年活动室。通公交车。

卧龙社区 371082-B02-J06
[Wòlóng Shèqū]

属成山镇管辖。在荣成市东北部。面积 0.74 平方千米。人口 700。清顺治年间，李景春从本镇黄埠村徙此建村，因此地有条河流，形似长龙俯卧，故名卧龙。社区沿用原村名。2001 年成立。有楼房 3 栋，现代建筑风格。驻有卧龙渔业有限公司等单位。有老年活动室。通公交车。

工人新村社区 371082-B04-J01
[Gōngrénxīncūn Shèqū]

属港西镇管辖。在荣成市西北部。面积 4 平方千米。人口 900。因小区位于原港西镇企业区内，是企业职工的居住地而得名。有楼房 72 栋，现代建筑风格。驻有学校、派出所等单位。通公交车。

金曲家社区 371082-B11-J01
[Jīnqūjiā Shèqū]

属虎山镇管辖。在荣成市西南部。面积 0.55 平方千米。人口 300。清乾隆年间，于氏徙此定居成村，因村北金母山有一名洞形似猪窝，故称金母猪窝。清嘉庆年间，曲氏由今本镇东峰山后徙至金母猪窝之西定居，名小曲家。1947 年两村合并，更名为金曲家。社区沿用原村名。2001 年成立。以平房为主。通公交车。

乳山市

乳山市 371083
[Rǔshān Shì]

山东省直辖县级市，由威海市代管。北纬 36°55′，东经 121°32′。在威海市境西南部。面积 1 665 平方千米。人口 56.2 万。以汉族为主，还有佤、拉祜、朝鲜等民族。辖 1 街道、14 镇。市人民政府驻城区街道。

1941 年，中共胶东区委划牟平县南部和海阳县东部建一个新的县级行政区，以牟平、海阳县名首字取名牟海县。1945 年牟海县更名为乳山县，隶属胶东行政区东海专区，并确定夏村为县城。1958 年撤销乳山县，境域分别划归海阳县、文登县及烟台市。1961 年恢复乳山县，以原乳山县并入牟平县、文登县、海阳县的区域为其行政区域，隶属烟台专区。1983 年改属烟台市。1987 年改属威海市。1993 年撤县设市。以境内南部的大乳山命名。（资料来源：《中华人民共和国地名大词典》）属胶东低山丘陵区。北部和东、西两侧多低山，中、南部多丘陵，间有低山。地势呈簸箕状，由北向南台阶式下降。境内山脉自西向东可分为三列，西列自垛山、马石山向南延伸至玉皇山，中列由双山、三佛山、寨山、多福山向南延伸至海阳所半岛的帽山、大乳山，东列为昆嵛山脉，由虎山、尼姑顶、黄道顶构成主峰，斜贯东北边境。乳山河和黄垒河两大河流向南分别流经两侧低山与中部丘陵之间入海，沿岸形成冲积小平原。南部沿海除丘陵外，有零星海积平原分布。境内山地平均海拔 300 米以上，丘陵海拔 100 ~ 300 米。属暖温带东亚季风型大陆性气候，四季变化和季风进退都较明显，但与同纬度的内陆相比，具有气候温和、温差较小、雨水丰沛、光照充足、无霜期长的特点。年均气温 11.8℃，1 月平均气温 −2.1℃，7 月平均气温 24.9℃。年均降水量 792.1 毫米。年均无霜期 200 天。境内河流属半岛边沿水系，为季风区雨源型河流，有大、小河流 393 条，其中，乳山河为境内第一大河。有金、铁、铜、银、花岗石、大理石、硫、石墨、磷、重晶石、石英、石灰岩、膨润土、钾长石、高岭土等矿产资源。有野生植物 1 000 余种。有野生动物 253 种，其中国家重点保护野生动物有苍鹭等 26 种。有高等学校 1 所，中小学 25 所，图书馆 1 个，知名文艺团体 1 个，体育场馆 1 个，三级以上医院 1 个。有省级文物保护单位 10 个，国家级爱国主义教育基地、纪念地 1 个，省级非物质遗产 5 个，银滩旅游度假区、大乳山滨海旅游度假区等重要景点 9 个。三次产业比例为 9：53：38。农业以种植、海水养殖捕捞为主，粮食作物以小麦、玉米为主，经济作物以大姜、花生、苹果、茶叶、葡萄、樱桃为主，海水养殖以牡蛎、海参、杂色蛤、河豚鱼为主。工业以绿色食品加工、装备制造、新材料、新能源为主，建有食品和生物科技、新能源、精细化工等专业园区。服务业以特色旅游、商品销售、现代物流、养老产业为主，形成山海相连、多点布局、特色鲜明的旅游景观群。有省级开发区 1 个。有桃威铁路、青威高速、309 国道和省道威青公路、牟白公路、牟乳公路、石宁公路等穿境。

乳山经济开发区 371083-E01
[Rǔshān Jīngjì Kāifāqū]

在乳山市境西南部。东至大孤山镇水井村，南至青威高速公路，西至乳山口湾，北至开发街。面积 3 540 公顷。根据所在行政区域和职能性质命名。1992 年经山东省人民政府正式批准建立省级开发区，由县级政府管理。形成以昊安金科、双连、日信、龙嘉机械、宏远机床、力久电机等为代表的先进装备制造集群，以正洋食品、明海水产、春江源食品、鼎盛食品为代表的海洋食品加工集群，以佰德信公、禾成科技、大自然环保科技、德轩、和光地板等为代表的新材料生产集群，以中国华电集团、绿色再生动力、威海澳华、浩海太阳能等代表的新能源集群，以交运物流、智盈广场、龙嘉商贸、双连商贸、一品国际酒店、鄂尔多斯大河物流、名仕家园等为代表的服务业集群，有各类企业 290 家。

园区内形成以主干道为主的纵横交错的交通网络。

城区街道 371083-A01
[Chéngqū Jiēdào]

乳山市人民政府驻地。在乳山市境西南部。面积 29 平方千米。人口 16.1 万。2001 年设立。因处乳山市城区，故名。炉上河过境。有中小学 9 所，文化馆 1 个，图书馆 1 个，知名文艺团体 1 个，医疗卫生机构 6 个。有广电大厦、东方大厦等标志性建筑物。有金牛山公园、河滨公园、金硐岭公园等景点。经济以工业、服务业为主。有纺织服装、建材化工、机械加工、工艺绣品、食品加工、生物科技、机电、日用纸业及房地产、建筑业等，建有城区科技工业园和城区纺织染织工业园。通公交车。

夏村镇 371083-B01
[Xiàcūn Zhèn]

乳山市辖镇。在乳山市境中部。面积 109 平方千米。人口 3.9 万。辖 45 村委会，有 51 自然村。镇人民政府驻腾甲庄。1945 年乳山县第十四区更名为夏村区。1949 年设夏村镇。1956 年撤腾甲庄区、石村区、夏村镇，建夏村区，同年 12 月，夏村区改称夏村镇。1958 年建夏村人民公社。1981 年撤社恢复夏村镇。2001 年城北镇并入。因镇政府原驻地夏村而得名。黄村河、福山河、崔家河过境，向西南汇入乳山河。有中小学 1 所，医院 1 个。经济以农业和工业为主。农业形成西部蔬菜、东部水果、北部养殖特色基地。工业形成葡萄酒产业、精细化工业和机械制造业三大支柱产业，主要产品有葡萄酒、啤酒、硅胶、液压缸、皮革制品、内燃机配件等。建有葡萄酒产业园、蓝莓科技示范园等园区。有桃威铁路、青威高速、牟乳公路过境。设乳山站。

乳山口镇 371083-B02

[Rǔshānkǒu Zhèn]

乳山市辖镇。在乳山市境南部。面积87平方千米。人口3.4万。辖41村委会，有41自然村。镇人民政府驻祝家庄。1958年9月成立唐家人民公社，12月并入夏村人民公社。1962年重建唐家人民公社。1980年更名为祝家庄人民公社。1984年分设乳山口镇、祝家庄乡。1985年12月，撤销祝家庄乡，所属行政区域范围并入乳山口镇。2009年2月，乳山市政府决议将乳山口镇与相邻的乳山经济开发区合并，乳山口镇与经济开发区实行"镇区合一"管理体制。以南濒乳山口湾得名。锯河从境内穿过，沿海多滩涂。有中小学1所，医院1个。渔业资源丰富，有对虾、鲅鱼、牡蛎、黄花鱼、梭子蟹等海产品百种，建有贝类试验场和万亩养虾基地。工业以化工、机械、建材、水产品加工、新型材料等为主。有青威高速公路过境。

海阳所镇 371083-B03

[Hǎiyángsuǒ Zhèn]

乳山市辖镇。在乳山市境南部。面积91平方千米。人口2.9万。辖39村委会，有80自然村。镇人民政府驻海阳所村。1942年在海阳所村设区公所，1951年设海阳所乡，1958年建立公社，1984年改置海阳所镇。明成化年间在此设海阳守御千户所，故名。镇境三面环海、一面接陆，多岛屿、港湾。有中小学1所，医院1个。境内有大乳山风景区。经济以机械加工、海珍品养殖加工、旅游休闲、养生养老服务业为主，沿海盛产鱼、虾、贝、蟹等多种海产品。有省道石宁公路过境。

白沙滩镇 371083-B04

[Báishātān Zhèn]

乳山市辖镇。在乳山市境东南部。面积104.1平方千米。人口3.9万。辖47村委会，有47自然村。镇人民政府驻白沙滩村。明成化年间，孙成甫由贵州锦屏县乐桑屯迁此立村，清末形成集镇。1942年在白沙滩村设区公所，1951年设白沙滩乡，1958年改公社，1984年撤社设乡，1989年撤乡建镇。2004年与银滩旅游度假区实行镇区合一办公。因镇政府驻地村得名。沿海多滨岸沙滩，境内有多福山、潮汐湖。有中小学2所，医院1个。有省级文物保护单位翁家埠遗址、潘家庄遗址，重要古迹桃村王家遗址。有潮汐湖、宫家岛、三观亭、仙人桥等自然景观。经济以工业和休闲旅游业为主，有生物科技、酿酒、建材、化工、石材、渔具制造等业，盛产牡蛎、大姜、茶叶、海参、鲍鱼、对虾、蓝莓等。有芙蓉晖生态园、银滩旅游度假区等旅游资源。有省道牟白公路过境。

大孤山镇 371083-B05

[Dàgūshān Zhèn]

乳山市辖镇。在乳山市境东部。面积95.8平方千米。人口2.5万。辖36村委会，有36自然村。镇人民政府驻大孤山。清末形成集镇，1956年设孤山乡。1958年万户乡、上册乡并入，同年成立上册人民公社。1981年上册公社更名为大孤山公社。1984年改建大孤山乡。1989年改置镇。以镇政府驻地村得名。境内有无极山、三佛山、锯齿山，锯河从境内穿过。有中小学1所，医院1个。有元昭武大将军姜房遗址、"胶东第一树"千年古银杏、清朝贞节牌坊等历史古迹。农业以大姜种植为主，兼有桑蚕饲养和蔬菜种植业，是柞蚕生产基地、胶东大姜强镇，国家地理标志注册商标"乳山绿茶"主产区。工业有铸钢制造、环保餐具、毛衫加工、新型建材、蔬菜加工、纺织、水果储藏加工等，是胶东半岛重要的铸钢产业大镇。特产极北茶、北苑绿茶。有青威高速、202省道过境。

南黄镇　371083-B06
[Nánhuáng Zhèn]

乳山市辖镇。在乳山市境东部。面积89平方千米。人口2.5万。辖33村委会，有34自然村。镇人民政府驻南黄。清初，南黄村成为重要集镇。1942年在南黄村设区公所，1951年置南黄乡。1958年2月成立南黄公社，10月划属文登县。1961年复归乳山县。1984年置南黄镇。以镇政府驻地村得名。黄垒河从东部流经。有中小学1所，医院1个。有省级文物保护单位南黄庄墓群，市级文物保护单位陈家屯遗址，重要古迹北斜山遗址、岭上烟墩、牟平县委诞生地旧址。盛产海参、对虾、梭子蟹等海产品和草莓、香菇、茶叶、韩国梨、苹果、西红柿等农产品。工业有纸业、食品加工、金属铸造、服装加工、海产品加工等业。服务业以旅游业为主，有树莓、黑加仑采摘园、民俗书画村、千年古寺庙。有青威高速、牟浪公路过境。

冯家镇　371083-B07
[Féngjiā Zhèn]

乳山市辖镇。在乳山市境东北部。面积136平方千米。人口3.2万。辖53村委会，有61自然村。镇人民政府驻冯家。清初，冯家村成为重要集镇。1942年在冯家村设区公所，1956年汤泉区、下初区合并设冯家区。1958年建冯家公社。1984年改设冯家镇。因镇政府驻地村得名。黄垒河从境内穿过。有中小学1所，医院1个。有省级文物保护单位葛口矿冶遗址、圣水岩石刻造像，重要古迹北海印钞厂旧址、于得水活动纪念地旧址、胶东特委诞生地旧址、东海医院诞生地旧址、冯德英旧居。农业以种植业为主，特产苹果、葡萄、板栗、樱桃、大姜、芦笋等。工业以鱼竿生产、花生加工、鱼片加工、建筑装饰、服装加工等为主。服务业以旅游业为主，有圣水宫道教养生休闲度假区、温泉旅游度假区等。有桃威铁路、309国道、省道牟白公路过境。

下初镇　371083-B08
[Xiàchū Zhèn]

乳山市辖镇。在乳山市境东北部。面积127平方千米。人口2.8万。辖37村委会，有37自然村。镇人民政府驻下初。清末，下初村形成集镇。20世纪40年代在下初村设区公所，1951年设下初乡。1958年改公社。1984年复设乡。1989年改置镇。因镇政府驻地村得名。黄垒河从境内穿过。有中小学1所，医院1个。重要名胜古迹有段家祠堂、黄山寺、双山等。农业特产苹果、大姜、花生、茶叶、猕猴桃、蓝莓、桑葚等。工业形成化工建材、金属冶炼、食品加工3个支柱产业，有山东金洲集团、山东昊安金科新材料有限公司、青岛信和源气体有限公司、威海恒邦化工有限公司、乳山市华润食品有限公司、乳山恒安建筑公司等10多家规模企业。有桃威铁路、309国道、省道牟乳公路过境。设铁路货运站。

午极镇　371083-B09
[Wǔjí Zhèn]

乳山市辖镇。在乳山市境北部。面积110平方千米。人口2.5万。辖35村委会，有35自然村。镇人民政府驻午极。清初，午极村形成集镇。1942年在午极村设区公所，1951年设午极乡。1958年改公社。1984年改置镇。因镇政府驻地村得名。有中小学1所，医院1个。重要古迹有西周早期及汉代墓群。经济以工业为主，有黄金开采、机械制造、食品加工、建材、针织服装等行业。主要农产品有苹果、蓝莓、大姜、地瓜、黄金梨、丰水梨、枸杞等。有桃威铁路、文莱高速、308国道、省道牟乳公路过境。

育黎镇 371083-B10

[Yùlí Zhèn]

乳山市辖镇。在乳山市境西北部。面积 110 平方千米。人口 3.5 万。辖 42 村委会，有 42 自然村。镇人民政府驻育黎。明末，育黎村形成集镇。1942 年在育黎村设区公所，1951 年设育黎乡。1958 年成立公社。1984 年改设镇。因镇政府驻地村得名。诸往河、白石河在此与乳山河汇流，多冲积平原。有中小学 2 所，医院 1 个。有省级文物保护单位育犁故城。经济发展高效农业，形成出口蔬菜、食用葡萄、优质果品、花卉苗木、芋头、茶叶、日本萝卜、紫苏、日本菊花九大作物种植区。工业形成建材、矿业、机械制造、化工、食品加工等产业体系，有长城水泥公司、坤涛矿泉水公司、双绿化肥厂、威海兴亮农业科技有限公司、海纳制衣有限公司等知名企业。有桃威铁路、烟海高速、309 国道、208 省道过境。

崖子镇 371083-B11

[Yázi Zhèn]

乳山市辖镇。在乳山市境西北部。面积 187 平方千米。人口 4.1 万。辖 58 村委会，有 58 自然村。镇人民政府驻崖子。明末清初，崖子村形成小集镇，清末民初成为牟平南部较为重要的集镇。1941 年在崖子村设区公所，1951 年置崖子乡。1958 年改公社。1984 年改置镇。2001 年马石店镇并入。因镇政府驻地村得名。境内有垛山、马石山，岛子河流经。有中小学 1 所，医院 1 个。有国家级爱国主义教育基地马石山革命烈士陵园，有红色遗迹胶东育儿所。农业特色物产包括以苹果、樱桃为主的水果，以板栗、银杏为主的干果，是国家生产星火计划试点基地。乳山苹果获"国家地理标志"登记认证，垛山苹果和钟家沟大樱桃获"绿色食品"认证。"垛山"牌商标获得山东省名牌农产品称号。有桃威铁路、烟海高速过境。

诸往镇 371083-B12

[Zhūwǎng Zhèn]

乳山市辖镇。在乳山市境西北部。面积 160 平方千米。人口 3.8 万。辖 49 村委会，有 52 自然村。镇人民政府驻东诸往。清末，东诸往村形成集镇。1942 年在东诸往村设区公所，1951 年设诸往乡。1958 年改公社。1984 年复设乡。1989 年改置镇。因镇政府驻地村而得名。境内有马石山、铁山等，乳山河、诸往河汇境内之水，向东北于育黎境内合流。有中小学 1 所，医院 1 个，重要名胜古迹有老铁山。农业盛产苹果、大姜、葡萄、板栗等。工业以铸造、建筑、制鞋等行业为主，市骨干企业鑫山冶金公司铁厂位于境内，是威海市钢铁基地。乡村旅游服务业为新兴产业，有马石山红色旅游基地和山东省传统村落东尚山村。有桃威铁路、烟海高速、309 国道过境。

乳山寨镇 371083-B13

[Rǔshānzhài Zhèn]

乳山市辖镇。在乳山市境西南部。面积 137 平方千米。人口 3.7 万。辖 44 村委会，有 47 自然村。镇人民政府驻寨东。北宋时，乳山寨设驿站，后演变发展为重要集镇。明洪武九年（1376），设乳山寨巡检司。1951 年设乳山寨乡。1958 年改公社。1984 年复设乡。1989 年改置镇。因镇政府驻地村而得名。境内有七固顶、玉皇山、横山、岠嵎山，乳山河从境内穿过。有中小学 1 所，医院 1 个。有省级文物保护单位小管遗址、胶东军区卫生四所旧址。有国家森林公园岠嵎山风景区和 AAA 级正华石佛山景区。农业以种植业为主，主产花生、玉米、小麦等。沿海有海水养殖和海洋捕捞业，海产品有对虾、海参、蟹、牡蛎、文蛤、带鱼、黄鱼等。工业主要有环保设备制造、农药生产、羽绒制品、装饰材料、工艺品制作等。服务业以特色旅游业为主，有茶园、草莓采摘大棚等生态游、民俗体验游等。有青威高速、省道石宁公路过境。

徐家镇 371083-B14
[Xújiā Zhèn]

乳山市辖镇。在乳山市境东南部。面积68平方千米。人口1.9万。辖23村委会，有23自然村。镇人民政府驻徐家。清末，徐家村形成集镇。1951年设徐家乡，1958年并入南黄公社。1962年析设徐家公社。1984年设乡。1994年改置镇。因镇政府驻地村而得名。境内有寨山、梅山、隋崮山、驴儿山、寺山、叉山等，河流有徐家河、洋村河、寺山河。有中小学1所，医院1个。农业盛产苹果、葡萄、无花果、大樱桃等优质水果以及对虾、海参、河蟹等高档水产品。工业有服装加工、汽车电子线束生产、石材加工、建材生产、农产品深加工、海珍品加工等业。服务业以旅游业为主，有天然海水浴场3个，西临银滩旅游度假区。有青威高速、省道牟白公路过境。

旧地名

石头圈乡（旧） 371083-U01
[Shítouquān Xiāng]

在乳山市城区东北部。乳山市辖乡。1984年设立。1994年3月改为城北镇。2001年4月撤销，并入夏村镇。

马石店乡（旧） 371083-U02
[Mǎshídiàn Xiāng]

在乳山市西北部。乳山市辖乡。1984年设立。1994年3月改为马石店镇。2001年4月撤销，并入崖子镇。

社区

西馨苑社区 371083-A01-J01
[Xīxīnyuàn Shèqū]

属城区街道管辖。在乳山市西部。面积1.7平方千米。人口6 800。以方位和吉祥嘉言命名。2012年成立。有楼房145栋，现代建筑网格。驻有西苑中学等单位。有志愿者服务、日间照料中心，开展全民健身天天行、"播撒诚信种子，收获绿色希望"、手牵手关爱特殊群体等活动。通公交车。

金丰社区 371083-A01-J02
[Jīnfēng Shèqū]

属城区街道管辖。在乳山市中部。面积1.5平方千米。人口8 400。以辖区内金丰广场命名。2008年成立。有楼房120栋，现代建筑风格。驻有乳山市第一中学、乳山市中医院、乳山市环境保护局等单位。有志愿者服务，开展"守护整洁家园，爱心连着你我他"等活动。通公交车。2012年被评为省文明社区。

府前社区 371083-A01-J03
[Fǔqián Shèqū]

属城区街道管辖。在乳山市中部。面积0.5平方千米。人口8 600。因北临市政府而得名。2005年成立。有楼房176栋，现代建筑风格。驻有军队离退休干部休养所、乳山市行政执法局、乳山市总工会等单位。有志愿者服务，开展老年人趣味运动会、群众性消夏文艺晚会等活动。通公交车。2010年被评为省文明社区。

静园社区 371083-A01-J04
[Jìngyuán Shèqū]

属城区街道管辖。在乳山市中部。面积2.3平方千米。人口7 400。以辖区内的静园住宅区命名。2008 年成立。有楼房 161 栋，现代建筑风格。驻有乳山市公安局、乳山市邮政局等单位。有志愿者服务，开展群众性文艺晚会、乒乓球友谊赛、社区运动会等活动。通公交车。

利群社区 371083-A01-J05
[Lìqún Shèqū]

属城区街道管辖。在乳山市中部。面积 1.04 平方千米。人口 6 400。以地标建筑利群商厦命名。2008 年成立。有楼房 132 栋，现代建筑风格。驻有乳山市民政局、乳山市财政局、乳山市水利局、府前中学等单位。有志愿者服务，开展国画、电子琴培训，趣味运动会，"传承传统民俗，打造精致社区"等活动。通公交车。

府苑社区 371083-A01-J06
[Fǔyuàn Shèqū]

属城区街道管辖。在乳山市北部。面积 0.7 平方千米。人口 12 500。因处乳山市政府所在地，靠近东苑小区和西苑小区，故名。2008 年成立。有楼房 131 栋，现代建筑风格。驻有市委市政府、乳山市交通运输局、乳山市审计局、乳山市人力资源和社会保障局等单位。有志愿者服务、日间料理中心，开展老年人趣味运动会、群众性消夏文艺晚会等活动。通公交车。2009 年被评为省文明社区。

松山社区 371083-A01-J07
[Sōngshān Shèqū]

属城区街道管辖。在乳山市西部。面积 0.87 平方千米。人口 8 000。因地处松山路得名。2008 年成立。有楼房 119 栋，现代建筑风格。驻有乳山市应急管理局、康宁医院、华正工程咨询设计有限公司等单位。有志愿者服务，开展老年人趣味运动会、群众性消夏文艺晚会等活动。通公交车。

向阳社区 371083-A01-J08
[Xiàngyáng Shèqū]

属城区街道管辖。在乳山市北部。面积 1.2 平方千米。人口 10 200。以辖区内的向阳住宅区命名。2008 年成立。有楼房 173 栋，现代建筑风格。驻有中国银行乳山市支行、农业银行乳山市支行、工商银行乳山市支行、黄山路小学等单位。有志愿者服务，开展老年人趣味运动会、群众性消夏文艺晚会等活动。通公交车。2010 年被评为省文明社区。

富大社区 371083-A01-J09
[Fùdà Shèqū]

属城区街道管辖。在乳山市南部。面积 1 平方千米。人口 5 400。以祝居民富裕、祖国强大之意命名。2009 年成立。有楼房 127 栋，现代建筑风格。驻有正华集团有限公司、乳山第一实验小学等单位。有志愿者服务，开展老年人趣味运动会、群众性消夏文艺晚会等活动。通公交车。2012 年被评为省文明社区。

华冠社区 371083-A01-J10
[Huáguān Shèqū]

属城区街道管辖。在乳山市西部。面积 2.1 平方千米。人口 9 000。以辖区内的华冠住宅区命名。2009 年成立。有楼房 123 栋，现代建筑风格。驻有乳山市人民医院等单位。有志愿者服务，开展老年人趣味运动会、群众性消夏文艺晚会等活动。通公交车。

龙山社区 371083-A01-J11
[Lóngshān Shèqū]

属城区街道管辖。在乳山市西部。面积 1 平方千米。人口 4 400。因地处龙山路得名。2009 年成立。有楼房 86 栋，现代建筑风格。驻有乳山市公路事业发展中心、黄海宾馆等单位。有志愿者服务，开展老年人趣味运动会、群众性消夏文艺晚会等活动。通公交车。

河滨社区 371083-A01-J12
[Hébīn Shèqū]

属城区街道管辖。在乳山市南部。面积 0.8 平方千米。人口 7 400。以辖区内的河滨住宅区命名。2009 年成立。有楼房 103 栋，现代建筑风格。驻有乳山市第二高级中学、乳山市教学研究中心等单位。有志愿者服务，开展老年人趣味运动会、群众性消夏文艺晚会等活动。通公交车。

怡园社区 371083-A01-J13
[Yíyuán Shèqū]

属城区街道管辖。在乳山市南部。面积 2.86 平方千米。人口 10 000。以辖区内的怡园住宅区命名。2009 年成立。有楼房 176 栋，现代建筑风格。驻有乳山市自然资源局、乳山市人民法院、乳山市检察院等单位。有志愿者服务，开展广场舞比赛、文艺会演等活动。通公交车。

腾达社区 371083-A01-J14
[Téngdá Shèqū]

属城区街道管辖。在乳山市南部。面积 4.7 平方千米。人口 13 000。以辖区内的腾达住宅区命名。2009 年成立。有楼房 243 栋，现代建筑风格。驻有畅园中学、腾达房地产开发有限公司等单位。有志愿者协会，开展老年人趣味运动会、群众性消夏文艺晚会等活动。通公交车。2012 年被评为省文明单位。

东里社区 371083-A01-J15
[Dōnglǐ Shèqū]

属城区街道管辖。在乳山市南部。面积 3 平方千米。人口 5 700。因地处东里村得名。2012 年成立。有楼房 102 栋，现代建筑风格。驻有城南社区卫生服务中心、海峰汽车修理厂、华美淀粉制品有限公司、日昇机械制造有限公司等单位。有志愿者服务，开展老年人趣味运动会、群众性消夏文艺晚会等活动。通公交车。

幸福社区 371083-A01-J16
[Xìngfú Shèqū]

属城区街道管辖。在乳山市南部。面积 1.16 平方千米。人口 8 900。以辖区内的幸福住宅区命名。2014 年成立。有楼房 181 栋，现代建筑风格。驻有乳山市行政审批服务局、乳山市医疗保障局、乳山市实验中学等单位。有志愿者服务，开展老年人趣味运动会、群众性消夏文艺晚会等活动。通公交车。

观海苑社区 371083-B04-J01
[Guānhǎiyuàn Shèqū]

属白沙滩镇管辖。在乳山市南部。面积 5 平方千米。人口 43 400。以辖区内的观海苑住宅区命名。2009 年成立。有楼房 530 栋，现代建筑风格。驻有银滩老来乐康复养老度假中心、云水瑶精品酒店等单位。有志愿者服务，开展社区群众性消夏晚会等活动。通公交车。

碧海苑社区 371083-B04-J02
[Bìhǎiyuàn Shèqū]

属白沙滩镇管辖。在乳山市南部。面积 10 平方千米。人口 93 100。以辖区内的碧海苑住宅区命名。2009 年成立。有楼房 822 栋，现代建筑风格。驻有山东外事职业大学、滨海新区不动产登记中心等单位。开展社区群众性消夏晚会等活动。通公交车。

白浪湾社区　371083-B04-J03

[Báilàngwān Shèqū]

　　属白沙滩镇管辖。在乳山市南部。面积7平方千米。人口53 200。因地理实体白浪湾得名。2009年成立。有楼房492栋，现代建筑风格。驻有福地滴水湾酒店等单位。开展"让艺术贴近生活，让生活拥抱艺术"、社区群众性消夏晚会等活动。通公交车。

益天社区　371083-B04-J04

[Yìtiān Shèqū]

　　属白沙滩镇管辖。在乳山市南部。面积3平方千米。人口65 700。以辖区内的益天住宅区命名。2009年成立。有楼房587栋，现代建筑风格。驻有益天工程检测公司、银滩边防派出所等单位。开展社区群众性消夏晚会等活动。通公交车。

大庆社区　371083-B04-J05

[Dàqìng Shèqū]

　　属白沙滩镇管辖。在乳山市南部。面积2.4平方千米。人口20 800。以辖区内的大庆住宅区命名。2014年成立。有楼房339栋，现代建筑风格。驻有家家悦超市等单位。有志愿者服务，开展庆中秋、国庆等群众文艺晚会活动。通公交车。

二　居民点

环翠区

城市居民点

滨海锦苑 371002-I01
[Bīnhǎi Jǐnyuàn]

在区境西部。人口 1 975。总面积 7.0 公顷。"滨海"指威海的自然环境，"锦苑"有锦上添花之意，故名。2002 年始建，2003 年正式使用。建筑总面积 70 000 平方米，多层住宅楼 16 栋，现代简约建筑风格。绿地面积 1 100 平方米。通公交车。

华锦小区 371002-I02
[Huájǐn Xiǎoqū]

在区境西部。人口 8 008。总面积 13.0 公顷。取繁花似锦之意命名。2000 年始建，2001 年正式使用。建筑总面积 130 000 平方米，多层住宅楼 23 栋，现代简约建筑风格。绿地面积 3 000 平方米。有健身娱乐小广场等配套设施。通公交车。

云海山庄 371002-I03
[Yúnhǎi Shānzhuāng]

在区境西部。人口 650。总面积 2.0 公顷。因地处半山坡，故名。2005 年 5 月始建，2006 年正式使用。建筑总面积 70 281 平方米，多层住宅楼 21 栋，别墅 13 栋，现代简约建筑风格。绿地面积 33 708 平方米。有健身器材等配套设施。通公交车。

海天丽景 371002-I04
[Hǎitiān Lìjǐng]

在区境西部。人口 345。总面积 1.0 公顷。因依山傍海得名。2007 年 9 月始建，2009 年正式使用。建筑总面积 52 380 平方米，多层住宅楼 13 栋，现代简约建筑风格。绿化率 45.2%。有健身器材等配套设施。

西海湾花园 371002-I05
[Xīhǎiwān Huāyuán]

在区境西部。人口 600。总面积 8.0 公顷。以威海西海湾得名。2008 年始建，2010 年正式使用。建筑总面积 100 000 平方米，住宅楼 23 栋，其中高层 5 栋、多层 18 栋，现代简约建筑风格。绿地面积 15 000 平方米。有健身娱乐小广场等配套设施。通公交车。

滨海明珠 371002-I06
[Bīnhǎi Míngzhū]

在区境西部。人口 2 259。总面积 18.0 公顷。以滨海之意命名。2005 年始建，2006 年正式使用。建筑总面积 166 335 平方米，住宅楼 24 栋，其中高层 7 栋、多层 17 栋，现代简约建筑风格。通公交车。

隆苑丽舍 371002-I07
[Lóngyuàn Lìshè]

在区境西部。人口 300。总面积 5.0 公顷。因由山东丰隆房地产有限公司开发，故以开发商名字命名。2008 年始建，2010 年正式使用。建筑总面积 50 000 平方米，住宅楼 19 栋，其中高层 2 栋、多层 17 栋，现代简约建筑风格。绿地面积 5 000 平方米，有健身娱乐广场等配套设施。通公交车。

四季康城 371002-I08
[Sìjì Kāngchéng]

在区境西部。人口 1 350。总面积 6.0 公顷。取一年四季均安康之意命名。2005 年始建，2006 年正式使用。建筑总面积 65 000 平方米，住宅楼 11 栋，其中高层 4 栋、多层 7 栋，现代简约建筑风格。有健身器材、活动室等配套设施。通公交车。

黄金顶 371002-I09
[Huángjīn Dǐng]

在区境南部。人口 1 619。总面积 13 公顷。北枕虎山，东傍黄金山，故名。2008 年始建，2009 年正式使用。建筑总面积 200 000 平方米，住宅楼 32 栋，其中高层 2 栋、多层 30 栋，现代简约建筑风格，绿化率 34.1%。有超市、幼儿园、学校、诊所等配套设施。通公交车。

温泉明珠 371002-I10
[Wēnquán Míngzhū]

在区境南部。人口 8 795。总面积 33.9 公顷。以附近有温泉得名。2008 年始建，2010 年正式使用。建筑总面积 438 000 平方米，多层住宅楼 38 栋，托斯卡纳建筑风格。绿化率 38%。有超市、医院、幼儿园、学校、农贸市场、银行等配套设施。通公交车。

工友小区 371002-I11
[Gōngyǒu Xiǎoqū]

在区境南部。人口 818。总面积 11.9 公顷。由威海工友房地产开发有限公司开发建设，故名。1995 年始建，1996 年正式使用。建筑总面积 119 600 平方米，多层住宅楼 14 栋，北欧现代简约建筑风格。绿地面积 240 平方米。有居民健身广场等配套设施。通公交车。

温泉康城 371002-I12
[Wēnquán Kāngchéng]

在区境南部。住户 4 005 户。总面积 22.4 公顷。以有温泉得名。2010 年始建，同年正式使用。总建筑面积 305 000 平方米，住宅楼 86 栋，其中高层 22 栋、多层 64 栋，现代简约建筑风格。绿化率 42.1%。有超市、健身广场等配套设施。通公交车。

华夏山海城 371002-I13
[Huáxià Shānhǎi Chéng]

在区境西南部。人口 48 000。总面积 154.77 公顷。是一个以"一湾、两河、三山"为骨架组成的空间景观系统，由威海华夏城房地产开发有限公司开发，故名华夏山海城。2008 年 2 月始建，2010 年正式使用。建筑总面积 1 825 900 平方米，住宅楼 300 余栋，现代简约建筑风格。有中学、小学、幼儿园、购物广场、社区医院等配套设施。通公交车。

菊花顶 371002-I14
[Júhuā Dǐng]

在区境北部。人口 3 600。总面积 48.0 公顷。以北部山峰菊花顶为名。1988 年始建，1989 年正式使用。建筑总面积 660 000 平方米，多层住宅楼 90 栋，现代简约建筑风格。绿地面积 330 000 平方米。有幼儿园、商店、粮店、饭店、蔬菜副食品店、诊所、理发店、储蓄所、健身场等配套设施。通公交车。

望海园 371002-I15
[Wànghǎi Yuán]

在区境东部。人口 13 500。总面积 45.5 公顷。以地处望岛北山，东望大海而得名。1992 年始建，1994 年正式使用。建筑总面积 380 200 平方米，住宅楼 88 栋，其中高层 8 栋、多层 80 栋，现代简约建筑风格。绿化率 20%。有中小学、幼儿园、门诊、商业中心、菜市场、影院、俱乐部等配套设施。通公交车。

农村居民点

王家钦 371002-A08-H01
[Wángjiāqīn]

在区驻地环翠楼街道西北方向 4.3 千米。怡园街道辖自然村。人口 10 700。明嘉靖年间，福建兴化营参将毕高与倭寇作战阵亡，敕葬狮子园，周围村庄因此称为钦村。明末，王氏带领其子来此定居，名王家钦。经济以制造业为主，有塑料厂、锻造厂、玻璃纤维厂、建筑公司等。通公交车。

张村 371002-B01-H01
[Zhāngcūn]

张村镇人民政府驻地。在区驻地环翠楼街道西南方向 4.8 千米。人口 800。相传，明永乐年间，姜姓由威海卫城里来此定居建村，即以姓氏取名姜村，后因读音传讹，演变为张村。聚落呈团块状分布。经济以商贸业为主。通公交车。

刘家疃村 371002-B01-H02
[Liújiātuǎn]

在区驻地环翠楼街道西南方向 6.2 千米。张村镇辖自然村。人口 400。明代，一刘姓青年从文登县杏树夼到里口山谋生，后在黄落山下建立新村，名刘家疃。聚落呈团块状分布。有文化大院 1 处。经济以林果种植业为主。通公交车。

姜家疃 371002-B01-H03
[Jiāngjiātuǎn]

在区驻地环翠楼街道西南方向 6.4 千米。张村镇辖自然村。人口 800。明洪武年间，威海设卫，姜氏祖先由城里迁此定居，渐成村落，遂以姓氏命名。聚落呈带状分布。有文化大院 1 个。经济以林果种植业为主。通公交车。

福德庄 371002-B01-H04
[Fúdézhuāng]

在区驻地环翠楼街道西南方向 7.0 千米。张村镇辖自然村。人口 1 100。至明正统年间，明威将军董胜因征讨有功，加以山东都司之职，遂以威海为家，在封地内建起第一个董氏村庄——福德庄，清末改为河东村，1980 年搬迁新村，恢复原名。聚落呈团块状分布。有文化大院 1 个。经济以房屋租赁和种植业为主，主要农作物有小麦、玉米、苹果、蟠桃。通公交车。

王家疃 371002-B01-H05
[Wángjiātuǎn]

在区驻地环翠楼街道西南方向 4.9 千米。张村镇辖自然村。人口 500。明永乐年间，王姓人家由河南迁里口山附近定居，以村居里口山主峰之地而定村名，后因王姓改称王家疃。聚落呈带状分布。有文化大院 1 个。经济以林果种植业为主，主要农作物有苹果、蟠桃、樱桃等。通公交车。

羊亭 371002-B02-H01
[Yángtíng]

羊亭镇人民政府驻地。在区驻地环翠楼街道西南方向 12.1 千米。人口 2 600。晋伏琛所著《三齐略记》记作杨庭，旧志亦作阳庭，因同音假借演变为羊亭。聚落呈团块状分布。有文化广场 1 个、小学 1 所。经济以种植业为主，主要农作物有小麦、玉米、花生、大樱桃、苹果等。有公路经此。

鲁东 371002-B02-H02
[Lǔdōng]

在区驻地环翠楼街道西南方向 10.3 千米。羊亭镇辖自然村。人口 800。鲁家疃村与东阳村合为一个自然村，取鲁家疃、东阳村二村名首字为村名。聚落呈团块状分布。经济以种植业为主，主要农作物有小麦、花生、玉米等。有公路经此。

中阳 371002-B02-H03
[Zhōngyáng]

在区驻地环翠楼街道西南方向 10.3 千米。羊亭镇辖自然村。人口 400。因村庄位于羊亭河鲁东之间，改名中阳。聚落呈团块状分布。经济以种植业为主，主要农作物有小麦、花生、玉米等。有公路经此。

北上夼 371002-B02-H04
[Běishàngkuǎng]

在区驻地环翠楼街道西南方向 9.2 千米。羊亭镇辖自然村。人口 400 。由于村庄位于羊亭镇北，地处山夼，地势较高，祖先又是为官北移，选中此地安居，故名北上夼。聚落呈团块状分布。经济以种植业为主，主要农作物有小麦、花生、玉米等。有公路经此。

大北山 371002-B02-H05
[Dàběishān]

在区驻地环翠楼街道西南方向 10.4 千米。羊亭镇辖自然村。人口 300。大北山村原名向阳村，传说自有村落三石靠山一石朝阳，因起名向阳村。后因文登草庙也有个向阳村，文登县衙每年到村催粮催钱，草庙向阳村交不上。县衙到现在大北山催要，为避免灾难，1898 年，改为大北山。聚落呈团块状分布。经济以种植业为主，主要农作物有小麦、花生、玉米等。有公路经此。

港头 371002-B02-H06
[Gǎngtóu]

在区驻地环翠楼街道西南方向 11.9 千米。羊亭镇辖自然村。人口 1 400。原名港北村，因村处双岛港之北得名，后海水西退改名港头。聚落呈团块状分布。经济以种植业为主，主要农作物有小麦、玉米、花生等。有公路经此。

埠前 371002-B02-H07
[Bùqián]

在区驻地环翠楼街道西南方向 16.2 千米。羊亭镇辖自然村。人口 700。因村北河滨有西埠、东埠，故名埠前。聚落呈团块状分布。经济以种植业为主，主要农作物有小麦、玉米、花生、西瓜等。有公路经此。

杜家庄 371002-B02-H08
[Dùjiāzhuāng]

在区驻地环翠楼街道西南方向 15.6 千米。羊亭镇辖自然村。人口 100。因最早只一户李姓人家，故取名独家庄，后村庄扩大，改名杜家庄。聚落呈散状分布。经济以种植业为主，主要农作物有小麦、玉米、花生等。有公路经此。

宋家疃 371002-B02-H09
[Sòngjiātuǎn]

在区驻地环翠楼街道西南方向 16.2 千米。羊亭镇辖自然村。人口 200。村民宋姓居多，故名宋家疃。聚落呈散状分布。经济以种植业为主，主要农作物有小麦、玉米、花生等。有公路经此。

黄埠屯 371002-B02-H10
[Huángbùtún]

在区驻地环翠楼街道西南方向 15.3 千米。羊亭镇辖自然村。人口 600。因村前有黄土丘，建村之初户数不多，故称黄埠屯。

聚落呈团块状分布。经济以种植业为主，主要农作物有小麦、玉米、花生等作物。有公路经此。

南小城村 371002-B02-H11

[Nánxiǎochéng Cūn]

在区驻地环翠楼街道西南方向 13.6 千米。羊亭镇辖自然村。人口 600。以村处北小城之南得名。聚落呈带状分布。经济以种植业为主，主要农作物有小麦、玉米、花生等。有公路经此。

王家夼 371002-B02-H12

[Wángjiākuǎng]

在区驻地环翠楼街道西南方向 13.8 千米。羊亭镇辖自然村。人口 1 000。相传明朝由云南省迁来两户王姓人家建村，取名王家夼。聚落呈团块状分布。经济以种植业为主，主要农作物有小麦、玉米、花生等。有公路经此。

阮家口 371002-B02-H13

[Ruǎnjiākǒu]

在区驻地环翠楼街道西南方向 9.1 千米。羊亭镇辖自然村。人口 1 000。因村中阮氏家族的姓氏和三面环山，村处山口而得名。聚落呈团块状分布。经济以种植业为主，主要农作物有苹果、黄梨、蜜桃等水果，经济林木有赤松、刺槐、杨树等。有公路经此。

温泉汤 371002-B03-H01

[Wēnquántāng]

在区驻地环翠楼街道东南方向 16.7 千米。温泉镇辖自然村。人口 1 000。因村西河床中有温泉，名温泉汤，故名。聚落沿河岸和公路呈带状分布。经济以种植业为主，主要农作物有小麦、玉米、花生、苹果、梨等。通公交车。

小庄 371002-B03-H02

[Xiǎozhuāng]

在区驻地环翠楼街道东南方向 16.7 千米。温泉镇辖自然村。人口 800。小庄属对称地名，明崇祯十三年（1640）建村时，山南山北有相邻两个村庄，山南住户较多的村庄称大庄，山北住户较少的村庄称小庄。聚落呈团块状分布。经济以种植业为主，主要农作物有小麦、玉米、花生、苹果、梨等。有公路经此。

桥头 371002-B04-H01

[Qiáotóu]

桥头镇人民政府驻地。在区驻地环翠楼街道东南方向 26.1 千米。桥头镇辖自然村。人口 1 900。元至正年间，曹姓迁此定居，因村处石家河西岸古桥西头，即名桥头。聚落呈团块状分布。有小学 1 所、文化广场 1 个。经济以商贸业为主。有公路经此。

崮山镇中村 371002-B05-H01

[Gùshānzhènzhōngcūn]

崮山镇人民政府驻地。在区驻地环翠楼街道东南方向 20.0 千米。崮山镇辖自然村。人口 800。因居崮山后三村之中，故名。聚落呈团块状分布。有文化大院 1 个、农家书屋 1 个、中学 1 所、幼儿园 1 所。经济以种植业为主，主要农作物有苹果、无花果。302 省道经此。

夏庄 371002-B06-H01

[Xiàzhuāng]

泊于镇人民政府驻地。在区驻地环翠楼街道东南方向 25.0 千米。人口 1 400。明永乐年间，钟、娄、张三姓来此定居，时值盛夏，即名夏季村，后演变为夏庄。聚落呈团块状分布。有文化广场 1 个、中学

1 所、幼儿园 1 所。经济以种植业为主，主要农作物有小麦、玉米、花生、地瓜和杂粮等，盛产苹果、无花果。302 省道经此。

西南村 371002-B07-H01
[Xīnáncūn]

初村镇人民政府驻地。在区驻地环翠楼街道西南方向 25.0 千米。人口 500。据传古时双岛港发生地层断裂，引发海啸，陷没十八个村。元朝中期，毕姓由文登县城迁此建村，为陷没十八个村后初次建村，名初村。1961 年分设东南街、东北街、西南街、西北街四个生产大队。1984 年 3 月，撤销初村人民公社，设立初村镇，西南街生产大队改称西南村。聚落呈团块状分布。经济以高新技术产业为主。有公路经此。

草庙子 371002-B08-H01
[Cǎomiàozi]

草庙子镇人民政府驻地。在区驻地环翠楼街道南方向 22.0 千米。人口 1 200。明万历时，杨姓人家来此定居，因村东河上有石桥，得名石桥村。清初，建关帝庙，用茅草苫顶，遂改称草庙子。聚落呈团块状分布。有文化活动中心 1 个、图书馆 1 个、幼儿园 1 所、小学 1 所、中学 1 所等。经济以商贸业、种植业为主，主要农作物有小麦、玉米。有齐全木工机械、明玮家家电、浩然特塑、田园牧场等企业。桃威铁路经此并设站。

汪疃 371002-B09-H01
[Wāngtuǎn]

汪疃镇人民政府驻地。在区驻地环翠楼街道西南方向 27.0 千米。人口 2 600。隋代建村，以姓氏得名，亦作旺疃，清末演变为汪疃。聚落呈团块状分布。有幼儿园 2 所、小学 1 所、中学 1 所。经济以种植业为主，

主要农作物小麦、玉米、花生等，盛产樱桃、草莓。有威海市振泰建筑工程有限公司、威海市永兴建筑工程有限公司、威海市毓景生态园、威海临港区原始部落家庭农场等企业。有公路经此。

西苘山 371002-B10-H01
[Xīmànshān]

苘山镇人民政府驻地。在区驻地环翠楼街道西南方向 25.0 千米。人口 800。明末，苘姓来此居住，依山居坡建村，即名苘山。民国时期，分为东苘山、西苘山二村。聚落呈团块状分布。有文化活动中心 1 个、学校 4 所。经济以制造业为主。有威达集团、万丰集团等企业。有公路经此。

文登区

城市居民点

龙河花园 371003-I01
[Lónghé Huāyuán]

在区境中部。住户 950 户。总面积 16.0 公顷。因该小区位于抱龙河河边，故命名龙河花园。2002 年 1 月始建，2004 年 7 月正式使用。建筑总面积 160 000 平方米，多层住宅楼 38 栋，现代简约建筑风格。绿化率 30%。有幼儿园、超市、饭店等配套设施。通公交车。

祥和花园 371003-I02
[Xiánghé Huāyuán]

在区境中部。住户 750 户。总面积 29.6 公顷。小区寓意祥和一气，和谐美满，故命名祥和花园。2005 年 3 月始建，2007 年 2 月正式使用。建筑总面积 255 000 平方米，多层住宅楼 32 栋，现代简约建筑风格。

绿化率 35%。有幼儿园、超市、饭店等配套设施。通公交车。

贵和花园 371003-I03
[Guìhé Huāyuán]

在区境中部。住户 260 户。总面积 12.3 公顷。以富贵祥和的寓意得名贵和花园。2007 年 6 月始建，2009 年 7 月正式使用。建筑总面积 98 000 平方米，住宅楼 10 栋，其中高层 3 栋、多层 7 栋，现代简约建筑风格。绿化率 30%。有超市、银行、药店、饭店等配套设施。通公交车。

海泰庄园 371003-I04
[Hǎitài Zhuāngyuán]

在区境东北部。住户 538 户。总面积 20.5 公顷。"海"寓意海洋广阔，博大精深；"泰"希望入住的人们平安、安乐，故名海泰庄园。2013 年 11 月始建，2014 年 12 月正式使用。建筑总面积 169 000 平方米，多层住宅楼 42 栋，现代简约建筑风格。绿化率 32%。有超市、银行、药店、饭店等配套设施。通公交车。

万利城 371003-I05
[Wànlì Chéng]

在区境东南部。住户 1 528 户。总面积 27.9 公顷。因该小区距离义乌小商品较近，取吉祥意，故命名万利城。2012 年 4 月始建，2014 年 3 月正式使用。建筑总面积 24 000 平方米，多层住宅楼 19 栋，现代简约建筑风格。绿化率 35%。有汽车站、医院等配套设施。通公交车。

天福阳光花园 371003-I06
[Tiānfú Yángguāng Huāyuán]

在区境东南部。住户 1 750 户。总面积 20.5 公顷。因该小区距离天福果蔬批发市场较近，阳光照射充足，故名天福阳光花园。

2002 年 4 月始建，2005 年 3 月正式使用。建筑总面积 190 400 平方米，多层住宅楼 38 栋，现代简约建筑风格。绿化率 35%。有果蔬批发市场、药店、幼儿园等配套设施。通公交车。

文山·书香苑 371003-I07
[Wénshān · Shūxiāng Yuàn]

在区境东南部。住户 810 户。总面积 15.3 公顷。因居民崇尚读书的良好作风，且该项目位置周边有幼儿园、小学、中学，教育资源丰富，故名文山·书香苑。2012 年 6 月始建，2013 年 5 月正式使用。建筑总面积 64 000 平方米，多层住宅楼 22 栋，现代简约建筑风格。绿化率 35%。有果蔬批发市场、药店、幼儿园等配套设施。通公交车。

银海绿洲 371003-I08
[Yínhǎi Lǜzhōu]

在区境北部。住户 4 587 户。总面积 83 公顷。相传秦始皇寻找蓬莱、万丈、瀛洲三座仙岛面积，取其意义，故命名银海绿洲。2004 年 3 月始建，2005 年 2 月正式使用。建筑总面积 695 000 平方米，多层住宅楼 48 栋，现代简约建筑风格。绿化率 30%。有超市、学校、蔬果市场等配套设施。通公交车。

龙港外滩 371003-I09
[Lónggǎng Wàitān]

在区境东部。人口 4 500。总面积 6.1 公顷。"龙"寓意尊贵、上层，"港"寓意港湾、停歇之地，该小区坐落于文登母亲河抱龙河畔北岸，故名龙港外滩。2010 年 11 月始建，2011 年 11 月正式使用。建筑总面积 209 000 平方米，高层住宅楼 17 栋，现代简约建筑风格。绿化率 35.3%。有超市、医院、药店等配套设施。通公交车。

天恒·龙泽苑 371003-I10
[Tiānhéng·Lóngzé Yuàn]

在区境南部。住户 2 312 户。总面积 31.4 公顷。因该小区由北京天恒集团及规划设计院设计，故名天恒·龙泽苑。2010 年 11 月始建，2012 年 12 月正式使用。建筑总面积 207 000 平方米，多层住宅楼 44 栋，现代简约建筑风格。绿化率 35%。有幼儿园、社区卫生站、文体活动室等配套设施。通公交车。

弘盛现代城 371003-I11
[Hóngshèng Xiàndài Chéng]

在区境南部。人口 3 826。总面积 12.4 公顷。因该小区由泰安市弘盛房地产开发有限公司开发。2008 年 5 月始建，2011 年 6 月正式使用。建筑总面积 158 000 平方米，多层住宅楼 38 栋，现代简约建筑风格。绿化率 50%。有幼儿园、社区卫生站、文体活动室等配套设施。通公交车。

河畔花园 371003-I12
[Hépàn Huāyuán]

在区境西北部。住户 962 户。总面积 6.8 公顷。因该小区坐落在柳林河畔，寓意居民在花园之中生活，故名河畔花园。2007 年 6 月始建，2008 年 7 月正式使用。建筑总面积 79 000 平方米，多层住宅楼 29 栋，现代简约建筑风格。绿化率 35%。有超市、药店等配套设施。通公交车。

山川文苑 371003-I13
[Shānchuān Wényuàn]

在区境西部。住户 962 户。总面积 16.0 公顷。因该小区分文泰园、文晴园、文欣园三个区域，由山川房地产开发有限公司开发，故命名山川文苑。2011 年 5 月始建，2013 年 6 月正式使用。建筑总面积 98 000 平方米，多层住宅楼 14 栋，现代简约建筑风格。绿化率 35%。有超市、幼儿园等配套设施。通公交车。

柳岸御府 371003-I14
[Liǔàn Yùfǔ]

在区境西北部。住户 400 户。总面积 11.5 公顷。因该小区东临风景优美的柳林河，河边垂柳成荫，故名柳岸御府。2008 年 11 月始建，2012 年 12 月正式使用。建筑总面积 78 000 平方米，多层住宅楼 42 栋，现代简约建筑风格。绿化率 35%。有超市、诊所等配套设施。通公交车。

天润城 371003-I15
[Tiānrùn Chéng]

在区境西北部。住户 450 户。总面积 23.6 公顷。由建筑商命名。2010 年 4 月开始建设，2014 年 5 月正式使用。建筑总面积 178 000 平方米，多层住宅楼 34 栋，现代简约建筑风格。绿化面积 30%。有超市、医院等配套实施。通公交车。

德润花园 371003-I16
[Dérùn Huāyuán]

在区境北部。住户 531 户。总面积 2.8 公顷。"德润"寓意以德润心，以德润法，以德润万物，故名德润花园。2010 年 11 月始建，2012 年 12 月正式使用。建筑总面积 54 000 平方米，多层住宅楼 6 栋，现代简约建筑风格。绿化面积 30%。有超市、诊所等配套设施。通公交车。

农村居民点

南磨山 371003-A01-H01
[Nánmòshān]

在区驻地天福街道南方向 2.6 千米。天福街道辖自然村。人口 200。明成化年间，王姓北依磨山安居，以山称村。聚落呈团块状分布。经济以种植业为主，主要农作物有小麦、玉米、花生、苹果等。有公路经此。

北潘家夼 371003-A01-H02
[Běipānjiākuǎng]

在区驻地天福街道南方向 3.0 千米。天福街道辖自然村。人口 400。此处当为潘姓之草泽地，故名潘家夼。明朝初期建村，袭用原称。弘治年间，南建村称潘家夼，本村冠方位示区别。聚落呈团块状分布。有文化大院。经济以种植业为主，主要农作物有小麦、玉米、花生、苹果等。有公路经此。

李家汤后 371003-A03-H01
[Lǐjiātānghòu]

在区驻地天福街道西北方向 7.7 千米。环山街道辖自然村。人口 900。据传，约于宋朝，朋姓首居于此。元朝，寿光古城王姓入住。因居于汤后之北，故名北汤后。约于明初，李姓迁入；清朝末期，李姓为主流，称李家汤后。聚落呈团块状分布。经济以种植业为主，主要农作物有小麦、玉米、花生、苹果等。有公路经此。

十里庄 371003-A03-H02
[Shílǐzhuāng]

在区驻地天福街道西方向 8.8 千米。环山街道辖自然村。人口 100。清光绪四年（1878），西汤后王氏，来鸦鹊河居住，故名。聚落呈团块状分布。经济以种植业为主，主要农作物有小麦、玉米、花生、苹果等。有公路经此。

宁阳 371003-A03-H03
[Níngyáng]

在区驻地天福街道西方向 9.5 千米。环山街道辖自然村。人口 1 000。明正统年间，杨姓由河北省迁此建杨格庄。民国初期，分村自治，本村居西，称西杨格。1981 年因重名，以北之宁阳山更名为宁阳。聚落呈团块状分布。经济以种植业为主，主要农作物有小麦、玉米、花生、苹果等。有公路经此。

东杨格 371003-A03-H04
[Dōngyánggé]

在区驻地天福街道北方向 19.1 千米。环山街道辖自然村。人口 400。明正统年间，河北省杨氏来建杨格庄。民国初年，分村自治。本村居东，称东杨格。聚落呈团块状分布。经济以种植业为主，主要农作物有小麦、玉米、花生、苹果等。有公路经此。

文登营 371003-B01-H01
[Wéndēngyíng]

文登营镇人民政府驻地。在区驻地天福街道东北方向 6.1 千米。人口 2900。明初为御倭寇，于宣德二年（1427）建文登营于文城西门里，宣德十年（1435）徙此建营寨，文登营始名于此。聚落呈团块状分布。古迹有文登营古兵营遗址。经济以种植业为主，主要农作物有花生、苹果、桃子等。有公路经此。

起家夼 371003-B01-H02
[Qǐjiākuǎng]

在区驻地天福街道东北方向 11.1 千米。文登营镇辖自然村。人口 100。清嘉庆年间，驾山窑黄氏、架子山毕氏，来山谷夼地立村，祈愿家业兴盛命名。聚落呈团块状分布。经济以养殖业、种植业为主，主要农作物有小麦、玉米、花生及苹果等。

教场东 371003-B01-H03
[Jiàochángdōng]

在区驻地天福街道东北方向 4.6 千米。文登营镇辖自然村。人口 600。南宋末，李姓来建李家屯。明正统年间，文登营在村西建校场，讹变今名。聚落呈团块状分布。经济以养殖业、种植业为主，主要农作物有小麦、玉米、花生及苹果等。

沙河子 371003-B01-H04
[Shāhézi]

在区驻地天福街道东北方向 4.6 千米。文登营镇辖自然村。人口 300。清初，莱西水沟头周氏来近河床淤沙带居住，因此处自然特点而得名。聚落呈团块状分布。经济以林果业、种植业为主，主要农作物有小麦、玉米、花生及苹果等。

侯家庵 371003-B01-H05
[Hóujiā'ān]

区驻地天福街道东北方向 10.9 千米。文登营镇辖自然村。人口 200。清初，营南陈氏，来出马山之后，建庵称后庵，讹作今名。聚落呈团块状分布。经济以养殖业、种植业为主，主要农作物有小麦、玉米、花生及苹果等。

林家店 371003-B01-H06
[Línjiādiàn]

在区驻地天福街道东方向 4.5 千米。文登营镇辖自然村。人口 500。此处本为林氏田产，故名林家甸，"甸"音同"佃"与"店"，讹为林家店。聚落呈团块状分布。经济以养殖业、种植业为主，主要农作物有小麦、玉米、花生及苹果等。

沙里店 371003-B01-H07
[Shālǐdiàn]

在区驻地天福街道东方向 5.6 千米。文登营镇辖自然村。人口 600。明朝，高村于氏，来临河套沙滩开旅店，故名。聚落呈团块状分布。经济以养殖业、种植业为主，主要农作物有小麦、玉米、花生及苹果等。

姜家窑 371003-B01-H08
[Jiāngjiāyáo]

在区驻地天福街道东方向 5.8 千米。文登营镇辖自然村。人口 300。清朝初期，今乳山峒岭姜氏迁来此处安村，以姓氏命名姜家庄。1981 年，为避重名，以村窑厂更今名。聚落呈团块状分布。经济以养殖业、种植业为主，主要农作物有小麦、玉米、花生及苹果等。

永泉庄 371003-B01-H09
[Yǒngquánzhuāng]

在区驻地天福街道东南方向 7.4 千米。文登营镇辖自然村。人口 200。清初，小台荣氏、沙里店于氏来居。近村有三处清泉涌流，久旱不涸，故名涌泉，演作今名。聚落呈团块状分布。经济以养殖业、种植业为主，主要农作物有小麦、玉米、花生及苹果等。

西字城 371003-B01-H10
[Xīzìchéng]

在区驻地天福街道东北方向 21.0 千米。文登营镇辖自然村。人口 1 500。古代西字城、北字城、南字城为一村。群山环列，类自然之城，本村位居西，故名西自城，谐音演作今名。聚落呈团块状分布。经济以养殖业、种植业为主，主要农作物有小麦、玉米、花生、地瓜及苹果等。

前北风口 371003-B01-H11
[Qiánběifēngkǒu]

在区驻地天福街道东方向 18.9 千米。文登营镇辖自然村。人口 1 000。元至元时，文城王氏，来山口隘道南立村，称北风口，后因位置，本村冠前示别。聚落呈团块状分布。经济以种植业、林果业为主，主要农作物有小麦、玉米、花生及苹果等。

大水泊 371003-B02-H01
[Dàshuǐpō]

大水泊镇人民政府驻地。在区驻地天福街道东南方向 16.1 千米。人口 2 300。于姓居河畔低洼处，取吉祥意命名。聚落呈团块状分布。有中学 1 所。经济以种植业为主，主要农作物有小麦、玉米、花生、苹果、梨、香菇。有公路经此。

前土埠岭 371003-B02-H02
[Qiántǔbùlǐng]

在区驻地天福街道东方向 18.9 千米。大水泊镇辖自然村。人口 700。南宋中期，黄县赵氏，来土岭之阳立村，称土埠岭。明中期，大水泊于氏土阜之北立村，称后土埠岭，本村遂称前土埠岭。聚落呈团块状分布。经济以种植业、工商业、林业、畜牧业为主，主要农作物有小麦、玉米、花生、苹果。

泊岳家 371003-B02-H03
[Pōyuèjiā]

在区驻地天福街道东方向 12.9 千米。大水泊镇辖自然村。人口 400。明末，岚宅岳氏来坡地佃耕，始称岳家坡，演变为岳家泊，又演变泊岳家。聚落呈团块状分布。经济以种植业、制造业、林业、畜牧业为主，主要农作物有小麦、玉米、花生、苹果。

场西 371003-B02-H04
[Chángxī]

在区驻地天福街道东方向 11.8 千米。大水泊镇辖自然村。人口 500。明末，河北村于氏，迁此柳林中立村，故名柳林。1981 年为避重名，改称场西。聚落呈团块状分布。经济以种植业、林业、畜牧业为主，主要农作物有小麦、玉米、花生、苹果。

河北新村 371003-B02-H05
[Héběixīncūn]

在区驻地天福街道东方向 18.9 千米。大水泊镇辖自然村。人口 600。明中期，大水泊于氏，来河之阳立村，称河北。1981 年，为避重名，易名井南。2009 年 8 月，嫌名不祥，更今名。聚落呈团块状分布。经济以种植业、林业、畜牧业为主，主要农作物有小麦、玉米、花生、苹果。

屯杨家 371003-B02-H06
[Túnyángjiā]

在区驻地天福街道东南方向 17.8 千米。大水泊镇辖自然村。人口 600。元朝末期，杨姓由小云南迁来此处建村。官府收缴皇粮囤集于此，储藏地有两处，故有南囤、北囤之称。北囤即此，后缀姓氏称囤杨家，演写屯杨家。聚落呈团块状分布。经济以种植业、林业、畜牧业为主，主要农作物有小麦、玉米、花生、苹果。

大沟 371003-B02-H07
[Dàgōu]

在区驻地天福街道东方向 21.2 千米。大水泊镇辖自然村。人口 200。北宋大康年间，陈姓来此立村，称陈家。西建村称小陈家，本村冠大示别。南临沟壑，别称大沟。后以别称为村名。聚落呈团块状分布。经济以种植业、林业、畜牧业为主，主要农作物有小麦、玉米、花生、苹果。

志门 371003-B02-H08
[Zhìmén]

在区驻地天福街道东南方向 47.1 千米。大水泊镇辖自然村。人口 200。据传，北宋中期，隋姓建村。村西南百余米，为大沟村陈氏墓地。有两块条石竖立，形成门状。条石俗称石志子，竖条石成门，称志门。聚落呈团块状分布。经济以种植业、林业、畜牧业为主，主要农作物有小麦、玉米、花生、苹果。

河东乔家 371003-B02-H09
[Hédōngqiáojiā]

在区驻地天福街道东南方向13.9千米。大水泊镇辖自然村。人口400。明中期，方家疃乔姓来凤凰山后安居，西濒青龙河，称山后乔家。1937年，易今名。聚落呈带状分布。经济以种植业、林业、畜牧业为主，主要农作物有小麦、玉米、花生、苹果。

仁和坊 371003-B02-H10
[Rénhéfáng]

在区驻地天福街道东南方向14.8千米。大水泊镇辖自然村。人口400。明初，刘姓立村，福山邹氏继后入住。县文庙修葺，邹家应募，慷慨解囊。遵圣训"里仁为美"，以"仁和"为行则，命村名为仁和坊。聚落呈带状分布。经济以种植业、林业、畜牧业为主，主要农作物有小麦、玉米、花生、苹果、香菇。

西南台 371003-B02-H11
[Xīnántái]

在区驻地天福街道东南方向14.9千米。大水泊镇辖自然村。人口600。明末，今乳山峒岭西小碾姜氏，来台地立村，称台上姜家。清初，以处大水泊西南，易今名。聚落呈团块状分布。经济以种植业、林业、畜牧业为主，主要农作物有小麦、玉米、花生、苹果。

南洼 371003-B02-H12
[Nánwā]

在区驻地天福街道东方向17.6千米。大水泊镇辖自然村。人口400。元末，今荣成北港西张氏来低洼地立村，初称洼里。北建村称北洼，本村冠方位示别。聚落呈团块状分布。经济以种植业、林业、畜牧

业为主，主要农作物有小麦、玉米、花生、苹果。

李家 371003-B02-H13
[Lǐjiā]

在区驻地天福街道东方向16.9千米。大水泊镇辖自然村。人口500。明中期，李姓自泽头来居，为祈人丁兴旺，称大疃李家，简称李家。聚落呈团块状分布。经济以种植业、林业、畜牧业为主，主要农作物有小麦、玉米、花生、苹果。

初家 371003-B02-H14
[Chūjiā]

在区驻地天福街道东方向10.9千米。大水泊镇辖自然村。人口400。元朝末期，初姓由东之北洼迁此安村，以姓氏命名初家庄，省略通称，为今名。聚落呈团块状分布。经济以种植业、林业、养殖业为主，主要农作物有小麦、玉米、花生、苹果，有毛皮动物养殖。

章子山 371003-B02-H15
[Zhāngzishān]

在区驻地天福街道东方向10.9千米。大水泊镇辖自然村。人口500。明嘉靖时，前百凤口王氏，来獐子山之阳立村，故名，后演作章子山。聚落呈团块状分布。经济以种植业、林业、畜牧业为主，主要农作物有小麦、玉米、花生、苹果。

青石河 371003-B02-H16
[Qīngshíhé]

在区驻地天福街道东南方向7.2千米。大水泊镇辖自然村。人口400。明朝末期，王姓由文城峰山之南（亦称北凉水湾）迁来，傍河溪而居。河床落差大，山洪暴发冲石，逐流磙动，层层垒叠若砌，遂命名石头河。1981年7月，为避重名，改称青石河。聚

落呈团块状分布。经济以种植业、林业、畜牧业为主，主要农作物有小麦、玉米、花生、苹果。村设集市。

岳家 371003-B02-H17
[Yuèjiā]

在区驻地天福街道东南方向 8.3 千米。大水泊镇辖自然村。人口 200。明朝洪武年间，岳姓由云小南梯山迁此安村，以姓氏命名岳家。聚落呈团块状分布。经济以种植业、林业、畜牧业为主，主要农作物有小麦、玉米、花生、苹果。

歇驾夼 371003-B02-H18
[Xiējiàkuǎng]

在区驻地天福街道东南方向 9.5 千米。大水泊镇辖自然村。人口 600。元朝末年，八里张家王氏来山间夼地安居，属权为解家所有，故名解家夼，讹为歇驾夼。聚落呈团块状分布。经济以种植业、林业、畜牧业为主，主要农作物有小麦、玉米、花生、苹果。

瓦屋庄 371003-B02-H19
[Wǎwūzhuāng]

在区驻地天福街道东南方向 11.1 千米。大水泊镇辖自然村。人口 500。《毕氏四支谱书》记载：第八世毕靖之，明天启年由文城东关，迁此建瓦屋安居，故称瓦屋庄。聚落呈团块状分布。经济以种植业、林业、畜牧业为主，主要农作物有小麦、玉米、花生、苹果、香菇。

客岭 371003-B02-H20
[Kèlǐng]

在区驻地天福街道东南方向 46.8 千米。大水泊镇辖自然村。人口 700。嘉靖时，文城丛氏来居。环村皆崇山峻岭，地势似壳斗状，故名壳里，后讹为客岭。聚落呈团

块状分布。经济以种植业、林业、畜牧业为主，主要农作物有小麦、玉米、花生、苹果。

团山 371003-B02-H21
[Tuánshān]

在区驻地天福街道东南方向 12.9 千米。大水泊镇辖自然村。人口 200。清朝康熙年间，下冷家王氏来近姑庵居住，称王家庵。嘉庆年间，以处团山之阳更今名。聚落呈带状分布。经济以种植业、林业、畜牧业为主，主要农作物有小麦、玉米、花生、苹果。

集东 371003-B02-H22
[jídōng]

在区驻地天福街道东方向 19.1 千米。大水泊镇辖自然村。人口 200。清朝雍正年间，大水泊于氏迁此居住。西邻村设集市，故名集东。聚落呈团块状分布。经济以种植业、林业、畜牧业为主，主要农作物有小麦、玉米、花生、苹果。

小沟 371003-B02-H23
[Xiǎogōu]

在区驻地天福街道东方向 19.1 千米。大水泊镇辖自然村。人口 100。明启时，陈姓建村。东邻村称陈家，本村初建，称小陈家。村北为沟壑，村别称小沟，后以别称为今名。经济以种植业、林业、畜牧业为主，主要农作物有小麦、玉米、花生、苹果。

新立庄 371003-B02-H24
[Xīnlìzhuāng]

在区驻地天福街道东南方向 8.8 千米。大水泊镇辖自然村。人口 100。明朝末期，孙家埠孙氏来此守祖茔，故名孙家茔。1945 年改称新立庄，与后村合治。聚落呈

团块状分布。经济以种植业、林业、畜牧业为主，主要农作物有小麦、玉米、花生、苹果。

东魏家 371003-B02-H25

[Dōngwèijiā]

在区驻地天福街道东方向 22.1 千米。大水泊镇辖自然村。人口 300。清雍正时，大水泊于魏来守本村富户山林草场，称魏家庄。1981 年，因重名更今称。聚落呈团块状分布。经济以种植业、林业、畜牧业为主，主要农作物有小麦、玉米、花生、苹果。

井东 371003-B02-H26

[Jǐngdōng]

在区驻地天福街道东方向 16.6 千米。大水泊镇辖自然村。人口 200。此处原为大水泊于氏养马场。清初，户部左侍郎于可讬之女，与成山卫世袭百户宋柞长之子婚配，婚后定居于此。居地西有井，故名井东。聚落呈团块状分布。经济以种植业、林业、畜牧业为主，主要农作物有小麦、玉米、花生、苹果。

场南 371003-B02-H27

[Chángnán]

在区驻地天福街道东南方向 14.9 千米。大水泊镇辖自然村。人口 200。清朝嘉庆年间，李姓由荣成城厢来西南台于姓粮库旁立村，取名宅库。当为草泽地，俗称宅窠，演变今名。1981 年 7 月，为避重名，以位处大水泊机场之南，更名场南。聚落呈团块状分布。经济以种植业、林业、畜牧业为主，主要农作物有小麦、玉米、花生、苹果。

北洼 371003-B02-H28

[Běiwā]

在区驻地天福街道东南方向 14.9 千米。

大水泊镇辖自然村。人口 300。明末，于姓自文城北宫来临低洼地立村，以方位称北洼。聚落呈团块状分布。经济以种植业、林业、畜牧业为主，主要农作物有小麦、玉米、花生、苹果。

黄山阳 371003-B02-H29

[Huángshānyáng]

在区驻地天福街道东方向 22.1 千米。大水泊镇辖自然村。人口 300。明末，张姓来黄山之阳立村。清代名黄山杨；1948 年名称黄山杨家；1956 年名黄山阳。聚落呈团块状分布。经济以种植业、林业、畜牧业为主，主要农作物有小麦、玉米、花生、苹果。

岐阳 371003-B02-H30

[Qíyáng]

在区驻地天福街道东南方向 16.1 千米。大水泊镇辖自然村。人口 200。清乾隆时，于姓由河东乔家迁来安居，初名于家庵。遍生野桃树，别名桃花沟。清末，以位处岐山之阳，易今名。聚落呈团块状分布。经济以种植业、林业、畜牧业为主，主要农作物有小麦、玉米、花生、苹果。

康家庄 371003-B02-H31

[Kāngjiāzhuāng]

在区驻地天福街道东方向 22.1 千米。大水泊镇辖自然村。人口 300。清雍正时，于康由大水泊来此，为富户守山林草场居住。用首居者之名称村。聚落呈团块状分布。经济以种植业、林业、畜牧业为主，主要农作物有小麦、玉米、花生、苹果。

东北庄 371003-B02-H32

[Dōngběizhuāng]

在区驻地天福街道东方向 17.1 千米。大水泊镇辖自然村。人口 300。明末，刘姓自今荣成小黄来此立村。位居大水泊东北方，故名。聚落呈团块状分布。经济以种植业、林业、畜牧业为主，主要农作物有小麦、玉米、花生、苹果，饲养奶牛。

朱家岭 371003-B02-H33
[Zhūjiālǐng]

在区驻地天福街道东方向 17.1 千米。大水泊镇辖自然村。人口 200。明中期，莱阳朱姓，来建朱家庄。1981 年，为避重名，以村后土岭易今名。聚落呈团块状分布。经济以种植业、林业、畜牧业为主，主要农作物有小麦、玉米、花生、苹果。

大乔家 371003-B02-H34
[Dàqiáojiā]

在区驻地天福街道东方向 17.1 千米。大水泊镇辖自然村。人口 400。明末，山后王家王氏来居。临近大石桥，以桥称村，演作大乔家。聚落呈团块状分布。经济以种植业、林业、畜牧业为主，主要农作物有小麦、玉米、花生、苹果。

金家庄 371003-B02-H35
[Jīnjiāzhuāng]

在区驻地天福街道东方向 17.1 千米。大水泊镇辖自然村。人口 400。明末，今环翠区孟家庄梁氏来此建村，临近金碏寺，以寺名村。此处古代当为淘金之所，清末，更今名。聚落呈团块状分布。古迹有龙山文化遗址。经济以种植业、林业、畜牧业为主，主要农作物有小麦、玉米、花生、苹果。

栏杆河 371003-B02-H36
[Lángānhé]

在区驻地天福街道东方向 17.1 千米。大水泊镇辖自然村。人口 400。明末，方家疃乔氏，濒河而居。河柳行列似护栏，故名栏杆河。聚落呈团块状分布。经济以种

植业、林业、畜牧业为主，主要农作物有小麦、玉米、花生、苹果。

鞠家疃 371003-B02-H37
[Jūjiātuǎn]

在区驻地天福街道东方向 17.1 千米。大水泊镇辖自然村。人口 200。明朝末期，鞠姓由庙西迁来安村，以姓氏命名鞠家庄。1981 年为避重名，变换通称，称鞠家疃。聚落呈团块状分布。经济以种植业、林业、畜牧业为主，主要农作物有小麦、玉米、花生、苹果。

六山仲家 371003-B02-H38
[Liùshānzhòngjiā]

在区驻地天福街道东方向 17.1 千米。大水泊镇辖自然村。人口 100。明中前期，今荣成荫子夼南家堂仲姓入住六山村。民国初年分村自治，称六山仲家。聚落呈团块状分布。经济以种植业、林业、畜牧业为主，主要农作物有小麦、玉米、花生、苹果。

六山张家 371003-B02-H39
[Liùshānzhāngjiā]

在区驻地天福街道东方向 22.9 千米。大水泊镇辖自然村。人口 600。明初期，张姓由崖头来近六山立村，以山作村名。嗣后，仲姓入住。民国初年，分村自治，称六山张家。聚落呈团块状分布。经济以种植业、林业、畜牧业为主，主要农作物有小麦、玉米、花生、苹果。

迟家河 371003-B02-H40
[Chíjiāhé]

在区驻地天福街道东方向 22.9 千米。大水泊镇辖自然村。人口 600。明朝初期，迟姓由今乳山南泓迁来建村，濒临河溪，故名迟家河。聚落呈带状分布。经济以种

植业、林业、畜牧业为主，主要农作物有小麦、玉米、花生、苹果。

东堡子后 371003-B02-H41
［Dōngbǎozǐhòu］

在区驻地天福街道东方向 23.9 千米。大水泊镇辖自然村。人口 200。明初，今荣成胡屯李氏，来烽燧堡东北立村，初称小李家。清初，福山王氏，入住其西，更名堡子后。民国初年，分村自治，称今名。聚落呈团块状分布。经济以种植业、林业、畜牧业为主，主要农作物有小麦、玉米、花生、苹果。

西堡子后 371003-B02-H42
［Xībǎozǐhòu］

在区驻地天福街道东方向 22.9 千米。大水泊镇辖自然村。人口 300。清朝初期，王姓由今福山来入住小李家。村南有烽燧墩，更名堡子后。后因位置分西堡子后、东堡子后。聚落呈散状分布。经济以种植业、林业、畜牧业为主，主要农作物有小麦、玉米、花生、苹果。

大台 371003-B02-H43
［Dàtái］

在区驻地天福街道东南方向 12.8 千米。大水泊镇辖自然村。人口 500。明嘉靖时，刘氏在今大水泊临近处建刘家台。清初，邻村倚官仗势，霸占刘家台田产，迫使其举家迁至西南台地北，易名西北台。嗣后，以西邻村小台，改称大台。聚落呈团块状分布。经济以种植业、林业、畜牧业为主，主要农作物有小麦、玉米、花生、苹果。

小台 371003-B02-H44
［Xiǎotái］

在区驻地天福街道东南方向 8.8 千米。大水泊镇辖自然村。人口 400。元至正时，

今乳山峒岭姜氏近天然石台居住，称小台。聚落呈散状分布。经济以种植业、林业、畜牧业为主，主要农作物有小麦、玉米、花生、苹果。

下河 371003-B02-H45
［Xiàhé］

在区驻地天福街道东南方向 8.8 千米。大水泊镇辖自然村。人口 300。清中期，爬山后徐家徐氏来临河溪建村，居上游者，视此处为下游，称谓下河。聚落呈带状分布。经济以种植业、林业、畜牧业为主，主要农作物有小麦、玉米、花生、苹果。

赛家庄 371003-B02-H46
［Sàijiāzhuāng］

在区驻地天福街道东南方向 11.9 千米。大水泊镇辖自然村。人口 200。明末，赛姓立村，村临三河交汇处，故名三道河。民国时期，以姓氏改称赛家庄。聚落呈团块状分布。经济以种植业、林业、畜牧业为主，主要农作物有小麦、玉米、花生、苹果。

孤石 371003-B02-H47
［Gūshí］

在区驻地天福街道东南方向 11.9 千米。大水泊镇辖自然村。人口 300。明末，碾头张氏来此居住，地近独立大石，故名孤石。聚落呈团块状分布。经济以种植业、林业、畜牧业为主，主要农作物有小麦、玉米、花生、苹果。

马家庄 371003-B02-H48
［Mǎjiāzhuāng］

在区驻地天福街道东方向 43.9 千米。大水泊镇辖自然村。人口 100。清末，马家汤后马氏来经营旅店，称马家店。聚落呈团块状分布。经济以种植业、林业、畜牧业为主，主要农作物有小麦、玉米、花生、苹果。

沟曲家 371003-B02-H49

［Gōuqūjiā］

在区驻地天福街道东方向 14.2 千米。大水泊镇辖自然村。人口 200。清朝初期，曲姓由牟平上庄迁来此处安村，南临深壑，后缀姓氏称沟曲家。聚落呈团块状分布。经济以种植业、林业、畜牧业为主，主要农作物有小麦、玉米、苹果、西瓜。

泽上 371003-B02-H50

［Zéshàng］

在区驻地天福街道西南方向 68.1 千米。大水泊镇辖自然村。人口 300。清初，大水泊于氏来草泽地之北立村，称泽阳，演变今名。聚落呈团块状分布。经济以种植业、林业、畜牧业为主，主要农作物有小麦、玉米、花生、苹果。

岭上孙家 371003-B02-H51

［Lǐngshàngsūnjiā］

在区驻地天福街道东南方向 12.8 千米。大水泊镇辖自然村。人口 500。明末，牟平城孙氏迁青石岭安居。今荣成十王坟王氏继后入住。民国初年分村自治，本村孙氏为大门户，称岭上孙家。聚落呈团块状分布。经济以种植业、林业、畜牧业为主，主要农作物有小麦、玉米、花生、苹果。

岭上王家 371003-B02-H52

［Lǐngshàngwángjiā］

在区驻地天福街道东南方向 11.1 千米。大水泊镇辖自然村。人口 400。明朝末期，王姓由今荣成十王坟入住青石岭。民国初年分治，本村王氏为主姓，称岭上王家。聚落呈团块状分布。经济以种植业、林业、畜牧业为主，主要农作物有小麦、玉米、花生、苹果。

乐园 371003-B02-H53

［Lèyuán］

在区驻地天福街道东方向 17.9 千米。大水泊镇辖自然村。人口 200。明朝末期，屯杨家杨乐园受雇来此佃耕，以首居者之名称村。聚落呈团块状分布。经济以种植业、林业、畜牧业为主，主要农作物有小麦、玉米、花生、苹果。

东邹山 371003-B02-H54

［Dōngzōushān］

在区驻地天福街道东南方向 18.9 千米。大水泊镇辖自然村。人口 300。清初，福建古田王氏来邹山西头立村，故名。1955 年实行农业合作社制，成立两个合作社。自此分村自治，称东邹山。聚落呈团块状分布。经济以种植业、林业、畜牧业为主，主要农作物有小麦、玉米、花生、苹果。

西邹山 371003-B02-H55

［Xīzōushān］

在区驻地天福街道东南方向 17.9 千米。大水泊镇辖自然村。人口 300。清朝初期，王姓由福建省古田县迁至此安村，位处邹山西头，故名。聚落呈团块状分布。经济以种植业、林业、畜牧业为主，主要农作物有小麦、玉米、花生、苹果。

屯宋家 371003-B02-H56

［Túnsòngjiā］

在区驻地天福街道东南方向 14.3 千米。大水泊镇辖自然村。人口 500。明初，九顶埠宋氏来此建村。官府收缴皇粮，临时储藏于此，故有南囤、北囤之称。南囤即此，后缀姓氏称囤宋家，演写今名。聚落呈带状分布。经济以种植业、林业、畜牧业为主，主要农作物有小麦、玉米、花生、苹果。

碾头 371003-B02-H57

[nièshóu]

在区驻地天福街道西南方向68.9千米。大水泊镇辖自然村。人口400。明末，今荣成北港西张氏来此建村，南有著石，名称碾石，遂以石命村名碾头，后传为今名。聚落呈团块状分布。经济以种植业、林业、畜牧业为主，主要农作物有小麦、玉米、花生、苹果。

后土埠岭 371003-B02-H58

[Hòutǔbùlǐng]

在区驻地天福街道东方向12.8千米。大水泊镇辖自然村。人口300。明中期，大水泊于氏来土阜之北立村。土阜之阳，有村称土埠岭，本村称后土埠岭。聚落呈团块状分布。经济以种植业、林业、畜牧业为主，主要农作物有小麦、玉米、花生、苹果。

小庄子 371003-B02-H59

[Xiǎozhuāngzi]

在区驻地天福街道东方向12.8千米。大水泊镇辖自然村。人口100。聚落呈团块状分布。清初，林家店范氏来此开旅店，称范家店。陈家埠王氏继后入住，并改今名。经济以种植业、林业、畜牧业为主，主要农作物有小麦、玉米、花生、苹果。

毕家店 371003-B02-H60

[Bìjiādiàn]

在区驻地天福街道东方向22.3千米。大水泊镇辖自然村。人口100。明朝天启年间，文城东关毕氏来此经营旅店，冠以姓氏命名毕家店。聚落呈团块状分布。经济以种植业、林业、畜牧业为主，主要农作物有小麦、玉米、花生、苹果。

荣家店 371003-B02-H61

[Róngjiādiàn]

在区驻地天福街道东南方向10.1千米。大水泊镇辖自然村。人口400。此处原为口子荣氏田产，建茅屋设临时农点，称东店子。清康熙时，为耕作收获之宜，迁此居住，渐成聚落，称今名。聚落呈团块状分布。经济以种植业、林业、畜牧业为主，主要农作物有小麦、玉米、花生、苹果。

五垧地 371003-B02-H62

[Wǔshǎngdì]

在区驻地天福街道东南方向10.1千米。大水泊镇辖自然村。人口200。清朝康熙年间，方家疃乔氏来佃耕五垧之地，故名。聚落呈团块状分布。经济以种植业、林业、畜牧业为主，主要农作物有小麦、玉米、花生、苹果。

三庄 371003-B02-H63

[Sānzhuāng]

在区驻地天福街道东方向15.8千米。大水泊镇辖自然村。人口500。清朝初期，李、许、于三姓分别自泽头、香山、小沟来居，建老石、东崖、沟申家。清末，三村合治，故名。聚落呈团块状分布。古迹有三座夯土古墓，曾出土唐代铜佛。经济以种植业、林业、畜牧业为主，主要农作物有小麦、玉米、花生、苹果。

崖下 371003-B02-H64

[Yáxià]

在区驻地天福街道南方向6.5千米。大水泊镇辖自然村。人口100。明末，江山泊孙氏来此临河溪居于陡崖之下，故名。聚落呈团块状分布。经济以种植业、林业、畜牧业为主，主要农作物有小麦、玉米、花生、苹果。

南疃 371003-B02-H65

［Nántuǎn］

在区驻地天福街道东方向 11.6 千米。大水泊镇辖自然村。人口 200。清咸丰时，西南台于姓，南迁至此安居。居于主村之南，称南疃。1961 年分村自治，名称袭旧。聚落呈团块状分布。经济以种植业、林业、畜牧业为主，主要农作物有小麦、玉米、花生、苹果。

山后张家 371003-B02-H66

［Shānhòuzhāngjiā］

在区驻地天福街道南方向 11.9 千米。大水泊镇辖自然村。人口 600。今荣成青山后张氏于明正德时，来佛爷顶后立村，后缀姓氏称山后张家。经济以种植业、林业、畜牧业为主，主要农作物有小麦、玉米、花生、苹果。

山后孙家 371003-B02-H67

［Shānhòusūnjiā］

在区驻地天福街道东南方向 13.1 千米。大水泊镇辖自然村。人口 1 000。明朝中期，今荣成斥山孙姓来佛爷顶后立村，故名。经济以种植业、林业、畜牧业为主，主要农作物有小麦、玉米、花生、苹果。

山后王家 371003-B02-H68

［Shānhòuwángjiā］

在区驻地天福街道东南方向 13.1 千米。大水泊镇辖自然村。人口 800。明朝末期，王姓由文城迁来此处安村。因坐落于鹁鸽山后（今称佛爷顶），故名山后王家。经济以种植业、林业、畜牧业为主，主要农作物有小麦、玉米、花生、苹果。

方家疃 371003-B02-H69

［Fāngjiātuǎn］

在区驻地天福街道南方向 9.8 千米。大水泊镇辖自然村。人口 300。方氏祖居洪水岚。元朝初期，来此处安村，以姓氏命名方家疃。经济以种植业、林业、畜牧业为主，主要农作物有小麦、玉米、花生、苹果。副业有香菇培植。

因寺桥 371003-B03-H01

［Yīnsìqiáo］

张家产镇人民政府驻地。在区驻地天福街道南方向 10.8 千米。人口 700。明朝万历年时，峰山王氏、窦家头赵氏近桥居住，分别称上因寺桥、下因寺桥。后合为一村，称因寺桥。聚落呈团块状分布。有幼儿园 1 所。经济以种植业为主，主要农作物有小青南瓜、洋芋、小胡萝卜、甜菜等。有公路经此。

张家产 371003-B03-H02

［Zhāngjiāchǎn］

在区驻地天福街道南方向 12.0 千米。张家产镇辖自然村。人口 900。此处本为张氏家族之田产，故名产里。其族人于清初，由附近张家庵来此居住，称张家产。聚落呈团块状分布。有图书室。经济以林果业、种植业为主，主要农作物有小麦、花生、玉米、地瓜、苹果等。

岚村 371003-B03-H03

［Láncūn］

在区驻地天福街道南方向 8.3 千米。张家产镇辖自然村。人口 500。明万历时，今乳山孙家埠孙氏来槲栎林建村，此木经冬叶不落，俗称不落，故名村不落岚子，简称岚村。聚落呈团块状分布。有图书室。经济以林果业、种植业为主，主要农作物有小麦、花生、玉米、地瓜、苹果等。

沟西 371003-B03-H04

［Gōuxī］

在区驻地天福街道南方向 7.6 千米。张家产镇辖自然村。人口 200。明朝万历年间，窦家头赵氏迁来安村。坐落山口隘道之南，故命名口子前。东傍河沟，别称沟西，作今名。聚落呈团块状分布。经济以林果业、种植业为主，主要农作物有小麦、花生、玉米、地瓜、苹果等。

登登口 371003-B03-H05
[Dēngdēngkǒu]

在区驻地天福街道南方向 8.4 千米。张家产镇辖自然村。人口 600。明末，王姓濒河临隘道居住。傍村河床，人行其上似擂鼓，噔噔鸣响，故名。聚落呈团块状分布。有图书室。经济以种植业、林果业为主。

山阴沟 371003-B03-H06
[Shānyīngōu]

在区驻地天福街道南方向 8.5 千米。张家产镇辖自然村。人口 300。清道光年间时，处双顶山阴峡谷，易今名。聚落呈团块状分布。经济以种植业、林果业为主，主要农作物有花生、玉米、地瓜、苹果、桃。

大官庄 371003-B03-H07
[Dàguānzhuāng]

在区驻地天福街道南方向 9.7 千米。张家产镇辖自然村。人口 600。古代文登官署在此设官庄。明中期，莱阳姜山苏氏，来官庄居住，且人口众多，称大官庄。聚落呈团块状分布。有图书室。经济以林果业、种植业为主，主要农作物有小麦、花生、玉米、地瓜、苹果等。

顾家 371003-B03-H08
[Gùjiā]

在区驻地天福街道南方向 9.7 千米。张家产镇辖自然村。人口 400。明末，顾姓由云南王陵来居，冠以姓氏命名顾家。聚落呈团块状分布。有图书室。经济以种植业、林果业为主，主要农作物有花生、玉米、地瓜、苹果、梨等。

水井 371003-B03-H09
[Shuǐjǐng]

在区驻地天福街道南方向 24.8 千米。张家产镇辖自然村。人口 600。明成化时，客岭丛氏来此安居，此有山泉味甘凛冽，久旱不涸，清泉代井汲饮，故名。聚落呈团块状分布。有图书室。经济以种植业、林果业为主，主要农作物有花生、玉米、地瓜等。

田家床 371003-B03-H10
[Tiánjiāchuáng]

在区驻地天福街道南方向 15.0 千米。张家产镇辖自然村。人口 500。明初，徐姓于此建徐家疃。明成化年间，今环翠区田氏来居，濒临昌阳河，建田家床。合治称今名。聚落呈团块状分布。有图书室。经济以种植业、林果业为主，主要农作物有玉米、花生、地瓜等。

车卧岛 371003-B03-H11
[Chēwòdǎo]

在区驻地天福街道南方向 11.3 千米。张家产镇辖自然村。人口 1 100。明初，母猪河岸栾家栾氏来居。村南原有尼姑庵，香火无继。佛像运往北之白佛寺，行至村西河，车翻卧倒，佛像毁坏。以遗事称车卧倒，雅化今称。经济以养殖业、种植业为主，主要农作物有小麦、玉米、花生和苹果等。

邹家床 371003-B03-H12
[Zōujiāchuáng]

在区驻地天福街道南方向 11.3 千米。张家产镇辖自然村。人口 600。清康熙初，威海崮山后西南邹氏临昌阳河床立村，故名邹家床。聚落呈团块状分布。有图书室。经济以种植业、林果业为主，主要农作物有小麦、花生、玉米、地瓜、苹果等。

军营 371003-B03-H13
[Jūnyíng]

在区驻地天福街道南方向12.7千米。张家产镇辖自然村。人口100。明中期，斥山军籍周氏来此屯耕。明朝募兵制度，凡有军籍之户，长子袭父职，称军牙；庶子从军，称军余，服丁役。此为有军籍之户周氏庶子，服丁役之地，故名军余。旧志载："甘泉都·七里·军與。"军與为军余之误，又讹为军营。聚落呈团块状分布。经济以林果业、种植业为主，主要农作物有小麦、花生、玉米、地瓜等。初张公路经此。

东官道 371003-B03-H14
[Dōngguāndào]

在区驻地天福街道南方向15.9千米。张家产镇辖自然村。人口600。明初，文城刘氏来此建村，东西与南北官道在其南交汇，故名官道。西邻村亦称官道，冠东示别。聚落呈团块状分布。有图书室。经济以林果业、种植业为主，主要农作物有小麦、花生、玉米、地瓜、苹果等。

高村 371003-B04-H01
[Gāocūn]

高村镇人民政府驻地。在区驻地天福街道东南方向18.1千米。人口3 000。宋初，高姓始居，故名。聚落呈团块状分布。有图书室。有民间艺术高村丑秧歌，俗名丑秧歌。经济以种植业为主，主要农作物有小麦、玉米、西洋参。有公路经此。

万家 371003-B04-H02
[Wànjiā]

在区驻地天福街道东南方向15.4千米。

高村镇辖自然村。人口1 100。明初，苟姓建村，称苟家庄。光绪《文登县志人物》："梁尊涵，字心芳，荣成人，致仕后居邑东南之苟家庄，子孙因家焉。"后梁姓来居，更名万家庄。远近皆袭旧称，音形意不一。1981年，为避重名，更名万家。聚落呈团块状分布。古迹有万家墓冢；特色建筑有省级文物保护单位梁氏庄园，为梁尊涵及后人所建，是胶东地区最大古建筑群体。经济以种植业为主，主要农作物有哈密瓜、柠檬、球芽甘蓝、葡萄、小胡瓜。有公路经此。

汤泊阳 371003-B04-H03
[Tāngpōyáng]

在区驻地天福街道东南方向15.8千米。高村镇辖自然村。人口700。明嘉靖时，文城于氏来此凤凰山阳坡安居，位处呼雷汤北，故名汤坡阳，演变今名。聚落呈带状分布。经济以种植业、工商业、林业、畜牧业为主，主要农作物有小麦、玉米、大豆、苹果。

河南邢家 371003-B04-H04
[Hénánxíngjiā]

在区驻地天福街道东南方向13.8千米。高村镇辖自然村。人口100。明万历时，岛集邢氏来建坤龙邢家。1961年，在坤龙水库淹没区，原聚落一分为三。本村居青龙河拐弯内，村北临河，称河南邢家。聚落呈团块状分布。经济以种植业、林业、畜牧业为主，主要农作物有小麦、玉米、大豆、苹果。

虎山 371003-B04-H05
[Hǔshān]

在区驻地天福街道东南方向17.8千米。高村镇辖自然村。人口600。明成化时，张姓近虎山立村，称虎山张家。后来村无张姓，简称虎山。聚落呈团块状分布。经济以种植业、林业、畜牧业为主，主要农作物有小麦、玉米、大豆、苹果。

靳家 371003-B04-H06
[Jìnjiā]

在区驻地天福街道东南方向14.0千米。高村镇辖自然村。人口300。明中期，靳姓以姓氏立村。聚落呈团块状分布。经济以种植业、林业、畜牧业为主，主要农作物有小麦、玉米、花生、苹果。

慈口观 371003-B04-H07
[Cíkǒuguān]

在区驻地天福街道东南方向11.0千米。高村镇辖自然村。人口400。光绪《文登县志》载："慈口观在城东南25里，鸺鹠山西南麓。康熙乙巳（1665）重修。"明万历时，万家周姓近道观立村，故名。聚落呈团块状分布。经济以种植业、林业、畜牧业为主，主要农作物有小麦、玉米、大豆、苹果。

二甲 371003-B04-H08
[Èrjiǎ]

在区驻地天福街道东南方向13.0千米。高村镇辖自然村。人口1 000。元碑载："第三都高村"。古代户籍编制称保甲，元时，都、里、保、甲皆以序数命名。陡埠周氏来此第二甲居住，故名。聚落呈团块状分布。经济以种植业、林业、畜牧业为主，主要农作物有小麦、玉米、大豆、苹果。

脉田 371003-B04-H09
[Màitián]

在区驻地天福街道东南方向16.1千米。高村镇辖自然村。人口900。明代，今荣成伯家疃伯姓迁此安村，地近麦田，故名，演写作脉田。聚落呈团块状分布。古迹有大汶口中期文化类型遗址。经济以种植业、林业、畜牧业为主，主要农作物有小麦、玉米、大豆、苹果。

沙柳 371003-B04-H10
[Shāliǔ]

高村镇辖自然村。人口1 600。元末，周姓濒河沙洲居住，沙柳成林，阴翳蔽日，故名沙柳周家，简称今名。聚落呈团块状分布。经济以种植业、林业、畜牧业为主，主要农作物有小麦、玉米、大豆、苹果。

莲花城 371003-B04-H10
[Liánhuāchéng]

在区驻地天福街道东南方向11.3千米。高村镇辖自然村。人口700。因村东有摩崖古石刻莲花城图案，更名莲花城。聚落呈团块状分布。经济以种植业、畜牧业为主，主要农作物有小麦、玉米、大豆、苹果。

泽库 371003-B05-H01
[Zékù]

泽库镇人民政府驻地。在区驻地天福街道东南方向29.2千米。人口2 200。因村南为沼泽地，积水成潭，故名。聚落呈带状分布。经济以种植业、林果业为主，主要农作物有玉米、大豆。特色经济主要有海洋捕捞、滩涂养殖、水产品加工、国际海上商贸运输、毛皮动物养殖等。有公路经此。

慈家滩 371003-B05-H02
[Cíjiātān]

在区驻地天福街道南方向32.0千米。泽库镇辖自然村。人口1 500。明永乐年间，寿光南慈村慈氏，入籍军户，濒港汉屯守。旧志载：甘泉都六里，慈家滩锅二口。民称村慈家滩。聚落呈团块状分布。经济以种植业、林果业为主，主要农作物有花生、玉米、地瓜等，有毛皮动物与海产品养殖。有公路经此。

花岛 371003-B05-H03
［Huādǎo］

在区驻地天福街道南方向 32.1 千米。泽库镇辖自然村。人口 1 100。明洪武十三年（1380），今荣成于家东庄于氏来此耕海煮盐谋生。居处为港汊岬角，遍生野花，浓郁芳香，故名花岛。聚落呈团块状分布。经济以养殖业、种植业为主，主要农作物有小麦、花生、玉米、地瓜、苹果等，有皮毛动物养殖。有公路经此。

辛旺庄 371003-B05-H04
［Xīnwàngzhuāng］

在区驻地天福街道南方向 25.6 千米。泽库镇辖自然村。人口 1 200。明末，王姓建村，初建称新王庄，雅化为辛旺庄。又据传说，辛、王二姓首居于此，以姓氏命名辛王庄，音转作今名。聚落呈团块状分布。经济以养殖业、种植业为主，主要农作物有小麦、花生、玉米、地瓜、苹果等。有公路经此。

长会口 371003-B05-H05
［Chánghuìkǒu］

在区驻地天福街道南方向 26.1 千米。泽库镇辖自然村。人口 2 100。清光绪《文登县志·山川》载："长会海口在城南 60 里，海船自南而北赴张家埠者，必经此。"清乾隆时，李家疃李氏濒长形海湾口北岸建村，称长湾口，讹写今名。聚落呈团块状分布。经济以养殖业、种植业为主，主要农作物有小麦、花生、玉米、地瓜、苹果等，有毛皮动物、海参、滩涂贝类等养殖。有公路经此。

滩西头 371003-B05-H06
［Tānxītóu］

在区驻地天福街道南方向 27.8 千米。泽库镇辖自然村。人口 1 200。明初，佃里杨氏来港汊滩地之西建村，称滩西头。聚落呈团块状分布。经济以养殖业、种植业为主，主要农作物有小麦、花生、玉米、地瓜、苹果等，有皮毛动物养殖。有公路经此。

港南 371003-B05-H07
［Gǎngnán］

在区驻地天福街道南方向 28.5 千米。泽库镇辖自然村。人口 800。明朝末期，下河吴氏濒靖海湾港汊南立村，故名。聚落呈团块状分布。经济以种植业、林果业、养殖业为主，主要农作物有花生、玉米、地瓜等，有毛皮动物与滩涂贝类养殖。有公路经此。

侯家 371003-B06-H01
［Hóujiā］

侯家镇人民政府驻地。在区驻地天福街道南方向 19.7 千米。人口 1 500。古名八步前，清代以姓氏更今名。聚落呈团块状分布。有文化大院。经济以种植业为主，主要农作物有小麦、玉米、花生、地瓜、苹果。有公路经此。

二马 371003-B06-H02
［Èrmǎ］

在区驻地天福街道南方向 25.1 千米。侯家镇辖自然村。人口 900。明中期，九顶埠宋氏来居。文城刘氏，西廒邵氏继后入住。村之名称来历传说有二：其一，村北古墓地有两石雕马匹；其二，有二巨石，形似马。聚落呈带状分布。经济以种植业、畜牧业、林果业为主，主要农作物有小麦、玉米、花生、苹果等。

吴家滩 371003-B06-H03
［Wújiātān］

在区驻地天福街道南方向 17.6 千米。

侯家镇辖自然村。人口 900。传说吴姓祖居小云南黄道村。明初，来五垒岛湾北部东岸滩地立村，故名。聚落呈团块状分布。经济以种植业、畜牧业、林果业为主，主要农作物有小麦、玉米、花生、苹果等。

西泥沟 371003-B06-H04
[Xīnígōu]

在区驻地天福街道南方向 16.4 千米。侯家镇辖自然村。人口 500。清初，李姓自泽头来黄泥沟之西立村，称泥沟。嗣后，窦家头赵氏迁入，势力日众，称泥沟赵家。清道光间，小泽头邱姓入住，为主流，更名邱家。民国初年，分村自治，以方位称西泥沟。聚落呈带状分布。经济以种植业、畜牧业、林果业为主，主要农作物有小麦、玉米、花生、苹果等。有机械加工作坊。

江山泊 371003-B06-H05
[Jiāngshānpō]

在区驻地天福街道南方向 17.1 千米。侯家镇辖自然村。人口 300。明洪武二年（1369），威海江家寨江姓来依山居坡立村，得名江山坡，俗作江山泊。聚落呈带状分布。经济以种植业、畜牧业、林果业为主，主要农作物有小麦、玉米、花生、苹果等。

北石韩家 371003-B06-H06
[Běishíhánjiā]

在区驻地天福街道南方向 17.2 千米。侯家镇辖自然村。人口 200。明末，韩姓来近磐石立村，居南者称北石韩家。聚落呈团块状分布。经济以种植业、畜牧业、林果业为主，主要农作物有小麦、玉米、花生、苹果等。

东廒 371003-B06-H07
[Dōng'áo]

在区驻地天福街道南方向 19.8 千米。侯家镇辖自然村。人口 1 300。元时，李姓来居住，村后松林广袤，称大岚前。明嘉靖时，今荣成客岭刘氏入住。以近储盐廒仓，称廒上。廒上三村，冠方位示别，故名东廒。聚落呈团块状分布。经济以种植业、畜牧业、林果业为主，主要农作物有小麦、玉米、花生、苹果等，有毛皮动物养殖。

高家庄 371003-B06-H08
[Gāojiāzhuāng]

在区驻地天福街道南方向 30.1 千米。侯家镇辖自然村。人口 1 300。明朝，高姓建高家庄，高姓外迁英山前村。林村《林氏谱书》记载：清乾隆十五年（1750），林世芳入住，名称袭旧。聚落呈团块状分布。有图书室。经济以种植业、畜牧业、林果业为主，主要农作物有小麦、玉米、花生、苹果等。

寨颜家 371003-B06-H09
[Zhàiyánjiā]

在区驻地天福街道南方向 21.0 千米。侯家镇辖自然村。人口 300。元末，鲁西南颜氏自曲阜来此建村。明初，明王朝为御倭寇，在村西山之阳设土寨城，称寨颜家。聚落呈团块状分布。古迹有明初防御倭寇修筑土寨城，俗称颜家寨，城垣遗址尚存；寨城北山主峰为烽燧，与寨城为同时期物。经济以种植业、畜牧业、林果业为主，主要农作物有小麦、玉米、花生、苹果等。

时家滩 371003-B06-H10
[Shíjiātān]

在区驻地天福街道南方向 30.1 千米。侯家镇辖自然村。人口 500。明末，告驾口时姓来港汊滩地煮盐谋生，故名。聚落呈团块状分布。经济以种植业、畜牧业、林果业为主，主要农作物有小麦、玉米、花生、苹果等，有皮毛动物、淡水鱼、海洋水产品鱼虾等养殖。

崔家庄 371003-B06-H11
［Cuījiāzhuāng］

在区驻地天福街道南方向25.7千米。侯家镇辖自然村。人口200。清道光年间，崔姓自崔家口来居，取名崔家庄。聚落呈团块状分布。有农家书屋。经济以种植业、畜牧业、林果业为主，主要农作物有小麦、玉米、花生、苹果、西瓜。

朱家庄 371003-B06-H12
［Zhūjiāzhuāng］

在区驻地天福街道南方向30.6千米。侯家镇辖自然村。人口1 000。此处本为刘姓与迟姓的田庄。明末，朱姓来此守耕，以姓氏命名朱家庄。聚落呈团块状分布。有农家书屋。经济以种植业、畜牧业、林果业为主，主要农作物有小麦、玉米、花生、苹果等。

宋村 371003-B07-H01
［Sòngcūn］

宋村镇人民政府驻地。在区驻地天福街道西南方向14.7千米。人口2 500。宋氏临汉昌阳城建宋村。明朝又建韩家庄、杨家庄。清中期，村庄并治。因姓得名。聚落呈团块状分布。历史建筑有革命烈士纪念塔。经济以种植业、林果业为主，主要农作物有花生、玉米、苹果等。有公路经此。

徐格庄 371003-B07-H02
［Xúgézhuāng］

在区驻地天福街道西南方向14.9千米。宋村镇辖自然村。人口700。元初，胥姓由文城迁此处安村。以姓氏命名为胥格庄。至清朝中期，徐姓入住，渐成主流，改今称。聚落呈团块状分布。经济以林果业、种植业为主，主要农作物有小麦、花生、玉米、苹果等。

双石 371003-B07-H03
［Shuāngshí］

宋村镇辖自然村。人口600。清顺治十八年（1661），神格庄毕氏来居。北山阳坡，屹立成对著石，故名双石。聚落呈散状分布。经济以林果业、种植业为主，主要农作物有小麦、玉米、花生、苹果等。

寺前 371003-B07-H04
［Sìqián］

在区驻地天福街道西南方向13.3千米。宋村镇辖自然村。人口1 300。清光绪《文登县志·寺观》载："湾东寺，古名湾头寺，在城西南30里，创建无考。"明万历时，套河床南岸万家疃（今无此村）丛氏，迁湾东寺前安村，故名。聚落呈带状分布。经济以林果业、种植业为主，主要农作物有小麦、花生、玉米、地瓜、大豆、苹果等。

青岭 371003-B07-H05
［Qīnglǐng］

在区驻地天福街道西南方向16.4千米。宋村镇辖自然村。人口900。明嘉靖时期，刘姓居于马岭东侧，称岭东。1981年，为避重名，改今称。聚落呈团块状分布。经济以种植业为主，主要农作物有小麦、花生、玉米、地瓜、大豆等。

青龙夼 371003-B07-H06
［Qīnglóngkuǎng］

在区驻地天福街道西南方向15.3千米。宋村镇辖自然村。人口700。明中期，大床于氏近狭长青草夼居住，雅称青龙夼。聚落呈团块状分布。经济以林果业、种植业为主，有人工林地400余亩，主要农作物有小麦、花生、玉米、地瓜、大豆、苹果等。

周格庄 371003-B07-H07
［Zhōugézhuāng］

在区驻地天福街道西南方向18.6千米。宋村镇辖自然村。人口1 400。元末，周氏建村，以姓氏命名。宋村般阳路总管宋信之裔人入住，沿袭原名。聚落呈团块状分布。经济以林果业、种植业为主，主要农作物有小麦、花生、玉米、地瓜、苹果、葡萄等。

草埠 371003-B07-H08
［Cǎobù］

在区驻地天福街道西南方向20.0千米。宋村镇辖自然村。人口900。宋末，斥山十王坟王氏来土阜立村，丛草莽莽，故名。聚落呈团块状分布。经济以林果业、种植业为主，主要农作物有小麦、花生、玉米、苹果等。

郭家店 371003-B07-H09
［Guōjiādiàn］

在区驻地天福街道西南方向17.8千米。宋村镇辖自然村。人口1 100。明朝中期，山后郭家郭氏来经营旅店，以姓氏命名郭家店。聚落呈团块状分布。经济以林果业、种植业为主，主要农作物有小麦、玉米、花生、苹果等。

姚山头 371003-B07-H10
［Yáoshāntóu］

在区驻地天福街道西南方向21.3千米。宋村镇辖自然村。人口1 600。清光绪《文登县志·山川》载：“姚山头海口在城西南八十里窑头岛下，一名窑头口，久废。旧志有远岛寨城，疑即此。”清末以前，为渔商小港，因淤塞而废。昔产海米称姚米者，即以此命名。聚落呈团块状分布。经济以林果业、种植业为主，主要农作物有小麦、玉米、花生、苹果等。

南马 371003-B07-H11
［Nánmǎ］

在区驻地天福街道西南方向9.8千米。宋村镇辖自然村。人口900。明初，宫、于两姓分别由葛家和泽头孔格庄迁来。居于马山之阳，依山称村，冠方位示别。聚落呈团块状分布。经济以种植业、林果业为主，主要农作物有小麦、花生、玉米、苹果等。

曲疃庄 371003-B07-H12
［Qūtuǎnzhuāng］

在区驻地天福街道西南方向11.2千米。宋村镇辖自然村。人口1 600。此处原为曲氏地产田庄。明末，刘、曲、林等姓受雇佃耕，逐渐形成聚落，称曲疃庄。聚落呈团块状分布。经济以林果业、种植业为主，主要农作物有小麦、花生、玉米、地瓜、苹果等。

紫金山 371003-B07-H13
［Zǐjīnshān］

宋村镇辖自然村。人口600。明崇祯九年（1636），姚山头姚氏来此建村。位居紫荆山阳，山以紫荆树得名，演作紫金山。聚落呈团块状分布。经济以林果业、种植业为主，主要农作物有小麦、花生、玉米、苹果等。

鹁鸽崖 371003-B07-H14
［Bógēyá］

在区驻地天福街道西南方向10.3千米。宋村镇辖自然村。人口700。明初，田姓建村，居处三面岩壁陡峭。鹁鸽于山崖安巢，故名鹁鸽崖。聚落呈团块状分布。经济以林果业、种植业为主，主要农作物有小麦、玉米、红薯、花生、苹果、樱桃等。

城东 371003-B07-H15
［Chéngdōng］

宋村镇辖自然村。人口1 000。明成化

年间，文城峰山王萃，居昌阳古城东门外，故名。聚落呈团块状分布。经济以林果业、种植业为主，主要农作物有小麦、花生、玉米等。

泽头 371003-B08-H01
[Zétóu]

泽头镇人民政府驻地。在区驻地天福街道西南方向21.9千米。人口2 200。元朝，李姓迁此定居。因位于沼泽地西首，故名。聚落呈团块状分布。经济以种植业为主，主要农作物有小麦、玉米、花生、苹果、西洋参等。青威高速经此。

西望仙庄 371003-B08-H02
[Xīwàngxiānzhuāng]

在区驻地天福街道西南方向29.9千米。泽头镇辖自然村。人口500。清属迎仙都八里，名称苏家。1932年属第三区（原迎仙区）林村镇，名称望仙庄。1948年属昆嵛县特秀区，名作西望仙庄。聚落呈团块状分布。经济以养殖业、种植业为主，主要农作物有小麦、玉米、花生、苹果等，有奶牛、毛皮动物养殖。有公路经此。

倪家庄 371003-B08-H03
[Níjiāzhuāng]

在区驻地天福街道西南方向25.0千米。泽头镇辖自然村。人口200。倪姓祖居莱阳，明后期迁南于疃。明朝末，再迁于此，以姓氏命名倪家庄。聚落呈散状分布。经济以养殖业、种植业为主，主要农作物有小麦、玉米、花生、苹果等，有毛皮动物养殖。有公路经此。

西程格 371003-B08-H04
[Xīchénggé]

在区驻地天福街道西南方向24.6千米。泽头镇辖自然村。人口600。清朝初期，程姓立村，以姓氏命名程格庄。嗣后，王、李二姓入住，沿袭旧称。1949年分治，称西程格。聚落呈散状分布。有图书室。经济以养殖业、种植业为主，主要农作物有小麦、玉米、花生、苹果等。有公路经此。

北桥 371003-B08-H05
[Běiqiáo]

在区驻地天福街道西南方向21.6千米。泽头镇辖自然村。人口500。明初，王姓由安徽省（民称小云南）迁此。位居牛七埠之北，称小北庄。明朝嘉靖十九年（1540），杨姓自今荣成杨家寨入住，清朝乾隆五年（1740），南建桥，命名迎仙桥，更名北桥。聚落呈团块状分布。有图书室。经济以养殖业、种植业为主，主要农作物有小麦、玉米、花生、苹果等。有公路经此。

眠虎岭 371003-B08-H06
[Miánhǔlǐng]

在区驻地天福街道西南方向29.0千米。泽头镇辖自然村。人口300。清朝光绪三十一年（1905），小埠徐姓受雇来此看守山林草场，背一眠虎岭，故名。聚落呈团块状分布。经济以养殖业、种植业为主，主要农作物有小麦、玉米、花生、苹果等。有公路经此。

下泊子 371003-B08-H07
[Xiàpōzi]

在区驻地天福街道西南方向26.7千米。泽头镇辖自然村。人口1 000。清朝初期，爬山后徐家徐姓来坡地安村，以姓氏命名徐家坡子，后坡字讹变为泊，亦以地势称下泊子。聚落呈团块状分布。经济以养殖业、种植业为主，主要农作物有小麦、玉米、花生、苹果等，有奶牛、毛皮动物养殖。有公路经此。

徐家 371003-B08-H08
［Xújiā］

在区驻地天福街道西南方向26.0千米。泽头镇辖自然村。人口600。光绪《文登县志·山川》载："昆山在城西五十里。山上石笋林立。山北即江苏巡抚徐士林故居，士林晚号'昆山老人'，以此。"裴姓始居，临蚬子湾，称蚬子埠。明崇祯十五年（1642），崮山后白马徐氏来居，遂易今名。聚落呈团块状分布。有图书室。经济以养殖业、种植业为主，主要农作物有小麦、玉米、花生、苹果等。有公路经此。

大宋家 371003-B08-H09
［Dàsòngjiā］

在区驻地天福街道西南方向27.6千米。泽头镇辖自然村。人口600。明初，九顶埠宋姓来此安村，以姓氏命名宋家。清初，宋氏分籍别居，北徙里余，称小宋家，本村称大宋家。聚落呈散状分布。经济以养殖业、种植业为主，主要农作物有小麦、玉米、花生、苹果等，有奶牛养殖等项目。

岛集 371003-B08-H10
［Dǎojí］

在区驻地天福街道西南方向25.3千米。泽头镇辖自然村。人口2 000。元至元二十六年（1289），始祖迁此陆连岛，称岛里，别称邢家岛。明中后期设集，称南岛集，亦称岛里集，简称岛集。聚落呈团块状分布。经济以种植业为主，主要农作物有小麦、玉米、花生、苹果等。有公路经此。

唐疃 371003-B08-H11
［Tángtuǎn］

在区驻地天福街道西南方向26.9千米。泽头镇辖自然村。人口900。明万历间，今荣成石磨邢家邢举首居于此。唐氏继后来此开旅店，称唐家店。逐渐形成村落，更

名唐疃。聚落呈团块状分布。有图书室。经济以种植业为主，主要农作物有小麦、玉米、花生、苹果等。有公路经此。

望岛 371003-B08-H12
［Wàngdǎo］

在区驻地天福街道西南方向34.9千米。泽头镇辖自然村。人口800。元至元十六年（1279），安徽凤阳府定远县邱子山前五坡岭邢氏航海至此，其地为陆连岛，岛峰高耸，航海者易望，视为标识，故名。聚落呈团块状分布。有图书室。经济以养殖业、种植业为主，主要农作物有小麦、玉米、花生、苹果等，有海产品养殖等项目。有公路经此。

东团岚埠 371003-B08-H13
［Dōngtuánlánbù］

在区驻地天福街道西南方向32.8千米。泽头镇辖自然村。人口600。明朝，杨姓始居。莱阳蚬子湾王氏继后入住，濒临港汊居土阜，后为海汊滩涂，故名滩南阜。清光绪十六年（1890），林村林氏来居迁。1932年称团岚卜。1948年名作东团岚埠。聚落呈团块状分布。有图书室。经济以养殖业、种植业为主，主要农作物有小麦、玉米、花生、苹果等，有奶牛养殖。有公路经此。

小观 371003-B09-H01
［Xiǎoguān］

小观镇人民政府驻地。在区驻地天福街道西南方向30.1千米。人口1 000。以村近小观庙得名。经济以养殖业、种植业为主，主要农作物有小麦、玉米、花生，有狐狸、貂等特种养殖。有公路经此。

东浪暖 371003-B09-H02
［Dōnglàngnuǎn］

在区驻地天福街道西南方向30.0千米。

小观镇辖自然村。人口 1 000。因此处位于黄垒河口东岸，南近大海，初称浪浪口。又因在河东岸，遂命名东浪浪口。后浪浪口演称浪暖口，故本村更名东浪暖口，简称东浪暖。聚落呈团块状分布。经济以养殖业、种植业为主，主要农作物有小麦、玉米、花生，有狐狸、貂等特种养殖。有公路经此。

葛家 371003-B10-H01
[Gějiā]

葛家镇人民政府驻地。在区驻地天福街道西方向 18.5 千米。人口 3 500。相传，唐代葛姓始居，名葛家庄。因村中设集，又名葛家集，亦称葛家。聚落呈团块状分布。有文化大院、文体中心。经济以种植业、林果业为主，主要农作物有玉米、花生、苹果等。有机械、石材等企业。有公路经此。

大背后 371003-B10-H02
[Dàbēihòu]

在区驻地天福街道西方向 24.4 千米。葛家镇辖自然村。人口 300。明中期，王姓从牟平城北关来此安居。南有韩氏墓地大碑，称大碑后。民国初年，从雅避俗更今名。聚落呈团块状分布。经济以种植业、畜牧业、林果业、养殖业为主，主要农作物有小麦、玉米、大豆、苹果。

上卧龙 371003-B10-H03
[Shàngwòlóng]

在区驻地天福街道西方向 21.1 千米。葛家镇辖自然村。人口 200。清朝初期，王姓来此安居。地势凹陷，方言俗称窝窿，雅化卧龙。卧龙两村，冠上示别。聚落呈团块状分布。经济以种植业、畜牧业、林果业、养殖业为主，主要农作物有小麦、玉米、大樱桃、苹果、梨。

黄龙岘 371003-B10-H04
[Huánglóngxiàn]

在区驻地天福街道西方向 27.5 千米。葛家镇辖自然村。人口 1 200。明洪武年间，周姓来此安居，西为山口隘道，当地方言俗称山口为岘，北有黄龙庙，故名黄龙岘。聚落呈团块状分布。经济以种植业、畜牧业、林果业、养殖业为主，主要农作物有小麦、玉米、地瓜、大樱桃、苹果、梨。

昆阳 371003-B10-H05
[Kūnyáng]

在区驻地天福街道西方向 27.3 千米。葛家镇辖自然村。人口 200。元时，宫氏建村，以姓氏命名为宫家庄。今乳山宋、王二姓相继入住。1981 年 7 月，为避重名，以位处昆嵛山之阳，更名昆阳。聚落呈团块状分布。经济以种植业、畜牧业、林果业、养殖业为主，主要农作物有小麦、玉米、地瓜、大樱桃、苹果、梨。

西于疃 371003-B10-H06
[Xīyútuǎn]

在区驻地天福街道西方向 26.0 千米。葛家镇辖自然村。人口 1 600。金朝以前，俞姓便在圣经山前安居，以姓氏命名俞疃。后书写避繁就简，作于疃。清初，分村自治，本村居西，称西于疃。聚落呈团块状分布。经济以种植业、旅游业、畜牧业、林果业、养殖业为主，主要农作物有小麦、玉米、地瓜、大樱桃、苹果、梨。

英山前 371003-B10-H07
[Yīngshānqián]

在区驻地天福街道西方向 23.2 千米。葛家镇辖自然村。人口 1 000。明朝末期，母猪河西岸高家庄高姓来此安村，位处英山之阳，故命名英山前。聚落呈团块状分布。

经济以种植业、旅游业、畜牧业、林果业、养殖业为主，主要农作物有小麦、玉米、地瓜、大樱桃、苹果、梨，饲养奶牛、奶山羊、毛猪等。

潘家上口 371003-B10-H08
[Pānjiāshàngkǒu]

在区驻地天福街道西方向 20.5 千米。葛家镇辖自然村。人口 300。元初，潘姓临隘道立村，且近独立磐石，称大石口前。明末，南建村称下口，本村遂称潘家上口。聚落呈团块状分布。有文化大院。经济以种植业、畜牧业、林果业为主，主要农作物有小麦、玉米、地瓜、大樱桃、苹果、梨。

刘家上口 371003-B10-H09
[Liújiāshàngkǒu]

在区驻地天福街道西方向 28.0 千米。葛家镇辖自然村。人口 400。清初，宋村台上刘家在此购地设田庄。清乾隆年间，宗族分居来此安居，属潘家上口。民国初年，独立自治，冠以姓氏命名刘家上口。聚落呈团块状分布。经济以种植业、畜牧业、林果业为主，主要农作物有小麦、玉米、地瓜、大樱桃、苹果。

占甲埠 371003-B10-H10
[Zhànjiǎbù]

在区驻地天福街道西方向 25.9 千米。葛家镇辖自然村。人口 600。清光绪《文登县志·都里》迎仙都一里，有占家埠。此地当原为占家地产，故名占家埠。聚落呈团块状分布。经济以种植业、畜牧业、林果业为主，主要农作物有小麦、玉米、地瓜、大樱桃、苹果。

林子西 371003-B10-H11
[Línzǐxī]

在区驻地天福街道西方向 28.7 千米。

葛家镇辖自然村。人口 900。明朝初期，马姓从今乳山海阳所迁来此安居。东为茂密森林，故命名林子西。聚落呈团块状分布。经济以种植业、旅游业、畜牧业、林果业、养殖业为主，主要农作物有小麦、玉米、地瓜、大樱桃、苹果、梨等，饲养奶牛、奶山羊、猪等。

赤金泊 371003-B10-H12
[Chìjīnpō]

在区驻地天福街道西方向 21.9 千米。葛家镇辖自然村。人口 2 000。光绪《文登县志·山川》载："猪牙湾在城西 30 里，赤金泊东，泊多汗下。"村濒猪牙湾，湾与池同属水系，俱为蓄水之地，俗语池湾不分，称池子泊。嗣后斥山于姓入居，演变为赤金泊。聚落呈团块状分布。有文化大院。经济以种植业、畜牧业、林果业、加工业为主，主要农作物有小麦、玉米、地瓜、大樱桃、苹果，兼有花卉苗木种植。

东崔家口 371003-B10-H13
[Dōngcuījiākǒu]

在区驻地天福街道西方向 29.1 千米。葛家镇辖自然村。人口 2 000。明弘治年间，崔姓由莱阳崔家庄来此安居。临近险要隘口，名槲山口，或作虎山口，冠以姓氏命村名崔家口。清朝末期，分为东西两村，本村居东，称东崔家口。聚落呈团块状分布。经济以种植业、养殖业、林果业为主，主要农作物有小麦、玉米、地瓜、大樱桃、苹果，兼有花卉苗木种植。

铺集 371003-B10-H14
[Pùjí]

在区驻地天福街道西方向 25.8 千米。葛家镇辖自然村。人口 1 400。此为古代驿站急递铺。明嘉靖年间，郭子于氏来此居住，称铺里。清顺治年间，谭与隋姓分别从谭家口、生格庄迁来。1916年后设集，称铺集。聚落呈带状分布。有图书室。经济以种植业、养殖业、林果业为主，主要农作物有小麦、玉米、地瓜、苹果，兼有花卉苗木种植。

祝家泊子 371003-B10-H15
[Zhùjiāpōzi]

在区驻地天福街道西方向 26.2 千米。葛家镇辖自然村。人口 700。清朝，祝姓由牟平城南门外来此安居。位处平缓山坡，故名祝家坡子，讹坡为泊。聚落呈团块状分布。有文化活动中心。经济以种植业为主，主要农作物有小麦、玉米、地瓜、苹果，兼有花卉苗木种植。

院东 371003-B10-H16
[Yuàndōng]

在区驻地天福街道西南方向 23.6 千米。葛家镇辖自然村。人口 1 600。清初，王、丛、张、诸姓分别来自青龙夼、文城、汤村相继迁入。清光绪《文登县志·寺观》载："大圣寺，古名大圣院，亦曰院东寺，盖取圣水院之东而名。"聚落呈团块状分布。经济以种植业、畜牧业、林果业为主，主要农作物有小麦、玉米、花生、苹果等。

大英 371003-B10-H17
[Dàyīng]

在区驻地天福街道西南方向 26.1 千米。葛家镇辖自然村。人口 800。明朝初期，胶东半岛为倭患重灾区，半岛东部设置"三卫"防倭。此为卫所屯田军户聚落，以军编制称营，演变为大英。聚落呈团块状分布。经济以种植业、畜牧业、林果业为主，主要农作物有小麦、玉米、花生、地瓜、苹果等。

东谭家口 371003-B10-H18
[Dōngtánjiākǒu]

在区驻地天福街道西方向 35.6 千米。葛家镇辖自然村。人口 1 500。明宣德年间，莱阳谭氏来此隘口通道之东建村，以姓氏命名谭家口。清朝中后期，以四神庙为界，分为东、西谭家口，此村居于东，故名。聚落呈团块状分布。经济以种植业、畜牧业、林果业为主，主要农作物有小麦、玉米、花生、地瓜、苹果等。

西谭家口 371003-B10-H19
[Xītánjiākǒu]

在区驻地天福街道西方向 35.4 千米。葛家镇辖自然村。人口 1 600。明宣德年间，莱阳谭氏来此隘口通道之东建村，以姓氏命名谭家口。清朝中后期，以四神庙为界，分为东、西谭家口，此村居于西，故名。聚落呈带状分布。经济以种植业、养殖业为主，主要农作物有小麦、玉米、花生、地瓜、苹果，有奶牛、奶山羊养殖。

松油 371003-B10-H20
[Sōngyóu]

在区驻地天福街道西南方向 27.7 千米。葛家镇辖自然村。人口 900。明崇祯年间，谭家口谭氏来松林岩崖下建村，故名松岩底。1914 年，县政府将村名误记为松油底，简称今名。聚落呈团块状分布。经济以种植业、畜牧业、林果业为主，主要农作物有小麦、玉米、花生、西洋参、苹果等。

南长岚 371003-B10-H21
[Nánchánglán]

在区驻地天福街道西南方向 27.7 千米。葛家镇辖自然村。人口 600。明崇祯年间，宁姓、王姓建村。临近长形山林，方言习称山林为岚，故名长岚。本村居南，称南长岚。聚落呈团块状分布。经济以种植业、畜牧业、林果业为主，主要农作物有小麦、玉米、花生、苹果等。

于家口 371003-B10-H22

[Yújiākǒu]

在区驻地天福街道西南方向 33.8 千米。葛家镇辖自然村。人口 1 700。明万历年间，于氏由道口迁来居住。此为通衢隘口咽喉之要地，以姓氏命名于家口。聚落呈带状分布。有文化活动中心。经济以种植业、畜牧业、加工业、林果业为主，主要农作物有小麦、玉米、花生、苹果、葡萄等，有奶牛、奶山羊养殖。

横口 371003-B11-H01

[Héngkǒu]

米山镇人民政府驻地。在区驻地天福街道西方向 13.8 千米。人口 1 200。明万历年间，今环翠区羊亭西南孙氏迁来，初居地窨，上搭草棚，称窝隆铺。他村戏谑为"窝拉"。清朝嘉庆初年，孙氏族人仁能嫌名俗气，依据近村东西向天然沟壑，更名横口。聚落呈带状分布。经济以种植业、林果业为主，主要农作物有小麦、玉米、花生、苹果等。桃威铁路、309 国道经此。

米山 371003-B11-H02

[Mǐshān]

在区驻地天福街道西方向 15.1 千米。米山镇辖自然村。人口 700。清光绪《文登县志 · 山川》载："密山在城西 25 里，东连木渚，西接崮山，幽岩秀石，多奇怪状。"明隆庆时，栖霞蛇窝泊隋氏来密山之阳立村。清末，更名米山。聚落呈带状分布。经济以种植业、林果业为主，主要农作物有小麦、玉米、花生、苹果等。

范家屯 371003-B11-H03

[Fànjiātún]

在区驻地天福街道西方向 14.1 千米。米山镇辖自然村。人口 200。清道光年间，范家店范氏来此建村，以姓氏命名范家屯。聚落呈团块状分布。有农家书屋。经济以种植业、林果业为主，主要农作物有小麦、玉米、花生、苹果等。

南崮头 371003-B11-H04

[Nángùtóu]

在区驻地天福街道西方向 19.8 千米。米山镇辖自然村。人口 300。元朝元统二年（1334），窦家头赵氏来崮头集之南立村，以方位命名南崮头。聚落呈团块状分布。经济以种植业、养殖业、林果业为主，主要农作物有小麦、玉米、花生、苹果，有奶山羊和奶牛养殖等。

垛夼 371003-B11-H05

[Duòkuǎng]

在区驻地天福街道西方向 16.4 千米。米山镇辖自然村。人口 400。清光绪十一年（1885），后山后丛氏受雇，来大草夼为富户看管山林草场，称大夼。"大"，古代读音若"舵"，音转垛夼。经济以种植业、林果业为主，主要农作物有玉米、花生、苹果等。

西铺头 371003-B11-H06

[Xīpūtóu]

在区驻地天福街道西方向 9.8 千米。米山镇辖自然村。人口 1 000。明朝末年，徐格庄姜氏迁来安村。旧志载："城西十二里有幞头山，山石突出，形似幞头，其下为幞头村。"以居幞头山之阳，故名幞头，演变为铺头。铺头两村，本村居西，称西铺头。聚落呈团块状分布。经济以种植业、林果业为主，主要农作物有小麦、玉米、花生、草莓等。

郭格庄 371003-B11-H07

[Guōgézhuāng]

在区驻地天福街道西方向 11.8 千米。

米山镇辖自然村。人口 1 000。明洪武年间，西团岚埠王氏来为郭姓看管茔地，始称郭家埠，清末易今名。聚落呈团块状分布。有农家书屋。经济以种植业、林果业为主，主要农作物有小麦、玉米、花生、苹果等。

西山后 371003-B11-H08
[Xīshānhòu]

在区驻地天福街道西方向 17.8 千米。米山镇辖自然村。人口 700。明朝后期，后山后于氏迁此居住，称于家山后。以山后为名者四村，本村居西，更名西山后。聚落呈带状分布。有农家书屋。经济以种植业、林果业为主，主要农作物有小麦、玉米、花生、草莓和苹果等，兼有淡水鱼养殖。

佛东夼 371003-B11-H09
[Fódōngkuǎng]

在区驻地天福街道西方向 13.9 千米。米山镇辖自然村。人口 800。明成化年间，莱阳战家沟战氏来佛岭庙之东草夼立村，故名佛东夼。聚落呈带状分布。有农家书屋。经济以种植业、林果业为主，主要农作物有小麦、玉米、花生、苹果等。

大山前 371003-B11-H10
[Dàshānqián]

在区驻地天福街道西南方向 18.5 千米。米山镇辖自然村。人口 400。明正统年间，斥山于氏，来撤簪山前立村，故名大山前。聚落呈团块状分布。经济以种植业、林果业为主，主要农作物有小麦、玉米、花生、苹果、草莓等，兼有淡水鱼养殖。

南庄 371003-B11-H11
[Nánzhuāng]

在区驻地天福街道西南方向 4.5 千米。米山镇辖自然村。人口 1 100。清嘉庆年间，文城东南李姓搬来建村，因在山之阳，故

名。聚落呈团块状分布。古迹有新石器时期遗址。经济以种植业为主，有草莓、葡萄、火龙果采摘园。桃威铁路、309 国道经此。

大界石 371003-B12-H01
[Dàjièshí]

界石镇人民政府驻地。在区驻地天福街道西北方向 21.8 千米。人口 1 100。村近界碑石，故名。聚落呈团块状分布。经济以种植业、畜牧业、林果业为主，主要农作物有小麦、玉米、花生、苹果等。有公路经此。

新炉 371003-B12-H02
[Xīnlú]

在区驻地天福街道西北方向 22.3 千米。界石镇辖自然村。人口 400。明朝中期，初村岛子前孙姓来此安居，建烘炉锻铁谋生，称作炉上。1981 年 7 月，为避重名，改称新炉。聚落呈团块状分布。经济以种植业、畜牧业、林果业为主，主要农作物有小麦、玉米、花生、苹果等。

旸里店 371003-B12-H03
[Yánglǐdiàn]

在区驻地天福街道西北方向 26.4 千米。界石镇辖自然村。人口 200。明朝末期，孙姓由牟平棘子园迁来此安村，经营旅店，称小店。清初，王姓入住，亦开旅店，称南店子，本村遂称北店子。1961 年分村自治，袭用旧称。1981 年为避重名，此地为远古旸里谷，更名旸里店。聚落呈团块状分布。经济以种植业、畜牧业、林果业为主，主要农作物有小麦、玉米、花生、苹果等。

蒋家疃 371003-B12-H04
[Jiǎngjiātuǎn]

在区驻地天福街道西北方向 31.1 千米。界石镇辖自然村。人口 300。明朝中期，文

登营漩夼蒋姓迁来安村，以姓氏命名蒋家疃。聚落呈散状分布。经济以种植业、畜牧业、林果业为主，主要农作物有小麦、玉米、花生、苹果等。

板桥 371003-B12-H05
[Bǎnqiáo]

在区驻地天福街道西北方向20.5千米。界石镇辖自然村。人口500。金元古村。光绪《文登县志·仓储》载："西抵宁海曰十里铺，曰曹家铺，曰管山铺，曰板桥铺，曰旸里铺，各向去10里。"金元设驿站，板桥铺即此，以村南河木板桥命名。聚落呈团块状分布。经济以种植业、畜牧业、林果业为主，主要农作物有小麦、玉米、花生、苹果等。

南鲁家埠 371003-B12-H06
[Nánlǔjiābù]

在区驻地天福街道西北方向19.5千米。界石镇辖自然村。人口400。清中期，大水泊于氏来濒张格河建村。河滩芦苇荡一望无际，且北有村称芦家埠，本村遂称南芦家埠，演变为鲁家埠。后因所在位置改为南鲁家埠。聚落呈团块状分布。经济以种植业、畜牧业、林果业为主，主要农作物有小麦、玉米、花生、苹果等。

晒字 371003-B12-H07
[Shàizì]

在区驻地天福街道西北方向23.6千米。界石镇辖自然村。人口500。晒，以方音测之，读音若筛，当是方言洒。洒，深峻，陡峭貌。其地南临深堑，形胜天险，东有通衢。壑崖之磐石，称金龙石洒子，以石名村。亦作筛子，讹为晒字。聚落呈团块状分布。经济以种植业、畜牧业、林果业为主，主要农作物有小麦、玉米、花生、苹果等。设有磨坊、修理铺、饭店等。

三瓣石 371003-B12-H08
[Sānbànshí]

在区驻地天福街道西北方向25.4千米。界石镇辖自然村。人口100。此有巨石，名为石，实若山，裂为三瓣，以罕见奇石得名。聚落呈散状分布。经济以种植业、畜牧业、林果业为主，主要农作物有小麦、玉米、花生、苹果等。

梧桐庵 371003-B12-H09
[Wútóng'ān]

在区驻地天福街道西北方向35.8千米。界石镇辖自然村。人口100。清乾隆三十五年（1770），大水泊书香世家于树杰，字桐庵。辟地幽居，以字称村，演变为梧桐庵。聚落呈团块状分布。经济以种植业、畜牧业、林果业为主，主要农作物有小麦、玉米、花生、苹果等。

六度寺 371003-B12-H10
[Liùdùsì]

在区驻地天福街道西北方向35.8千米。界石镇辖自然村。人口400。明朝中期，阎、王姓相继来居，因寺得名。聚落呈散状分布。经济以种植业、畜牧业、林果业为主，主要农作物有小麦、玉米、花生、苹果等。

宫家庄 371003-B12-H11
[Gōngjiāzhuāng]

在区驻地天福街道西方向35.8千米。界石镇辖自然村。人口200。明洪武年间，山洪暴发冲毁柳林庄，宫姓北迁两千米，重建村庄，以姓氏命名宫家庄。聚落呈团块状分布。经济以种植业、畜牧业、林果业为主，主要农作物有小麦、玉米、花生、苹果等。

软枣林 371003-B12-H12
[Ruǎnzǎolín]

在区驻地天福街道西方向25.2千米。

界石镇辖自然村。人口300。明朝末期，王姓由葛家议城来此安居。此间君迁子成林，木名俗称圆枣，故名圆枣林，演变为软枣林。聚落呈团块状分布。经济以种植业、畜牧业、林果业为主，主要农作物有小麦、玉米、花生、苹果等。

楚岘 371003-B12-H13
[Chǔxiàn]

在区驻地天福街道西北方向23.3千米。界石镇辖自然村。人口700。清初，今乳山海阳所马姓，临险要关隘立村。隘口石骨嶙峋，方言：岩石裸露曰礤（硵），隘口曰岘。故名礤岘。聚落呈团块状分布。经济以种植业、畜牧业、林果业为主，主要农作物有小麦、玉米、花生、苹果等。

柳林庄 371003-B12-H14
[Liǔlínzhuāng]

在区驻地天福街道西北方向25.8千米。界石镇辖自然村。人口700。宫姓建村，年代无考。聚落依山沿河，河柳密不透风，遮天蔽日，故名。聚落呈团块状分布。经济以种植业、畜牧业、林果业为主，主要农作物有小麦、玉米、花生、苹果等。

桃花岘 371003-B12-H15
[Táohuāxiàn]

在区驻地天福街道西北方向24.5千米。界石镇辖自然村。人口900。此处唐宋以前已有居民。据传，元朝，江姓来桃花岭下居住，北、东为岘口，故名桃花岘。聚落呈团块状分布。经济以种植业、畜牧业、林果业为主，主要农作物有小麦、玉米、花生、苹果等。

崮山后 371003-B12-H16
[Gùshānhòu]

界石镇辖自然村。人口900。前有高耸入云、山势陡峭之崮山，故名崮山后。聚落呈团块状分布。经济以种植业、畜牧业、林果业为主，主要农作物有小麦、玉米、花生、苹果等。

吕家上口 371003-B12-H17
[Lǚjiāshàngkǒu]

在区驻地天福街道西方向21.7千米。界石镇辖自然村。人口500。元末，今河北省三河县吕氏来隘道居住，以地势称吕家上口。聚落呈团块状分布。经济以种植业、畜牧业、林果业为主，主要农作物有小麦、玉米、花生、苹果等。

刘家产 371003-B12-H18
[Liújiāchǎn]

在区驻地天福街道西方向19.2千米。界石镇辖自然村。人口400。清初，文城鸭湾街刘氏来此佃耕甘泉寺田产。寺东设三处佃耕点，俱称产。此点居南，别名前产，或南产。清中期，刘姓为主流，称刘家产。聚落呈团块状分布。经济以种植业、畜牧业、林果业为主，主要农作物有小麦、玉米、花生、苹果等。

荣成市

城市居民点

盛仕文苑小区 371082-I01
[Shèngshì Wényuàn Xiǎoqū]

在市境北部。住户208户。总面积11.9公顷。因周边教育资源丰富，建筑结构中式素雅而命名。2009年始建，2013年正式使用。建筑总面积110 000平方米，多层住宅楼15栋，现代建筑风格。绿化率45.1%。有小学、幼儿园、便民超市、卫生室等配套设施。通公交车。

鑫水华庭小区 371082-I02
[Xīnshuǐ Huátíng Xiǎoqū]

在市境东北部。住户 241 户。总面积 4.3 公顷。取四水归堂，宁静礼让之意，故名。2012 年始建，2014 年正式使用。建筑总面积 289 865.4 平方米，住宅楼 28 栋，其中高层 6 栋、多层 22 栋，现代建筑风格。绿化率 36%。有小学、幼儿园、便民超市、卫生室等配套设施。通公交车。

自在澜湾小区 371082-I03
[Zìzài Lánwān Xiǎoqū]

在市境东南部。住户 1 868 户。总面积 4 公顷。旨在打造居水边"坐看云起时"的体验，故名。2012 年始建，2014 年正式使用。建筑总面积 122 125.37 平方米，高层住宅楼 14 栋，现代建筑风格。绿化率 32%。有小学、幼儿园、便民超市、卫生室等配套设施。通公交车。

妇幼小区 371082-I04
[Fùyòu Xiǎoqū]

在市境东北部。住户 330 户。总面积 1.7 公顷。因毗邻荣成市妇幼保健院而得名。2011 年始建，2012 年正式使用。建筑总面积 59 310 平方米，住宅楼 8 栋，其中高层 4 栋、多层 4 栋，现代建筑风格。绿化率 25%。有小学、幼儿园、便民超市、卫生室等配套设施。通公交车。

自在香滨小区 371082-I05
[Zìzài Xiāngbīn Xiǎoqū]

在市境东南部。住户 958 户。总面积 27 公顷。取滨湖自在之意，故名。2011 年始建，2012 年正式使用。建筑总面积 714 608.94 平方米，高层住宅楼 9 栋，现代建筑风格。绿化率 30%。有幼儿园、便民超市等配套设施。通公交车。

缔景城小区 371082-I06
[Dìjǐng Chéng Xiǎoqū]

在市境北部。住户 243 户。总面积 6.1 公顷。取打造城市新景象之意，故名。2011 年始建，2012 年正式使用。建筑总面积 70 731.7 平方米，多层住宅楼 18 栋，现代建筑风格。绿化率 35%。有便民超市、卫生室等配套设施。通公交车。

金帝桂都小区 371082-I07
[Jīndì Guìdū Xiǎoqū]

在市境东北部。住户 1 697 户。总面积 15.3 公顷。取高贵、典雅之意，因小区内主要绿化树木为金桂树，故名。2011 年始建，2013 年正式使用。建筑总面积 354 874.3 平方米，住宅楼 62 栋，其中高层 10 栋、多层 52 栋，现代建筑风格。绿化率 35%。有小学、幼儿园、便民超市、卫生室等配套设施。通公交车。

农村居民点

崖头 371082-A01-H01
[Yátóu]

在市驻地崖头街道西北方向 2.9 千米。崖头街道辖自然村。人口 7 600。宋末元初，张氏二甲始祖德义公由云南移民徒此定居，河水沿村东绕村南注入西河，两岸多大柳树，故名大柳村。嘉靖二年（1523），因河水改道，柳树被筏，村又以地处北社悬崖之头，更名崖头。聚落呈团块状分布。有幼儿园 1 所。经济以建筑业、商贸业为主，有振华商场、崖头集团、新世纪广场等。有公路经此。

新庄 371082-A01-H02
[Xīnzhuāng]

在市驻地崖头街道西方向 1.4 千米。崖头街道辖自然村。人口 2 500。明崇祯年间，许氏祖徙此定居此村，因地处原崖头张姓新建的庄子，故名新庄。聚落呈团块状分布。有幼儿园 1 所、文体广场 1 个、图书馆 1 个。经济以房地产开发为主。有公路经此。

台上邹家 371082-A01-H03
[Táishàngzōujiā]

在市驻地崖头街道北方向 0.1 千米。崖头街道辖自然村。人口 1 900。明天顺年间，始祖邹朝祥由今威海市环翠区嵩山后徙此建村，因地处山坡土台之上，故以姓氏命名台上邹家。聚落呈团块状分布。有幼儿园 1 所。经济以工副业为主，有建筑公司、纸箱厂、玻璃钢等企业。有公路经此。

青山后张家 371082-A01-H04
[Qīngshānhòuzhāngjiā]

在市驻地崖头街道西北方向 3.5 千米。崖头街道辖自然村。人口 800。元朝末年，王氏祖徙此定居成村，因位于青山之后，故名青山后张家。聚落呈团块状分布。有文体广场 1 个、农家书屋 1 个。经济以种植业、养殖业、工副业为主。有公路经此。

道北于家 371082-A01-H05
[Dàoběiyújiā]

在市驻地崖头街道东方向 2.0 千米。崖头街道辖自然村。人口 600。因地处古官道之北，故名道北于家。聚落呈团块状分布。有小学 1 所、文体广场 1 个、农家书屋 1 个。经济以畜牧养殖、海上养殖、建筑及运输业为主。有公路经此。

青山后吕家 371082-A01-H06
[Qīngshānhòulǚjiā]

在市驻地崖头街道北方向 2.9 千米。崖头街道辖自然村。人口 500。村位于青山之后，故名青山后吕家村。聚落呈团块状分布。

有中学 1 所、有文体广场 1 个、农家书屋 1 个。经济以种植业、养殖业、工副业等为主。有公路经此。

碌对岛 371082-A01-H07
[Lùduìdǎo]

在市驻地崖头街道东南方向 4.2 千米。崖头街道辖自然村。人口 700。清康熙年间，曲、孙两姓分别徙至碌对岛，分两处定居，皆称碌对岛，后合为一村。聚落呈团块状分布。有文体广场 1 个、农家书屋 1 个。经济以养殖、捕捞及海洋产品加工为主，有水产养殖公司、陆通电力安装公司、食品加工厂等。有公路经此。

黎明 371082-A01-H08
[Límíng]

在市驻地崖头街道西南方向 1.7 千米。崖头街道辖自然村。人口 1 600。为纪念黎明种植业合作社三年生产规划而命名。聚落呈团块状分布。有文体广场 1 个、图书馆 1 个。有印刷厂、隆泰化工厂、天和房地产等企业。有公路经此。

海崖 371082-A01-H09
[Hǎiyá]

在市驻地崖头街道南方向 2.5 千米。崖头街道辖自然村。人口 2 000。以村处斜口流海岸西岸，命名海崖。聚落呈团块状分布。有图书室 1 个。有古迹龙庙井。经济以种植业、商贸业、建筑业为主，有果蔬种植批发。有公路经此。

西龙家 371082-A01-H10
[Xīlóngjiā]

在市驻地崖头街道东北方向 5.1 千米。崖头街道辖自然村。人口 2 500。明万历二十年（1592），龙氏国正徙此定居建村，因地处祖籍之西，故名西龙家。聚落呈团块状分布。有文体广场 1 个、图书馆 1 个。经济以海产养殖业、建筑业为主，有龙源水产有限公司、龙源建筑工程有限公司、西龙基础工程公司、龙源砖厂等。有公路经此。

墙上宋家 371082-A01-H11

[Jiǎngshàngsòngjiā]

在市驻地崖头街道东北方向 3.0 千米。崖头街道辖自然村。人口 1 000。因地处山丘上，故名墙上宋家。聚落呈团块状分布。有文体广场 1 个、图书馆 1 个。经济以种植业、养殖业、工副业、建筑业为主，主要种植经济树木、小麦、玉米、花生。有公路经此。

东火塘寨 371082-A02-H01

[Dōnghuǒtángzhài]

在市驻地崖头街道南方向 27.8 千米。斥山街道辖自然村。人口 1 900。明嘉靖年间，始祖王锦江徙此建村，因村居火塘寨之东，故名东火塘寨。聚落呈团块状分布。有幼儿园 1 所、文化广场 1 个。有建筑公司、预制件厂、花生食品厂、冷藏厂以及养殖场等企业。201 省道经此。

西火塘寨 371082-A02-H02

[Xīhuǒtángzhài]

在市驻地崖头街道南方向 28.4 千米。斥山街道辖自然村。人口 2 900。明弘治年间，始祖王锦岱徙此定居成村，因村处火塘寨之西，故名西火塘寨。聚落呈团块状分布。有幼儿园 1 所、文体广场 3 个、农家书屋 1 个。经济以房地产、服务业为主，有建筑、建材、工业、化工、渔业捕捞及水产品冷藏加工、房地产开发、餐饮娱乐等多种行业。有公路经此。

斥山 371082-A02-H03

[Chìshān]

在市驻地崖头街道南方向 27.2 千米。斥山街道辖自然村。人口 2 300。明弘治末年，王氏始祖选址定居于此，因东南方有斥山，遂命名斥山。聚落呈团块状分布。经济以商贸业为主，有海产捕捞、水产品加工、房地产开发、运输及商业。有公路经此。

沟姜家 371082-A02-H04

[Gōujiāngjiā]

在市驻地崖头街道西南方向 29.6 千米。斥山街道辖自然村。人口 1 700。明永乐年间，始祖下第五代姜生徙此定居成村，因村处沟岙之地，故以姓氏命名为沟姜家。聚落呈团块状分布。经济以建筑业、养殖业、加工业为主，有实业集团公司，拥有捕捞、水产品加工及销售、建筑建材、商贸、鱼粉及网绳加工、畜牧业养殖、果品生产等企业。有公路经此。

盛家 371082-A02-H05

[Shèngjiā]

在市驻地崖头街道南方向 26.7 千米。斥山街道辖自然村。人口 1 700。明正统年间，始祖盛北金徙此建村，以姓氏命名盛家。聚落呈团块状分布。有文化广场 1 个。经济以种植业、养殖业为主。有特产火烧。有公路经此。

范家 371082-A02-H06

[Fànjiā]

在市驻地崖头街道南方向 27.2 千米。斥山街道辖自然村。人口 700。清道光十四年（1834），先祖由文登遮阳山迁徙至此，定居成村，因姓氏取名范家。聚落呈团块状分布。经济以房地产开发为主。有公路经此。

石龙山前 371082-A02-H07

[Shílóngshānqián]

在市驻地崖头街道南方向 26.0 千米。斥山街道辖自然村。人口 200。清乾隆年间,始祖刘浓由客岭村迁此定居成村,以村处石龙山前,故名石龙山前。聚落呈带状分布。有文体广场 1 个。经济以种植业为主。有公路经此。

北窑 371082-A02-H08

[Běiyáo]

在市驻地崖头街道南方向 30.4 千米。斥山街道辖自然村。人口 900。村民以烧窑为业,名窑上初家。后以河分界,分成两村,此村居北,更名北窑。聚落呈团块状分布。有文体广场 2 个、农家书屋 1 个。经济以种植业为主,有个体养殖场 4 处。有公路经此。

南窑 371082-A02-H09

[Nányáo]

在市驻地崖头街道南方向 30.7 千米。斥山街道辖自然村。人口 800。村民以烧窑为业,名窑上初家。后以河分界,分成两村,此村居南,更名南窑。聚落呈团块状分布。有文体广场 1 个。经济以养殖业为主,主要饲养貂、貉、狐狸。有公路经此。

南庄 371082-A03-H01

[Nánzhuāng]

在市驻地崖头街道东南方向 22.3 千米。东山街道辖自然村。人口 1 400。因居石头河村之南,故名石头河南庄,后简化为南庄。聚落呈团块状分布。有文体广场 2 个、农家书屋 1 个。经济以种植业、养殖业、制造业为主,种植小麦、玉米、花生,养殖海带、牡蛎。有船舶装配件厂。有公路经此。

双榜泊 371082-A03-H02

[Shuāngbǎngpō]

在市驻地崖头街道东南方向 23.7 千米。东山街道辖自然村。人口 400。古时某年,村中有举子二人赴京赶考,一榜双中,又因居处为泊地,故名双榜泊。聚落呈团块状分布。有文体广场 1 个、农家书屋 1 个。经济以种植业、养殖业为主,种植小麦、玉米、花生,养殖鱼虾。有公路经此。

甲子山 371082-A03-H03

[Jiǎzishān]

在市驻地崖头街道东南方向 20.4 千米。东山街道辖自然村。人口 600。因地处架子山北麓,故名架子山后,后以其谐音改称甲子山。聚落呈团块状分布。有文体广场 1 个。经济以种植业为主,运输业、服务业为辅,种植粮油作物、果蔬。有公路经此。

楼底下 371082-A03-H04

[Lóudǐxià]

在市驻地崖头街道东南方向 16.9 千米。东山街道辖自然村。人口 400。清康熙年间,毕姓始祖毕遇亭由八河毕家徙此定居,村处古楼之下,故名楼底下。聚落呈团块状分布。有图书阅览室 1 个。经济以种植业、采矿业为主,种植小麦、玉米、花生。矿山生产优质石材。有公路经此。

八河孔家 371082-A03-H05

[Bāhékǒngjiā]

在市驻地崖头街道东南方向 15.9 千米。东山街道辖自然村。人口 300。清雍正年间,孔姓始祖徙此定居成村,因村处八河港南,故名八河孔家。聚落呈团块状分布。经济以种植业、养殖业为主,种植小麦、玉米、花生,养殖牡蛎。有龙湖采摘园。有公路经此。

龙山后 371082-A03-H06

[Lóngshānhòu]

在市驻地崖头街道东南方向18.9千米。东山街道辖自然村。人口600。明万历年间，毕姓始祖毕进举由文登徙此建村，居位于龙山北麓，故名龙山后。聚落呈带状分布。经济以种植业、养殖业为主，种植小麦、玉米、花生，养殖猪、貂。有公路经此。

柳树 371082-A03-H07

[Liǔshù]

在市驻地崖头街道东南方向19.2千米。东山街道辖自然村。人口1 100。明正统年间，孙姓始祖由关外徙此定居成村，因地处柳树成林的河边，故名柳树。聚落呈团块状分布。有文体广场1个。经济以种植业、养殖业为主，种植小麦、玉米、花生，养殖奶牛、肉牛。有公路经此。

八河王家 371082-A03-H08

[Bāhéwángjiā]

在市驻地崖头街道东南方向16.3千米。东山街道辖自然村。人口200。清康熙年间，王姓始祖由徙此定居成村，因村临八河港，故名八河王家。聚落呈团块状分布。经济以种植业、渔业为主，种植小麦、玉米、花生。有公路经此。

八河姚家 371082-A03-H09

[Bāhéyáojiā]

在市驻地崖头街道东南方向15.7千米。东山街道辖自然村。人口100。清乾隆年间，姚姓始祖姚景荣徙此定居成村。因村处八河港南，故名八河姚家。聚落呈团块状分布。有文体广场1个。经济以种植业、养殖业为主，种植小麦、玉米、花生，产海参、对虾等水产品。有公路经此。

王家庄 371082-A04-H01

[Wángjiāzhuāng]

在市驻地崖头街道南方向22.7千米。王连街道辖自然村。人口600。明嘉靖年间，王氏祖天祥迁此定居成村，以姓氏命名王家庄。聚落呈团块状分布。有中学1所。经济以种植业、养殖业为主，种植小麦、玉米、花生、大豆，养殖猪、羊等。有机电厂、面粉厂、塑料厂、石材加工厂。有公路经此。

东岛刘家 371082-A04-H02

[Dōngdǎoliújiā]

在市驻地崖头街道南方向17.6千米。王连街道辖自然村。人口1 000。明万历年间，刘氏祖启性迁此定居成村。因村处三面濒海之东岛上，故以姓氏命名东岛刘家。聚落呈团块状分布。有文体广场3个、农家书屋1个。经济以种植业为主，种植小麦、玉米。有公路经此。

大汛姜家 371082-A04-H03

[Dàxùnjiāngjiā]

在市驻地崖头街道南方向20.8千米。王连街道辖自然村。人口400。元朝末年，姜姓徙此定居成村，因地处沿海，每当大汛时，海水涨至村边，故以姓氏命名大汛姜家。聚落呈团块状分布。有文体广场2个、农家书屋1个。经济以种植业为主，种植小麦、玉米、花生、地瓜。有公路经此。

寨前于家 371082-A04-H04

[Zhàiqiányújiā]

在市驻地崖头街道南方向22.6千米。王连街道辖自然村。人口400。明崇祯年间，于氏祖徙此定居成村，因村处胡口寨之前，故以姓氏命名寨前于家。聚落呈团块状分布。经济以种植业、林果业、养殖业为主，种植小麦、玉米、花生、大豆。有公路经此。

寨前峨石 371082-A04-H05
[Zhàiqián'éshí]

在市驻地崖头街道南方向 23.4 千米。王连街道辖自然村。人口 400。清康熙年间，王氏祖徙此定居成村，后因地处峨石山前、古寨之南得名寨前峨石。聚落呈团块状分布。有文体广场 1 个、农家书屋 1 个。经济以种植业、养殖业为主，种植苗木、花卉，养殖奶牛、跑山鸡。有公路经此。

客岭 371082-A04-H06
[Kèlǐng]

在市驻地崖头街道南方向 30.7 千米。王连街道辖自然村。人口 1 300。清末年，为了发展村庄，盼各姓客居此地，村北又有山岭环抱，故更名客岭。聚落呈团块状分布。有文体广场 2 个、农家书屋 1 个。经济以种植业、林果业为主。有公路经此。

南桥头 371082-A04-H07
[Nánqiáotóu]

在市驻地崖头街道南方向 25.0 千米。王连街道辖自然村。人口 1 400。清康熙年间，王氏祖守高、守贵兄弟两人徙此定居成村，因地处古桥南头，故名南桥头。聚落呈带状分布。经济以种植业为主，种植花生、地瓜、大豆、高粱等。有冷藏厂、个体水产品加工等企业。有公路经此。

沟曲家 371082-A04-H08
[Gōuqūjiā]

在市驻地崖头街道南方向 23.9 千米。王连街道辖自然村。人口 800。明天启年间，曲姓由云南徙此定居成村，因地处山沟，故以姓氏命名沟曲家。聚落呈带状分布。有文体广场 2 个、农家书屋 1 个。经济以种植业、养殖业为主，种植小麦、玉米、花生，养殖肉食鸡。有公路经此。

马岭许家 371082-A04-H09
[Mǎlǐngxǔjiā]

在市驻地崖头街道南方向 26.1 千米。王连街道辖自然村。人口 800。宋景定年间，许氏祖忠刚、忠志由云南徙迁此定居成村，因地处马岭山前，故以姓氏命名马岭许家。聚落呈团块状分布。有文体广场 1 个、农家书屋 1 个。有黏土厂、砖厂、废塑料加工厂、鱼粉厂、养狐场、养猪场、养牛场、建材厂。有公路经此。

桃园 371082-A05-H01
[Táoyuán]

在市驻地崖头街道东南方向 23.9 千米。桃园街道辖自然村。人口 1 100。明崇祯年间，于姓徙此定居成村，因临桃树园，故名桃园。聚落呈团块状分布。有幼儿园 1 所、文体广场 1 个、农家书屋 1 个。经济以远洋捕捞、近海养殖、房地产开发等为主。有公路经此。

山前 371082-A05-H02
[Shānqián]

在市驻地崖头街道东南方向 25.4 千米。桃园街道辖自然村。人口 800。清康熙年间，始祖周文、周武兄弟二人徙此定居成村，因地处朝阳洞山之前，故名山前。聚落呈团块状分布。有文体广场 1 个、农家书屋 1 个。经济以种植业、养殖业、捕捞业为主，种植小麦、玉米、花生、大豆、地瓜等，有水产品加工厂、盐渍海带加工厂、育苗场。有公路经此。

青木寨 371082-A05-H03
[Qīngmùzhài]

在市驻地崖头街道东南方向 25.9 千米。桃园街道辖自然村。人口 400。清乾隆年间，周氏祖田增徙此定居。因村临青明寨，村以寨为名，1950 年更名为青木寨。聚落呈团块状分布。有文体广场1个、农家书屋1个。经济以渔业捕捞、海水养殖为主,养殖牡蛎、海带、扇贝、海虹等。有公路经此。

西南海 371082-A05-H04

[Xīnánhǎi]

在市驻地崖头街道东南方向25.4千米。桃园街道辖自然村。人口500。清康熙年间,曲姓由东山曲家迁入,村名为西南海曲家,后因村南靠近大海,故更名西南海。聚落呈团块状分布。有文体广场1个、农家书屋1个。有名胜古迹朝阳洞。经济以种植业、养殖业为主,种植小麦、玉米、大豆、地瓜、花生等,盛产海带、鲜蛤、牡蛎、海参和各种鱼类等。有公路经此。

东南海 371082-A05-H05

[Dōngnánhǎi]

在市驻地崖头街道东南方向25.3千米。桃园街道辖自然村。人口500。清康熙年间,王氏祖徙至黄海之滨定居成村,因村西有西南海曲家,故名东南海。聚落呈团块状分布。有文体广场1个、农家书屋1个。经济以种植业为主,种植小麦、玉米、大豆、地瓜、花生、葡萄等。有毛皮养殖用地、海参养殖基地等。有公路经此。

宁津所 371082-A06-H01

[Níngjīnsuǒ]

在市驻地崖头街道东南方向19.7千米。宁津街道辖自然村。人口1 200。明洪武三十一年(1398)置宁津所,村以所得名宁津所。聚落呈团块状分布。有幼儿园1所。经济以种植业、养殖业为主,种植小麦、玉米、花生、地瓜、大豆等。有公路经此。

东墩 371082-A06-H02

[Dōngdūn]

在市驻地崖头街道东南方向22.7千米。

宁津街道辖自然村。人口1 400。明嘉靖年间,始祖刘宝由文登高村徙此定居成村,以烟墩及其方位命名为东墩。聚落呈团块状分布。有文体广场3个、农家书屋1个。经济以种植业、养殖业、工副业、水产品加工业为主。有渔业公司、小型塑料厂、铸造厂、面粉加工厂。有公路经此。

留村 371082-A06-H03

[Liúcūn]

在市驻地崖头街道东南方向33.5千米。宁津街道辖自然村。人口800。元至元年间,程氏祖佰通由河南省洛阳徙此定居成村。因此处襟山带水,始祖盼后裔世代留居此地,故名为留村。聚落呈团块状分布。有文体广场1个、农家书屋1个。村西有荣成市文物保护单位元代古石墓群,村西南有全国重点文物保护单位留村古墓。经济以渔业为主,主产对虾、鲍鱼,有养猪、养兔、水产品加工厂等企业。有公路经此。

渠隔 371082-A06-H04

[Qúgé]

在市驻地崖头街道东南方向31.5千米。宁津街道辖自然村。人口600。元至正年间,始祖张钦兄弟五人徙此定居成村,因有水渠把村隔成南北两段,故名渠隔。聚落呈团块状分布。有文体广场1个、农家书屋1个。有国家级非物质文化遗产海草房。经济以种植业为主,主产紫菜、海带。有采石场、大理石建材厂、海带养殖场等。有公路经此。

东苏家 371082-A06-H05

[Dōngsūjiā]

在市驻地崖头街道东南方向22.8千米。宁津街道辖自然村。人口400。明万历年间,始祖苏玩兄弟三人由四川眉山徙此定居成村,以姓氏命名苏家,1981年更名东苏家。聚落呈团块状分布。有文体广场1个。经济以种植业、养殖业、工副业为主。有公路经此。

北场 371082-A06-H06
[Běicháng]

在市驻地崖头街道东南方向22.1千米。宁津街道辖自然村。人口300。清康熙年间，张氏祖日友由本街道渠隔村徙至渠隔北场定居建村，故名北场。聚落呈团块状分布。有文体广场2个、农家书屋1个。经济以种植业、养殖业、工副业为主，有海带养殖场。有公路经此。

马栏塂 371082-A06-H07
[Mǎlánjiāng]

在市驻地崖头街道东南方向17.3千米。宁津街道辖自然村。人口600。因地处高塂，村北原系宁津所武德将军建栏养马之地，故名马栏塂。聚落呈带状分布。有文体广场2个、农家书屋2个。经济以种植业、渔业为主，种植小麦、玉米、花生、地瓜、大豆等。渔业以捕捞、养殖为主，有冷藏、修船、养貂、育苗、海带养殖、牡蛎养殖、对虾养殖、海参养殖等产业。有公路经此。

所前王家 371082-A06-H08
[Suǒqiánwángjiā]

在市驻地崖头街道东南方向21.8千米。宁津街道辖自然村。人口300。清康熙年间，王氏始祖王甲、王超兄弟二人由文登市十里头迁至所前宁家东定居，名所前王家。聚落呈团块状分布。有文体广场2个、农家书屋1个。北临宁津所遗址。有海带养殖、养狐、养貂等产业。有公路经此。

周庄 371082-A06-H09
[Zhōuzhuāng]

在市驻地崖头街道东南方向20.8千米。宁津街道辖自然村。人口400。清末周姓渐

多，故称周家庄。1981年更名为周庄。聚落呈团块状分布。有文体广场1个、农家书屋1个。经济以种植业、养殖业为主，种植小麦、玉米、花生、地瓜，养殖海带、兔，另有工副业、水产品加工业。有公路经此。

止马滩 371082-A06-H10
[Zhǐmǎtān]

在市驻地崖头街道东南方向18.6千米。宁津街道辖自然村。人口200。因村临泥泞海滩，原宁津所官兵骑马巡哨到此止马，故名止马滩。聚落呈团块状分布。有文体广场1个、农家书屋1个。经济以种植业、养殖业、近海捕捞业等为主，种植小麦、玉米、大豆、花生，有海带养殖场及养鱼、养虾池。有公路经此。

石岛街 371082-A07-H01
[Shídǎojiē]

在市驻地崖头街道南方向31.7千米。港湾街道辖自然村。人口2 900。明崇祯年间，各地渔民和商人相继迁于此地，以捕鱼和经商为业，因此地三面临海，一面依山，遍地皆石，故名石岛。1949年更名石岛街。聚落呈团块状分布。有文体广场1个、农家书屋1个。有冷藏厂、渔业机械厂。有公路经此。

桃树园 371082-A07-H02
[Táoshùyuán]

在市驻地崖头街道南方向31.9千米。港湾街道辖自然村。人口600。因村周围桃树较多，故名桃树园。聚落呈团块状分布。有文体广场1个、农家书屋1个。经济以房地产开发为主。有公路经此。

蚧口 371082-A07-H03
[Jièkǒu]

在市驻地崖头街道南方向34.2千米。

港湾街道辖自然村。人口300。清道光年间，张姓迁此看管山林、草场，定居成村，原海边有两个形似"蚧窝"的洞口，故以此命名蚧口。聚落呈团块状分布。有文体广场2个、农家书屋1个。有山东省种植业产业化重点龙头企业蚧口集团，山东省级著名商标"石岛王家湾"，为国家级皮张示范场、中国最大的貂狐养殖基地。有公路经此。

西车脚河 371082-A07-H04
[Xīchējiǎohé]

在市驻地崖头街道南方向29.9千米。港湾街道辖自然村。人口600。杨、王、苏、毕、连诸姓始祖相继迁至赤脚河两岸定居成村，以方位命名西车脚河。聚落呈带状分布。有小学1所、文化室1个。经济有果业、花卉种植、海带养殖、养貂、采石、理石加工、装卸运输、商业和房地产开发等。有公路经此。

北车脚河 371082-A07-H05
[Běichējiǎohé]

在市驻地崖头街道南方向29.1千米。港湾街道辖自然村。人口1 300。清康熙年间，王、毕等诸姓氏祖相继迁到赤脚河两岸定居成村，以方位命名北车脚河。聚落呈带状分布。有文体广场1个、农家书屋1个。经济以海水养殖业、建筑业为主。有公路经此。

南车脚河 371082-A07-H06
[Nánchējiǎohé]

在市驻地崖头街道南方向30.1千米。港湾街道辖自然村。人口2 600。清康熙年间，毕、王、苏、杨、连诸姓氏祖先，由各地相继迁至石岛北侧赤脚河西岸定居成村，以方位命名南车脚河。聚落呈带状分布。有文体广场2个、农家书屋1个。经济以种植业、养殖业为主，种植花园苗圃，

养殖海带。有渔业捕捞、制造加工、养殖运输等企业。有公路经此。

崂山大疃 371082-A08-H01
[Láoshāndàtuǎn]

在市驻地崖头街道南方向8.3千米。崂山街道辖自然村。人口1 100。明洪武年间，董姓始祖董仁徙此定居成村，因地处崂山岭下，故名崂山。清朝顺治年间，该村分为两村，本村人数居多，更名崂山大疃。聚落呈团块状分布。有文体广场1个、农家书屋1个。有养殖场、农产品加工厂、水产品加工厂。有公路经此。

河南 371082-A08-H02
[Hénán]

在市驻地崖头街道南方向7.0千米。崂山街道辖自然村。人口2 100。明成化年间，鞠、彭两姓相继徙至沽河南岸分建两村，名河南鞠家、河南彭家，后两村合并，更名沽泊陈家，清末改称河南陈家，后简化为河南。聚落呈团块状分布。经济以种植业、养殖业为主，养殖鹿，有水磨理石厂、水泥预制件厂。有公路经此。

南沽 371082-A08-H03
[Nángū]

在市驻地崖头街道南方向6.5千米。崂山街道辖自然村。人口2 100。明崇祯年间，徐姓由云南迁此定居，名沽里。1967年，以其位于崖头之南，更名南沽。聚落呈团块状分布。有文体广场1个、农家书屋1个。经济以建筑业为主。有公路经此。

地宝圈 371082-A08-H04
[Dìbǎoquān]

在市驻地崖头街道南方向6.6千米。崂山街道辖自然村。人口700。因村周围地势高，中间平坦，形似聚宝，故名地宝圈。

聚落呈团块状分布。有锁件加工厂、橡胶制品厂、胶垫厂、塑料加工厂、养鸡场、养殖场等。有宝丰生猪养殖专业合作社，及股份制养猪场1处。有公路经此。

斜口岛 371082-A08-H05
[Xiékǒudǎo]

在市驻地崖头街道南方向7.2千米。崂山街道辖自然村。人口500。1601年，孟姓路过此地，见三面环海一面靠山，认为这是一块风水宝地，于是定居成村。因地处斜口流边的半岛，故名斜口岛。聚落呈团块状分布。经济以养殖业、工副业为主。有公路经此。

崂山屯 371082-A08-H06
[Láoshāntún]

在市驻地崖头街道南方向8.4千米。崂山街道辖自然村。人口1 700。因村处崂山主峰西南，故名崂山屯。聚落呈团块状分布。有海水养殖场、养虾场、冷藏厂、水产品加工厂。荣乌高速公路经此。

崂山二疃 371082-A08-H07
[Láoshān'èrtuǎn]

在市驻地崖头街道南方向8.2千米。崂山街道辖自然村。人口500。明洪武年间，董姓始祖董仁徙此定居成村，因地处崂山岭下，故名崂山。清顺治年间，该村分为两村，本村人数较少，更名崂山二疃。聚落呈团块状分布。有文体广场1个、农家书屋1个。经济以种植业为主，种植小麦、花生、玉米、地瓜、美国黑葡萄、韩国水晶梨及石榴、草莓、瓜果、大棚蔬菜等。有采石场、建筑材料厂。有公路经此。

宁家 371082-A08-H08
[Níngjiā]

在市驻地崖头街道南方向9.3千米。崂山街道辖自然村。人口1 400。清顺治年间，宁姓始祖宁思云、宁思强兄弟二人迁此定居，故名宁家。聚落呈团块状分布。有文体广场1个、农家书屋1个。经济以种植业为主，种植小麦、玉米、花生。有畜牧养殖场、农产品加工厂、工业品加工厂、水产品加工厂等。有公路经此。

雨夼 371082-A08-H09
[Yǔkuǎng]

在市驻地崖头街道南方向11.7千米。崂山街道辖自然村。人口700。明崇祯年间，赵姓始祖赵守贵徙此定居成村。因临一片夼地，土地肥沃，故名裕夼，后演变为雨夼。聚落呈团块状分布。有文体广场1个、农家书屋1个。经济以种植业、养殖业为主，种植草莓。有草莓采摘园、养猪场、养鸡场、养兔场。有公路经此。

船坞 371082-A08-H10
[Chuánwù]

在市驻地崖头街道南方向6.6千米。崂山街道辖自然村。人口400。清乾隆年间，张、王两姓从外地迁此定居，因地处斜口，是停船、避风和修船之地，故名船坞。聚落呈团块状分布。经济以养殖业、捕捞业为主，有养鸡场、养猪场，近海浅海滩涂养殖鲜蛤、牡蛎、扇贝等。有公路经此。

城后 371082-A09-H01
[Chénghòu]

在市驻地崖头街道东方向4.9千米。寻山街道辖自然村。人口1000。明洪武年间，毛姓迁此建村，以姓氏命名毛家。1931年村处寻山所城后，更名城后席家，后简化为城后。聚落呈团块状分布。有中学1所。经济以种植业、养殖业、工副业为主，种植小麦、玉米、花生，有圣阳针织有限公司、波海连杆集团公司、电焊机厂、建筑公司等。有公路经此。

寻山所 371082-A09-H02
[Xúnshānsuǒ]

在市驻地崖头街道东方向8.6千米。寻山街道辖自然村。人口1 100。明洪武年间，为防倭侵扰，在寻山之南设所，名寻山所。黄、樊、张、席等姓指挥官员在此镇守，其后裔在此繁衍生息定居成村，故以所命名寻山所。聚落呈团块状分布。经济以种植业、养殖业、工副业为主，养殖海带、牡蛎、海参等。有公路经此。

墩西张家 371082-A09-H03
[Dūnxīzhāngjiā]

在市驻地崖头街道东北方向8.3千米。寻山街道辖自然村。人口800。明末清初，始祖张顶迁此建村。因村处烟墩之西，故名墩西张家。聚落呈团块状分布。有文体广场1个、农家书屋1个。经济以种植业、养殖业、工副业为主，养殖海带、牡蛎、海参等。有育苗场、汽车修理厂、水产品加工园。301省道经此。

蔡家庄 371082-A09-H04
[Càijiāzhuāng]

在市驻地崖头街道东方向8.2千米。寻山街道辖自然村。人口1 000。明万历年间，成山卫蔡姓金事后人来此军垦，并派田、石二姓仆从管理庄园，蔡家庄由此得名。聚落呈团块状分布。有文体广场1个、农家书屋1个。经济以种植业、养殖业为主，养殖海带、海参、扇贝，发展海产品精品养殖、深加工、海上休闲项目。有公路经此。

清河 371082-A09-H05
[Qīnghé]

在市驻地崖头街道东北方向2.0千米。寻山街道辖自然村。人口900。明成化年间，始祖徙此建村，因地处桑沟河下游，故名下河。1981年，以河水清莹透澈，更名清河。聚落呈团块状分布。有文体广场1个、农家书屋1个。经济以种植业为主，发展养猪业、采摘业，有休闲桑葚采摘园、苹果种植园。有荣成市隆涛鱼粉有限公司、清河机械厂、北华新材料有限公司。有公路经此。

牛口石 371082-A09-H06
[Niúkǒushí]

在市驻地崖头街道东方向2.0千米。寻山街道辖自然村。人口700。明成化十六年（1480），孙氏祖九应迁此建村，因村南有一石硼形似卧牛，口舌清晰可辨，故名牛口石。聚落呈团块状分布。有文化广场1个。经济以种植业、养殖业为主，种植玉米、小麦、花生、地瓜。有公路经此。

夼子河 371082-A09-H07
[Kuǎngzihé]

在市驻地崖头街道东北方向2.8千米。寻山街道辖自然村。人口700。明嘉靖四十五年（1566），姜氏始祖姜九库迁来居住，村址建桑沟河上游北岸草夼处，故名夼子河。聚落呈团块状分布。有文体广场1个、农家书屋1个。经济以种植业、养殖业、工副业为主，种植玉米、小麦、花生、地瓜。有公路经此。

青安屯 371082-A09-H08
[Qīng'āntún]

在市驻地崖头街道东北方向5.1千米。寻山街道辖自然村。人口900。明洪武年间，何姓徙此建庵看山，发展成村，取名青庵。后因此村明时系原成山卫二十二屯之一，故更名青庵屯。清末演变成青安屯。聚落呈团块状分布。有文体广场1个、文化书屋1个。经济以种植业、养殖业为主，种植小麦、玉米、地瓜、花生、水果等，养殖猪、狐狸、奶牛、肉牛、奶羊等，加工海带。有木箱厂、牡蛎加工厂。有公路经此。

赵家 371082-A09-H09
[Zhàojiā]

在市驻地崖头街道东北方向 5.7 千米。寻山街道辖自然村。人口 400。明万历年间，始祖赵高田迁此定居成村，以姓氏命名赵家。聚落呈团块状分布。经济以淡水养殖、畜牧养殖及果树种植等为主，种植猕猴桃、蓝莓、无花果、桑葚、红豆杉等苗木。有荣成神岭湖旅游开发有限公司。有公路经此。

徐家 371082-A10-H01
[Xújiā]

在市驻地崖头街道西方向 6.8 千米。城西街道辖自然村。人口 600。明崇祯年间，世祖徐杞贡迁此定居成村，原村后有大土岗，故以姓氏命名土岗徐家，后简化徐家。聚落呈团块状分布。有文体广场 1 个、农家书屋 1 个。经济以种植业为主，种植小麦、玉米、花生。有公路经此。

河北隋家 371082-A10-H02
[Héběisuíjiā]

在市驻地崖头街道西方向 7.6 千米。城西街道辖自然村。人口 1 000。明永乐年间，隋氏祖国安徙此定居成村，因地处龙河北岸，故以姓氏命名河北隋家。聚落呈团块状分布。有图书阅览室 1 个。经济以种植业、养殖业为主。有公路经此。

后龙河 371082-A10-H03
[Hòulónghé]

在市驻地崖头街道西北方向 6.8 千米。城西街道辖自然村。人口 300。明成化年间，始祖王仕公徙至龙河东岸定居成村，故名龙河村。隆庆二年（1568），村南又建一村，名前龙河，此地遂更名后龙河。聚落呈团块状分布。有文体广场 1 个、农家书屋 1 个。经济以种植业为主。有公路经此。

福禄山 371082-A10-H04
[Fúlùshān]

在市驻地崖头街道西北方向 8.5 千米。城西街道辖自然村。人口 500。清道光年间，以吉祥之意更名为福禄山。聚落呈团块状分布。有文体广场 1 个、农家书屋 1 个。经济以种植业为主，种植小麦、玉米、花生。有公路经此。

八甲 371082-A10-H05
[Bājiǎ]

在市驻地崖头街道西方向 6.4 千米。城西街道辖自然村。人口 1 100。明洪武年间，张氏二世祖徙此定居成村，以纪念先世祖原籍四川省叙永厅永宁县八甲村，故名八甲。聚落呈团块状分布。经济以种植业、养殖业为主，养殖猪、牛、羊。有胶带厂、包装厂、冷藏厂、木材厂、铝合金加工厂等。有公路经此。

大岳家 371082-A10-H06
[Dàyuèjiā]

在市驻地崖头街道西方向 6.4 千米。城西街道辖自然村。人口 1 000。因岳氏支系旺盛，遂以姓氏命名岳家。明成化年间，村南建一岳家南疃，后两村分别改称大、小岳家。聚落呈团块状分布。有文体广场 1 个、农家书屋 1 个。有高氏集团中磊石材厂、盛鑫石材、飞虎车业、航远铸造、颐利玻璃钢等企业。有公路经此。

沽泊闫家 371082-A10-H07
[Gūpōyánjiā]

在市驻地崖头街道西方向 6.8 千米。城西街道辖自然村。人口1 200。明万历年间，闫昭迁此居住，以闫姓人支旺盛，村处于沽河北岸一华里的泊地，故名泊地闫家，后简化为闫家。1961年更名沽泊闫家。聚落呈团块状分布。有文体广场1个、农家书屋1个。经济以种植业为主，种植林木、小麦、玉米、花生、蔬菜等。有公路经此。

向阳埠 371082-A10-H08
[Xiàngyángbù]

在市驻地崖头街道西方向8.8千米。城西街道辖自然村。人口500。清康熙年间，陈氏祖向阳徙此定居成村，因地处沽河北岸埠上，故名向阳埠。聚落呈团块状分布。有文体广场1个、农家书屋1个。经济以种植业、养殖业、运输业为主。有公路经此。

河西王家 371082-A10-H09
[Héxīwángjiā]

在市驻地崖头街道西方向7.6千米。城西街道辖自然村。人口900。明弘治年间，王氏祖由云南徙此定居成村，以姓氏命名王家庄。1981年，以村处龙河西岸，更名河西王家。聚落呈团块状分布。有文体广场1个、图书室1个。经济以工副业、养殖业为主，有电器、设备制造、建筑、钢结构安装、肥料生产等行业，养殖猪、牛等。309国道经此。

坦埠庄 371082-A10-H10
[Tǎnbùzhuāng]

在市驻地崖头街道西方向9.7千米。城西街道辖自然村。人口400。元大德年间，李姓徙此定居成村，因地处临河阜前平坦之地，故名坦埠庄。聚落呈团块状分布。有农家书屋1个。经济以种植业为主，种植小麦、玉米、大豆、地瓜等。青岛—荣成城际铁路经此。

棘子埠 371082-A10-H11
[Jízibù]

在市驻地崖头街道西方向12.7千米。城西街道辖自然村。人口700。明嘉靖年间，张氏祖仲良、文秀、重福、重贵兄弟四人徙此定居成村，因地处河之北崖土埠之上，周围多生棘子树，故名棘子埠。聚落呈团块状分布。有文体广场1个、农家书屋1个。经济以种植业为主。有农机公司、农机合作社。309国道经此。

河西 371082-A10-H12
[Héxī]

在市驻地崖头街道西方向10.6千米。城西街道辖自然村。人口700。王氏祖徙此定居成村，因地处沽河西岸，故名为河西。聚落呈团块状分布。有文体广场1个、农家书屋1个。经济以种植业为主，种植黄金梨、葡萄、苹果、小麦、玉米、花生、大豆、地瓜。有天麻种植基地、狐狸养殖场、生猪养殖场。309国道经此。

岳家庄 371082-A10-H13
[Yuèjiāzhuāng]

在市驻地崖头街道西方向8.5千米。城西街道辖自然村。人口200。明嘉靖年间，始祖岳惟忠六世孙岳珂在此定居成村，因以铸铁为业，故名大炉庄。1949年后又以姓氏更名岳家庄。聚落呈团块状分布。有文体广场1个、农家书屋1个。经济以种植业为主，种植果树、小麦、玉米、花生、大豆、地瓜。有小型养猪场、水泥管加工、面粉加工、玉米交易场。309国道经此。

烟墩角 371082-B01-H01
[Yāndūnjiǎo]

在市驻地崖头街道东北方向33.2千米。俚岛镇辖自然村。人口1 400。因村处崮山西北角，山上有古烟墩，故名烟墩角。聚落呈团块状分布。有古烟墩遗址崮山。经济以旅游业、养殖业为主，有天鹅湖景点、海上第一奇石——花斑彩石和，养殖海带、海贝。有公路经此。

东烟墩 371082-B01-H02
[Dōngyāndūn]

在市驻地崖头街道东北方向24.5千米。俚岛镇辖自然村。人口600。因村处烟墩山东麓，故名东烟墩。聚落呈团块状分布。经济以海带养殖和旅游业为主。有公路经此。

俚岛 371082-B01-H03
[Lǐdǎo]

在市驻地崖头街道东北方向13.5千米。俚岛镇辖自然村。人口500。因地处内外遮岛之里，故名里岛，后演变成俚岛。聚落呈团块状分布。有文体广场1个、农家书屋1个。有荣成八大景之一的"峨石瀛波"。经济以养殖业为主，养殖海参、鲍鱼。有钢结构厂、塑料厂。有公路经此。

东高家 371082-B01-H04
[Dōnggāojiā]

在市驻地崖头街道东北方向12.4千米。俚岛镇辖自然村。人口1 000。明崇祯年间，高氏祖徙此定居成村，名白峰头高家，后简化为高家。1981年，更名为东高家。聚落呈团块状分布。有文体广场1个、农家书屋1个。经济以种植业为主。有公路经此。

后疃 371082-B01-H05
[Hòutuǎn]

在市驻地崖头街道东北方向13.4千米。俚岛镇辖自然村。人口700。杨氏祖迁此居住，因地处峨石山之北，故名后疃。聚落呈团块状分布。有文体广场1个、农家书屋1个。经济以种植业、养殖业为主，种植小麦、玉米、花生，养殖海带，有海带加工厂。有公路经此。

草岛寨 371082-B01-H06
[Cǎodǎozhài]

在市驻地崖头街道东北方向14.1千米。俚岛镇辖自然村。人口800。元至元年间，阎氏祖、曲氏祖相继徙此定居成村，因村临古寨，村东海中有一南草岛，故名草岛寨。聚落呈团块状分布。有文体广场1个、农家书屋1个。经济以养殖业为主，养殖海带。有海上捕捞、冷藏厂、液化气站等企业。有公路经此。

颜家屯 371082-B01-H07
[Yánjiātún]

在市驻地崖头街道东北方向12.4千米。俚岛镇辖自然村。人口100。明崇祯年间，成山卫迁徙至此，定居成村，以姓名命名颜家，后又从颜家分出，名颜家屯。聚落呈团块状分布。有文体广场1个、农家书屋1个。经济以种植业为主。301国道经此。

中我岛 371082-B01-H08
[Zhōngwǒdǎo]

在市驻地崖头街道东北方向10.9千米。俚岛镇辖自然村。人口300。明万历年间，始祖王盛徙此定居成村。因村位于南倭岛北，以姓氏命名倭岛王家，后按方位改称中倭岛。1981年地名普查时，更名中我岛。聚落呈团块状分布。有文体广场1个、农家书屋1个。经济以种植业、养殖业为主，种植小麦、玉米，养殖海参。有养牛场、汽修厂、铝合金厂、海带加工厂。有公路经此。

金角港 371082-B01-H09
[Jīnjiǎogǎng]

在市驻地崖头街道东北方向11.1千米。

俚岛镇辖自然村。人口 300。明天启年间，金氏祖徒步定居成村，因村临海港，故以姓氏命名金角港。聚落呈团块状分布。有文体广场 1 个、农家书屋 1 个。经济以种植业、旅游业为主。有公路经此。

陈冯庄 371082-B01-H10
[Chénféngzhuāng]

在市驻地崖头街道东北方向 13.1 千米。俚岛镇辖自然村。人口 500。清乾隆年间，陈氏祖王笃兄弟二人迁此定居，名陈家庄。后冯氏祖有仁迁至陈家庄村东定居，名冯家庄。1944 年两村合并，更名陈冯庄。聚落呈团块状分布。有文体广场 1 个、农家书屋 1 个。经济以养殖业为主，养殖海带、龙须菜、扇贝。有海带晒场、狐狸场、鸡场、海带加工厂、渔业开发公司、冷藏厂、育苗场、养殖加工厂。有公路经此。

杨家山 371082-B01-H11
[Yángjiāshān]

在市驻地崖头街道东北方向 12.6 千米。俚岛镇辖自然村。人口 200。清道光年间，杨氏祖可格徙此定居成村。因地处隔道山东南侧，故名杨家山。聚落呈团块状分布。有文体广场 1 个、农家书屋 1 个。有公路经此。

凉水泉 371082-B01-H12
[Liángshuǐquán]

在市驻地崖头街道东北方向 10.8 千米。俚岛镇辖自然村。人口 200。清顺治年间，高氏祖徙此定居成村。因村西南古官道旁有一水泉，泉水清凉，常年不干，故名凉水泉。聚落呈团块状分布。有文体广场 1 个、农家书屋 1 个。经济以养殖业、生态休闲观光种植业为主，养殖猪、羊，有矿泉水有限公司。有公路经此。

北花园 371082-B01-H13
[Běihuāyuán]

在市驻地崖头街道东北方向 10.6 千米。俚岛镇辖自然村。人口 200。明万历年间，王、韩两姓徙此定居成村，因村三面环山，每到春季野花盛开，犹如花园，故名花园。清朝雍正年间，村南又建一村，为南花园，故更名北花园。聚落呈团块状分布。有文体广场 1 个、农家书屋 1 个。经济以种植业、养殖业为主，种植苹果、小麦、玉米、花生、大豆、地瓜，有养鸡场。有公路经此。

白云东 371082-B01-H14
[Báiyúndōng]

在市驻地崖头街道东北方向 16.6 千米。俚岛镇辖自然村。人口 500。明成化年间，邹姓迁此定居成村，因地处白云寺之东，故名白云东。聚落呈团块状分布。有文体广场 1 个、农家书屋 1 个。经济以果业、种植业、养殖业为主，种植小麦、玉米、花生、苹果、无花果。有养猪场。有公路经此。

北马道河 371082-B01-H15
[Běimǎdàohé]

在市驻地崖头街道东北方向 14.8 千米。俚岛镇辖自然村。人口 700。清朝初年，刘氏祖先仕达迁至马道河东岸建村。因沿河南北两岸同时建两村，该村居北，故名北马道河。聚落呈团块状分布。有文体广场 1 个、农家书屋 1 个。经济以种植业、养殖业为主，种植小麦、玉米、花生，养殖海带，有养猪场。有公路经此。

曲家台 371082-B01-H16
[Qūjiātái]

在市驻地崖头街道东北方向 16.0 千米。俚岛镇辖自然村。人口 300。明末清初，始祖曲仲方徙此建村，因此处地势较高，故名曲家台。聚落呈团块状分布。有文体广场1个、农家书屋1个。经济以种植业、养殖业为主，种植小麦、玉米，养殖海带。有公路经此。

前神堂口 371082-B01-H17
[Qiánshéntángkǒu]

在市驻地崖头街道东北方向16.6千米。俚岛镇辖自然村。人口600。明正德年间建村，因此处有一深塘，故名深塘口，演变为神堂口。后村北又建一村，该村遂名前神堂口。聚落呈团块状分布。有文体广场1个、农家书屋1个。经济以种植业、养殖业为主，种植小麦、玉米、花生，养殖海带，有养鸡场。有公路经此。

后神堂口 371082-B01-H18
[Hòushéntángkǒu]

在市驻地崖头街道东北方向17.9千米。俚岛镇辖自然村。人口500。清乾隆年间，孙氏祖徙此定居成村。因在深塘之北，故名后神堂口，聚落呈团块状分布。有文体广场1个、农家书屋1个。经济以种植业、畜牧业和海水养殖业为主。有公路经此。

成山四村 371082-B02-H01
[Chéngshānsìcūn]

成山镇人民政府驻地。在市驻地崖头街道东北方向30.2千米。人口800。1930年为朝阳镇五村之一，名文兴村。1949年以序号称城厢四村。1981年更名成山四村。聚落呈团块状分布。有文体广场1个。经济以种植业、养殖业为主，产小麦、玉米、花生。有贸易公司、铝业公司等。有公路经此。

西霞口 371082-B02-H02
[Xīxiákǒu]

在市驻地崖头街道东北方向47.6千米。成山镇辖自然村。人口1 100。明弘治三年（1490），田姓始祖任成山卫官，徙此建村。因村西有一山口，每逢夕阳西下，万道霞光飞染碧天，映照村庄，故名霞口。1981年更名西霞口。聚落呈团块状分布。有神雕山野生动物自然保护区。经济以种植业、渔业为主，有海珍品繁育、养殖基地。主产牙鲆鱼、石斑鱼、鲈鱼、美国红鱼、海参、鲍鱼等。有造船、水产加工业、港口货运、建筑业。有水产品冷藏加工厂、荣成市东都轮船公司。有公路经此。

成山一村 371082-B02-H03
[Chéngshānyīcūn]

在市驻地崖头街道东北方向30.5千米。成山镇辖自然村。人口800。明洪武三十一年（1398），为防御倭寇侵扰，在此设卫，名成山卫。1930年将卫城划为五村。1981年，更名成山一村。聚落呈团块状分布。有文体广场1个、农家书屋1个。经济以种植业为主，种植小麦、玉米、花生。有公路经此。

成山二村 371082-B02-H04
[Chéngshān'èrcūn]

在市驻地崖头街道东北方向30.6千米。成山镇辖自然村。人口1 200。明洪武三十一年（1398），为防御倭寇侵扰，在此设卫，名成山卫。1930年将卫城划为五村。1981年，更名成山二村。聚落呈团块状分布。有市重点文物保护单位古城门。经济以种植业、建筑业、渔业为主，盛产小麦、玉米、花生。有汽车修配厂、养貂场、采石场、农产品加工厂。228国道经此。

成山三村 371082-B02-H05
[Chéngshānsāncūn]

在市驻地崖头街道东北方向30.4千米。成山镇辖自然村。人口900。明洪武三十一年（1398），为防御倭寇侵扰，在此设卫，名成山卫。1930年将卫城划为五村。1981年，更名成山三村。聚落呈团块状分布。有文体广场1个、农家书屋1个。经济以种植业、养殖业、工副业为主，种植小麦、玉米、花生。228国道经此。

成山五村 371082-B02-H06
[Chéngshānwǔcūn]

在市驻地崖头街道东北方向30.1千米。成山镇辖自然村。人口900。明洪武三十一年（1398），为防御倭寇侵扰，在此设卫，名成山卫。1930年将卫城划为五村。1981年，更名成山五村。聚落呈团块状分布。有文体广场1个、农家书屋1个。经济以种植业和养殖业、工副业为主，种植小麦、玉米、花生。有海带养殖场、砖瓦场等。有公路经此。

成山六村 371082-B02-H07
[Chéngshānliùcūn]

在市驻地崖头街道东北方向31.1千米。成山镇辖自然村。人口800。明永乐年间，郁、胡两姓相继从云南徙此定居成村，因地处卫城之北，故名卫城后，1981年更名成山六村。聚落呈团块状分布。有文体广场1个、农家书屋1个。经济以种植业、养殖业、工副业为主，种植小麦、玉米、花生等，有滩涂养殖、海水养殖、养猪、运输等产业。228国道经此。

北曲格 371082-B02-H08
[Běiqūgé]

在市驻地崖头街道东北方向30.3千米。成山镇辖自然村。人口900。元至元年间，曲氏祖由云南徙此定居成村，以姓氏命名曲格。1961年分为两村，此村居北，故名北曲格。聚落呈团块状分布。有文体广场1个、农家书屋1个。经济以种植业、养殖业、

工副业为主，种植小麦、玉米、花生、水果、蔬菜，养殖猪、鸡，有农产品和水产品加工。有公路经此。

东张家庄 371082-B02-H09
[Dōngzhāngjiāzhuāng]

在市驻地崖头街道东北方向32.2千米。成山镇辖自然村。人口200。明洪武年间，始祖张小七由河北省苑平县徙此定居成村，以姓氏命名张家庄。1981年更名东张家庄。聚落呈团块状分布。有文体广场1个、农家书屋1个。经济以种植业为主，主产小麦、玉米、花生、地瓜、苹果等。有淡水养殖、晒盐等产业。有公路经此。

车祝沟 371082-B02-H10
[Chēzhùgōu]

在市驻地崖头街道东北方向28.3千米。成山镇辖自然村。人口300。明永乐年间，王氏祖徙此定居成村，因地处沟旁，此沟系修卫城时来往车辆休息之地，故名车住沟，后演变为车祝沟。聚落呈团块状分布。有文体广场1个、农家书屋1个。经济以种植业、养殖业、工副业为主，种植小麦、玉米、花生，养殖家禽、鱼虾等。228国道经此。

大岗 371082-B02-H11
[Dàgǎng]

在市驻地崖头街道东北方向34.2千米。成山镇辖自然村。人口600。明弘治年间，肖姓氏族徙此建村，因村西有一高大山岗，故名大岗。聚落呈团块状分布。经济以种植业、养殖业、工副业为主，有远洋捕捞、近海捕捞、冷藏加工、养貂、养鸡等产业。有冷藏厂、采石场。有公路经此。

蒲家泊 371082-B02-H12
[Pújiāpō]

在市驻地崖头街道东北方向35.3千米。

成山镇辖自然村。人口 800。明长顺年间，蒲姓氏祖由云南省徙此定居，因村处泊地，以姓氏和地势命名蒲家泊。聚落呈团块状分布。有文体广场 1 个、农家书屋 1 个。经济以种植业、养殖业、工副业为主，有海上捕捞、禽畜养殖、大棚种植等产业，有冷藏厂、鱼粉厂、织网厂、农机配件厂。228 国道经此。

大石家泊 371082-B02-H13
[Dàshíjiāpō]

在市驻地崖头街道东北方向37.1千米。成山镇辖自然村。人口 800。明崇祯年间，石氏祖鸣凤、在凤、竹凤三人徙此建村。因村处一大片泊地之北，以姓氏命名大石家泊。聚落呈团块状分布。有文体广场 1 个、农家书屋 1 个。有花岗岩石材厂、鱼粉厂、建筑公司、海上养殖场。有公路经此。

大西庄 371082-B02-H14
[Dàxīzhuāng]

在市驻地崖头街道东北方向39.2千米。成山镇辖自然村。人口 1 000。清康熙年间，姬姓徙此建村，因村位于古瓦房之西较远处，俗称大西面那个庄，故名大西庄。聚落呈团块状分布。有文体广场 1 个、农家书屋 1 个。经济以种植业为主，种植小麦、玉米、地瓜、花生等。有海上捕捞、海水养殖、海产品加工等产业，有冷藏加工厂、水貂场。有公路经此。

埠柳 371082-B03-H01
[Bùliǔ]

埠柳镇人民政府驻地。在市驻地崖头街道北方向30.4千米。人口 1 500。因村前蒲柳成片，河边柳树成行，故名蒲柳，后演变为埠柳。聚落呈团块状分布。经济以种植业为主，种植小麦、玉米、苹果。有公路经此。

不夜 371082-B03-H02
[Bùyè]

在市驻地崖头街道北方向 31.6 千米。埠柳镇辖自然村。人口 2 100。春秋时期，莱子置不夜古城，后汉省并入昌阳县，废城为村，故名不夜。聚落呈团块状分布。有文体广场 1 个、农家书屋 1 个。有不夜古城遗址。经济以种植业、养殖业为主，种植地瓜、苹果、无花果，养殖肉猪、肉牛、肉羊等。有公路经此。

车古 371082-B03-H03
[Chēgǔ]

在市驻地崖头街道北方向 30.1 千米。埠柳镇辖自然村。人口 800。明洪武年间，车姓始祖徙此定居成村。地处不夜古驿道之旁，故以姓氏名车古。聚落呈团块状分布。有文体广场 1 个、农家书屋 1 个。经济以种植业为主，种植小麦、玉米、花生、地瓜、苹果、桃子、梨、无花果。有公路经此。

凤头 371082-B03-H04
[Fèngtóu]

在市驻地崖头街道北方向 32.2 千米。埠柳镇辖自然村。人口 800。元至正年间，始祖鞠昌迁居于此，以村处凤山西头，名凤头。聚落呈团块状分布。有文体广场 1 个、农家书屋 1 个。经济以种植业为主，种植小麦、玉米、花生、苹果。有公路经此。

梁南庄 371082-B03-H05
[Liángnánzhuāng]

在市驻地崖头街道北方向 32.3 千米。埠柳镇辖自然村。人口 700。元泰定年间，田姓始祖徙此定居成村，由地处梁文城之南，故名梁南庄。聚落呈团块状分布。有文体广场 1 个、农家书屋 1 个。村西岭顶有汉代古墓 1 座。经济以种植业为主，种植小麦、玉米、花生、地瓜、苹果、无花果。有公路经此。

学福 371082-B03-H06

[Xuéfú]

在市驻地崖头街道北方向 33.2 千米。埠柳镇辖自然村。人口 700。为纪念抗日英烈梁学福，将村更名学福。聚落呈团块状分布。有文体广场 1 个、农家书屋 1 个。经济以种植业为主，种植小麦、玉米、花生、地瓜、苹果、桃子、梨、无花果。有公路经此。

西豆山 371082-B03-H07

[Xīdòushān]

在市驻地崖头街道北方向 33.8 千米。埠柳镇辖自然村。人口 800。清乾隆年间，梁氏八世祖迁居此地，因位于豆山西，故名西豆山。聚落呈团块状分布。有文体广场 1 个、农家书屋 1 个。经济以种植业、林果业为主，种植小麦、玉米、花生、地瓜。有公路经此。

孔家 371082-B03-H08

[Kǒngjiā]

在市驻地崖头街道北方向 31.1 千米。埠柳镇辖自然村。人口 900。明洪武年间，孔圣祖第 53 代孙孔永全徙此定居成村，故名孔家。聚落呈团块状分布。有文体广场 1 个、农家书屋 1 个。经济以种植业为主，种植小麦、玉米、花生、地瓜、苹果、桃子、梨、无花果，盛产松、刺槐、柞木等。有公路经此。

营洛 371082-B03-H09

[Yíngluò]

在市驻地崖头街道北方向 32.1 千米。埠柳镇辖自然村。人口 500。明崇祯年间，曲姓始祖曲仲祥兄弟三人徙此定居。因村处莺落山之西，故名莺落。明朝中期，以谐音更名营洛。聚落呈团块状分布。有文

体广场 1 个、农家书屋 1 个。经济以种植业为主，种植小麦、玉米、花生、地瓜、苹果、桃子、梨、无花果。有公路经此。

上埠头 371082-B03-H10

[Shàngbùtóu]

在市驻地崖头街道北方向 28.6 千米。埠柳镇辖自然村。人口 800。元仁宗年间，王姓始祖王道朴由成山镇岳家庄徙此定居成村，因地处岙地，故名宅岙，明末以地处白龙河上游埠上，更名为上埠头。聚落呈团块状分布。有文体广场 1 个、农家书屋 1 个。经济以种植业、林果业为主，种植小麦、玉米、花生、地瓜、苹果、桃子、梨、无花果。有刺槐、松、柞等树种，冬青、黄杨、万峰松、蜀松、龙柏、雪松、龙爪槐等花木品种。有公路经此。

东姚家山 371082-B03-H11

[Dōngyáojiāshān]

在市驻地崖头街道北方向 30.1 千米。埠柳镇辖自然村。人口 100。清雍正年间，孙姓始祖迁此居住，因姚姓在西建一村西姚家山，该村以方位叫东姚家山。聚落呈团块状分布。有文体广场 1 个、农家书屋 1 个。经济以种植业为主，种植小麦、玉米、花生、桃子、无花果、苹果。有公路经此。

大岚头 371082-B04-H01

[Dàlántóu]

港西镇人民政府驻地。在市驻地崖头街道北方向 36.2 千米。人口 800。明洪武年间，夏氏祖徙此定居成村，林深入海中的山岚之头时有大雾朦胧，故名大岚头。聚落呈团块状分布。有学校 1 所、幼儿园 1 所。经济以种植业为主，种植小麦、玉米、花生、无花果、苹果，有海带养殖厂。有公路经此。

龙家 371082-B04-H02
[Lóngjiā]

在市驻地崖头街道北方向 35.3 千米。港西镇辖自然村。人口 2 000。明万历年间，龙姓始祖龙应登、龙应凤、龙应己由崖头镇西龙家村迁至芹夼村北建村，故名龙家。聚落呈团块状分布。有文体广场 1 个、农家书屋 1 个。经济以种植业为主，种植小麦、玉米、花生、地瓜、苹果。有盐场、虾池、海带养殖厂等。有公路经此。

巍巍 371082-B04-H03
[Wēiwēi]

在市驻地崖头街道北方向 33.4 千米。港西镇辖自然村。人口 800。元大德年间，曲姓始祖曲敬先徙此定居成村，因地处风草顶山北麓，山峰巍峨，故名巍巍。聚落呈团块状分布。有文体广场 1 个、农家书屋 1 个。经济以种植业、林果业、养蚕业为主，种植小麦、玉米、花生。有印刷厂、纸箱厂等。有公路经此。

小西 371082-B04-H04
[Xiǎoxī]

在市驻地崖头街道北方向 40.4 千米。港西镇辖自然村。人口 400。建村时称小孙家庄，1939 年，大孙家庄改名大西庄，该村改称小西庄。1981 年更名小西。聚落呈团块状分布。有文体广场 1 个、农家书屋 1 个。经济以种植业、渔业为主，种植小麦、玉米、花生、大豆、地瓜。有虾池。有公路经此。

鸡鸣岛 371082-B04-H05
[Jīmíngdǎo]

在市驻地崖头街道北方向 42.1 千米。港西镇辖自然村。人口 200。清乾隆年间，孙姓始祖徙此定居成村，故村以岛命名为鸡鸣岛。聚落呈团块状分布。经济以渔业为主，盛产牡蛎、海参、鲍鱼、海蟹及各种鱼类。有天然码头。

北港西 371082-B04-H06
[Běigǎngxī]

在市驻地崖头街道北方向 35.8 千米。港西镇辖自然村。人口 2 000。元至元年间，张姓始祖张克让迁此定居成村，因村处港汉西岸故名港西。后该村张姓后裔迁至村南又建一村，名南港西，此村遂更名北港西。聚落呈团块状分布。有文体广场 1 个、农家书屋 1 个。经济以种植业为主，种植小麦、玉米、花生、地瓜、无花果、苹果。有海带养殖场。有公路经此。

马格 371082-B04-H07
[Mǎgé]

在市驻地崖头街道北方向 35.8 千米。港西镇辖自然村。人口 800。元朝中期，马姓始祖徙此定居成村，故名马格庄，后演变成马格。聚落呈团块状分布。有文体广场 1 个、农家书屋 1 个。经济以种植业为主，种植小麦、玉米、无花果、苹果，有无花果采摘园。有公路经此。

泊子周家 371082-B04-H08
[Pōzizhōujiā]

在市驻地崖头街道北方向 37.3 千米。港西镇辖自然村。人口 600。明永乐年间，周姓始祖四兄弟由云南迁至本镇港西西北坡建村，名坡子周家，后又迁至现址定居。因村临泊地，故更名泊子周家。聚落呈团块状分布。有文化广场 1 个。经济以种植业为主，种植小麦、玉米、花生、大豆、苹果、无花果、银杏。有滩涂海带养殖场。有公路经此。

小夏庄 371082-B05-H01
［Xiǎoxiàzhuāng］

夏庄镇人民政府驻地。在市驻地崖头街道北方向 12.3 千米。人口 100。明万历年间，阎氏八世祖修果、修爵兄弟二人徙此成村，时值盛夏，故名夏庄。1962 年以车道河为界分成两村，按大小称小夏庄。聚落呈团块状分布。有文体广场 1 个。经济以种植业为主，种植小麦、玉米、花生、大豆。有公路经此。

大夏庄 371082-B05-H02
［Dàxiàzhuāng］

在市驻地崖头街道北方向 12.1 千米。夏庄镇辖自然村。人口 800。明万历年间，阎氏八世祖修果、修爵兄弟二人徙此成村，时值盛夏，故名夏庄。1962 年以车道河为界分成两村，按大小称大夏庄。聚落呈团块状分布。有农家书屋 1 个。经济以种植业、养殖业为主，种植小麦、玉米、花生、大豆等。有公路经此。

北山杨家 371082-B05-H03
［Běishānyángjiā］

在市驻地崖头街道北方向 13.5 千米。夏庄镇辖自然村。人口 200。1935 年以地处北山脚下，以姓氏更名北山杨家，后简称杨家。1981 年，因重名，复名北山杨家。聚落呈团块状分布。有文化活动室 1 个、文体广场 1 个、农家书屋 1 个。经济以种植业、养殖业为主，种植小麦、玉米、花生、大豆等。有公路经此。

战家 371082-B05-H04
［Zhànjiā］

在市驻地崖头街道北方向 14.6 千米。夏庄镇辖自然村。人口 200。清雍正年间，战姓始祖战云禄、战云汉由云南徙此定居成村，故名战家。聚落呈团块状分布。有文体广场 1 个、农家书屋 1 个。经济以种植业、养殖业为主，种植小麦、花生、玉米，有大樱桃采摘园。303 省道经此。

前苏格 371082-B05-H05
［Qiánsūgé］

在市驻地崖头街道北方向 13.9 千米。夏庄镇辖自然村。人口 300。明崇祯年间，苏姓始祖徙此定居成村，故名苏格庄。后姚姓部分居民迁至村北又建一村，名后苏格，该村遂更名前苏格。聚落呈团块状分布。有文体广场 1 个、农家书屋 1 个。经济以种植业、养殖业为主，种植小麦、玉米、花生、大豆等。有公路经此。

甲夼马家 371082-B05-H06
［Jiǎkuǎngmǎjiā］

在市驻地崖头街道北方向 10.7 千米。夏庄镇辖自然村。人口 800。明永乐年间，马姓始祖马斋、马庄、马亮徙此定居成村，因村临卸甲夼，故名甲夼马家。崇祯年间，孙姓始祖徙此又建一村，名曰甲夼孙家。1941 年，两村合并，称甲夼马家。聚落呈团块状分布。有文体广场 1 个、农家书屋 1 个。经济以种植业、养殖业为主，种植小麦、玉米、花生、大豆等。有公路经此。

二胪 371082-B05-H07
［Èrlú］

在市驻地崖头街道北方向 10.2 千米。夏庄镇辖自然村。人口 200。元至正年间，王姓始祖徙此定居成村，以铸铁为业，故名炉上，后相继建立顾家、河西庄两村，后三村共议，以炉上为大炉，分别称为大炉、二炉、三炉。该村为二炉，后演变为二胪。聚落呈团块状分布。有文体广场 1 个、农家书屋 1 个。经济以种植业、养殖业为主，种植小麦、玉米、花生、大豆、地瓜。有公路经此。

圈杨家 371082-B05-H08
[Quānyángjiā]

在市驻地崖头街道北方向 8.6 千米。夏庄镇辖自然村。人口 400。明嘉靖末年（1566），杨姓始祖杨尚义徙此定居成村，因村三面环山，故名圈里。1930 年以姓氏更名圈杨家。聚落呈团块状分布。有文体广场 1 个、农家书屋 1 个。经济以种植业、养殖业为主，种植小麦、玉米、花生、大豆等。有公路经此。

兴隆 371082-B05-H09
[Xīnglóng]

在市驻地崖头街道北方向 11.8 千米。夏庄镇辖自然村。人口 200。明崇祯年间，张姓始祖徙此成村。因村北有一长石形似卧龙，故名卧龙。1981 年，因重名，以吉祥义更名兴隆。聚落呈团块状分布。有文体广场 1 个、农家书屋 1 个。经济以种植业、养殖业为主，种植小麦、玉米、花生等。有公路经此。

江林庄 371082-B05-H10
[Jiānglínzhuāng]

在市驻地崖头街道北方向 11.2 千米。夏庄镇辖自然村。人口 300。清道光年间，村有江、林两姓，故称江林庄。聚落呈团块状分布。有文体广场 1 个、农家书屋 1 个。经济以种植业、养殖业为主，种植小麦、花生、玉米、大豆、地瓜、苹果、梨、板栗等。有公路经此。

北崖西 371082-B06-H01
[Běiyáxī]

崖西镇人民政府驻地。在市驻地崖头街道西北方向 16.3 千米。人口 1 000。明洪武年间，始祖东升徙此定居成村，因地处高崖西之头，故名崖西头。清光绪年间，分南北两村，该村居北，更名北崖西头，后简称北崖西。聚落呈团块状分布。有文体广场 1 个、农家书屋 1 个、中学 1 所、幼儿园 1 所。经济以种植业为主，种植玉米、小麦、花生、苹果。有机械厂、建筑公司。有公路经此。

戴家庵 371082-B06-H02
[Dàijiā'ān]

在市驻地崖头街道西北方向 18.2 千米。崖西镇辖自然村。人口 200。清康熙年间，戴姓始祖戴大奎徙此定居成村，故名戴家庵。聚落呈团块状分布。有文体广场 1 个、农家书屋 1 个。经济以种植业为主，种植小麦、玉米、花生、苹果。有公路经此。

林道沟 371082-B06-H03
[Líndàogōu]

在市驻地崖头街道西北方向 19.4 千米。崖西镇辖自然村。人口 300。清乾隆年间，张姓始祖徙此定居成村。因地处山林茂密的九道山沟汇集之处，人称九龙聚会之地，故名林道沟。聚落呈团块状分布。有文体广场 1 个、农家书屋 1 个。经济以种植业为主，种植小麦、玉米、花生。有公路经此。

朱埠 371082-B06-H04
[Zhūbù]

在市驻地崖头街道西北方向 19.0 千米。崖西镇辖自然村。人口 700。明洪武年间，吴姓始祖吴曰芝徙此定居成村。因村临傍河的朱山，故名朱埠。聚落呈团块状分布。有文体广场 1 个、农家书屋 1 个。经济以种植业为主，种植小麦、玉米、花生、苹果。有公路经此。

小山口 371082-B06-H05
[Xiǎoshānkǒu]

在市驻地崖头街道西北方向 17.6 千米。崖西镇辖自然村。人口 400。清朝初年，始祖迁至现址定居,因村处小山口子之南,故名小山口。聚落呈团块状分布。有文体广场1个、农家书屋1个。经济以种植业为主,种植小麦、玉米、花生、苹果。303省道经此。

山河吕家 371082-B06-H06
[Shānhélǚjiā]

在市驻地崖头街道西北方向12.5千米。崖西镇辖自然村。人口600。明嘉靖年间,吕姓始祖吕志原徙此定居成村,因村依山傍河,故名山河吕家。聚落呈团块状分布。有文体广场1个、农家书屋1个。经济以种植业为主,种植小麦、玉米、花生、苹果、草莓。有公路经此。

西藏 371082-B06-H07
[XīZàng]

在市驻地崖头街道西北方向12.1千米。崖西镇辖自然村。人口400。因此地周围山高,丛林茂密,远视不见村庄,故名藏村。1961年,部分村民迁至水库西岸建村,故名西藏。聚落呈团块状分布。有文体广场1个、农家书屋1个。经济以种植业为主,种植小麦、玉米、花生、苹果。有公路经此。

庄上王家 371082-B06-H08
[Zhuāngshàngwángjiā]

在市驻地崖头街道西北方向13.1千米。崖西镇辖自然村。人口300。明崇祯年间,王姓始祖王一明徙此看庄田,后定居成村,故名庄上王家。聚落呈团块状分布。有文体广场1个、农家书屋1个。经济以种植业为主,种植小麦、玉米、花生、苹果。有公路经此。

后高家庄 371082-B06-H09
[Hòugāojiāzhuāng]

在市驻地崖头街道西北方向14.2千米。崖西镇辖自然村。人口400。明洪武年间,高姓始祖徙此,分南北两地给万家庄地主看庄子,后发展成村,此村居北,故名后高家庄。聚落呈团块状分布。有文体广场1个、农家书屋1个。经济以种植业为主,种植小麦、玉米、花生。有花生加工厂、肉食牛养殖场、猪皮加工厂。有公路经此。

大山口 371082-B06-H10
[Dàshānkǒu]

在市驻地崖头街道西北方向17.1千米。崖西镇辖自然村。人口1 200。明正统年间,刘姓始祖刘福安由云南省大兰庄徙此定居成村,因地处伟德山百丈口子之前,此山口较大,故名大山口。聚落呈团块状分布。有文体广场1个、农家书屋1个。经济以种植业、养殖业为主,种植小麦、玉米、花生、苹果,养殖奶牛。有公路经此。

院东 371082-B06-H11
[Yuàndōng]

在市驻地崖头街道西北方向15.7千米。崖西镇辖自然村。人口200。明隆庆年间,李姓始祖由云南徙此定居成村。因地处古庙集贤寺院之东,故名院东。聚落呈团块状分布。有文体广场1个、农家书屋1个。经济以种植业为主,种植小麦、玉米、花生、苹果。有公路经此。

大蒿泊 371082-B06-H12
[Dàhāopō]

在市驻地崖头街道西北方向14.0千米。崖西镇辖自然村。人口500。明洪武年间,席姓始祖徙此定居成村,因村临一片蒿草的泊地,故名大蒿泊。聚落呈团块状分布。有文体广场1个、农家书屋1个。经济以种植业为主,种植小麦、玉米、花生、苹果。有公路经此。

隆峰 371082-B06-H13
［Lóngfēng］

在市驻地崖头街道西北方向13.1千米。崖西镇辖自然村。人口500。明弘治年间，蒲姓始祖徙此定居成村。因建于伟德山主峰老阁坟南麓，地处山势隆起之地，故名隆峰。聚落呈团块状分布。有文体广场1个、农家书屋1个。经济以种植业为主，种植小麦、玉米、花生、苹果。有公路经此。

塂上姚家 371082-B07-H01
［Jiǎngshàngyáojiā］

荫子镇人民政府驻地。在市驻地崖头街道西北15.5千米。人口300。明正统年间，姚氏五世祖金公徙此定居成村，因村位于土塂上，故名塂上姚家。聚落呈团块状分布。有文化广场1个。经济以种植业、林果业为主，种植蓝莓，有泓达食品、川汇钢构、华兴保温等企业。有公路经此。

前荫子夼 371082-B07-H02
［Qiányīnzǐkuǎng］

在市驻地崖头街道西北方向18.1千米。荫子镇辖自然村。人口1 100。元至正年间，姚姓始祖姚刚公由文登姚山头徙居荫子夼，故名荫子夼。明朝崇祯年间，村北又建一村，该村居南，遂更名前荫子夼。聚落呈团块状分布。经济以种植业、养殖业、工副业为主，有花生收购加工厂。有公路经此。

后荫子夼 371082-B07-H03
［Hòuyīnzǐkuǎng］

在市驻地崖头街道西北方向18.0千米。荫子镇辖自然村。人口500。明崇祯年间，姚姓始祖徙此定居成村，因位于前荫子夼之北，故名后荫子夼。聚落呈团块状分布。有文体广场1个、农家书屋1个。经济以种植业、养殖业、工副业为主，有花生收购加工厂。309国道经此。

东夏埠 371082-B07-H04
［Dōngxiàbù］

在市驻地崖头街道西北方向18.8千米。荫子镇辖自然村。人口300。明洪武年间，毕姓始祖毕允成、毕允怀由文登车卧岛迁此定居，据传初来时，时值盛夏，搭草铺子居住，此地同时建两村，此村居东，故称东夏铺。清朝顺治年间，演变为东夏埠。聚落呈团块状分布。有文化活动室1个。经济以种植业、养殖业、工副业为主，种植小麦、玉米、苹果。青岛—荣成城际铁路经此。

西夏埠 371082-B07-H05
［Xīxiàbù］

在市驻地崖头街道西北方向19.3千米。荫子镇辖自然村。人口200。明洪武年间，王姓始祖王义增、王义柏、王义泊由牟平县东关徙此定居。据传初来时正值盛夏，搭草铺子居住，此地同时建两村，此村居西，故名西下铺。清朝顺治年间，演变为西夏埠。聚落呈团块状分布。经济以种植业、养殖业、工副业为主。有公路经此。

马台王家 371082-B07-H06
［Mǎtáiwángjiā］

在市驻地崖头街道西北方向16.8千米。荫子镇辖自然村。人口200。清乾隆年间，王姓始祖由崖西镇松里村迁此定居，名马台王家。聚落呈团块状分布。有文体广场1个、农家书屋1个。经济以种植业、养殖业、工副业为主，种植花生、小麦、玉米、大豆、苹果等。有公路经此。

青岘庄 371082-B07-H07
［Qīngxiànzhuāng］

在市驻地崖头街道西北方向19.4千米。荫子镇辖自然村。人口200。明崇祯年间，姚姓始祖姚仕由本镇前荫子夼迁此定居，因村北有青岘古寺，故名青岘庄。聚落呈团块状分布。有文体广场 1 个、农家书屋 1 个。经济以种植业、林果业、养殖业、工副业为主。有公路经此。

头甲 371082-B07-H08
[Tóujiǎ]

在市驻地崖头街道西北方向 17.9 千米。荫子镇辖自然村。人口 400。明万历年间，张姓始祖张忠彪徙此定居成村，因始祖为张姓长支，故名头甲。聚落呈团块状分布。有文体广场 1 个、农家书屋 1 个。经济以种植业、林果业、养殖业为主，种植小麦、玉米、花生、苹果。有公路经此。

北流水 371082-B07-H09
[Běiliúshuǐ]

在市驻地崖头街道西北方向 16.1 千米。荫子镇辖自然村。人口 300。明洪武年间，祖先王佳元由山后康村挑担至此定居。因古时沽河上游在村中流过，又因南流水在道北，故称北流水古道，后改称北流水。聚落呈团块状分布。有文体广场 1 个、农家书屋 1 个。经济以种植业、林果业、养殖业、工副业为主，种植小麦、玉米、花生、苹果、葡萄。有翻砂厂、拉丝厂、花生加工厂、花卉培育基地。有公路经此。

王管松 371082-B07-H10
[Wángguǎnsōng]

在市驻地崖头街道西北方向 15.6 千米。荫子镇辖自然村。人口 200。明洪武年间，王姓始祖王管松徙此定居成村，以始祖姓名为村名。聚落呈团块状分布。有文化广场 1 个。经济以种植业、林果业、养殖业、工副业为主，有铸钢厂等。有公路经此。

立驾山 371082-B07-H11
[Lìjiàshān]

在市驻地崖头街道西北方向 20.7 千米。荫子镇辖自然村。人口 600。元元贞年间，王姓始祖由阳谷徙此定居成村，据传古时曾有皇帝在此立驾，故名立驾山。聚落呈团块状分布。经济以种植业、林果业、养殖业、工副业为主。青岛—荣成城际高铁路经此。

三冢泊 371082-B07-H12
[Sānzhǒngpō]

在市驻地崖头街道西北方向 23.0 千米。荫子镇辖自然村。人口 300。清乾隆年间，于姓始祖徙此定居成村，因村南临泊地，北有三座汉冢，故名三冢泊。聚落呈团块状分布。有文体广场 1 个、农家书屋 1 个。有省级文物保护单位三冢泊汉代古墓群。经济以种植业、养殖业、工副业为主。有公路经此。

店子泊 371082-B07-H13
[Diànzipō]

在市驻地崖头街道西北方向 20.1 千米。荫子镇辖自然村。人口 300。明成化年间，王姓始祖由本镇立驾山徙此定居成村，因村前是泊地，村后有小店，故名店子泊。聚落呈团块状分布。有文体广场 1 个。经济以种植业、林果业、养殖业、工副业为主。有公路经此。

滕家 371082-B08-H01
[Téngjiā]

滕家镇人民政府驻地。在市驻地崖头街道西南方向 15.9 千米。人口 2 100。聚落呈团块状分布。有中学 1 所，小学 1 所。经济以种植业为主，种植地瓜、青豆、玉米、小麦、胡萝卜。有车辆厂、建筑公司、农机厂、汽车修理厂、面粉厂、纸箱厂、印刷厂等。
有公路经此。

西滩郭家 371082-B08-H02
[Xītānguōjiā]

在市驻地崖头街道西南方向 15.8 千米。
滕家镇辖自然村。人口 500。明隆庆年间，
郭氏祖光远迁此定居成村，因此处系滩地，
又同时有两村，故冠以姓氏，并以方位命
名为西滩郭家。聚落呈团块状分布。经济
以种植业、养殖业为主，有养猪场 3 家。
有公路经此。

茂柞 371082-B08-H03
[Màozuò]

在市驻地崖头街道西南方向 15.5 千米。
滕家镇辖自然村。人口 500。清康熙年间，
孙氏文升迁此定居成村，因地处茂密的柞
树林中，故名茂柞圈，1961 年简化为茂柞。
聚落呈团块状分布。有中学 1 所。经济以
种植业为主，有面粉厂、榨油厂、养殖场等。
有公路经此。

大落 371082-B08-H04
[Dàluò]

在市驻地崖头街道西南方向 12.8 千米。
滕家镇辖自然村。人口 600。明万历年间，
始祖鞠顺迁此定居成村，因村北临落脚山，
原第百鸟群落栖息之地，故名多落，后演
变为大落。聚落呈团块状分布。有文体广
场 1 个、农家书屋 1 个。经济以种植业为
主，种植小麦、玉米、花生、地瓜、草莓、
葡萄。有养鸡场、养猪场、养兔场、养羊场。
有公路经此。

马草夼 371082-B08-H05
[Mǎcǎokuǎng]

在市驻地崖头街道西南方向 12.5 千米。
滕家镇辖自然村。人口 5 900。清康熙年间，

始祖姜英由乳山山峒岭迁此定居成村，因
村临草夼，原系牧马之地，故名马草夼。
聚落呈团块状分布。有图书室 1 个。经济
以种植业、养殖业、工副业为主，有石灰厂、
养猪场、矿泉水厂。有公路经此。

桑梓 371082-B08-H06
[Sāngzǐ]

在市驻地崖头街道西南方向 13.7 千米。
滕家镇辖自然村。人口 1 100。明嘉靖年间，
艾氏迁此定居成村，因村周围多桑、梓树，
故以"维桑与梓，必恭敬止"之意，命名
桑梓。聚落呈团块状分布。有农家书屋 1 个。
经济以种植业为主，种植小麦、花生、玉米、
地瓜、苹果，有小型养猪场。荣乌高速公
路经此。

鲍村 371082-B08-H07
[Bàocūn]

在市驻地崖头街道西南方向 10.5 千米。
滕家镇辖自然村。人口 500。明泰昌年间，
鲍姓迁此定居，以姓氏命名鲍村。聚落呈
团块状分布。有文体广场 1 个、农家书屋 1
个。经济以种植业、养殖业为主，有山野
泡菜有限公司、奶牛养殖场、荣成市鲍村
三优果品专业合作社。有公路经此。

孔家庄 371082-B08-H08
[Kǒngjiāzhuāng]

在市驻地崖头街道西南方向 10.8 千米。
滕家镇辖自然村。人口 800。明万历年间，
孔子六十一代孙孔宏真迁此居住，1934 年，
以姓氏更名孔家庄。聚落呈团块状分布。
有文体广场 1 个、农家书屋 1 个。经济以
种植业、养殖业为主，种植药材、瓜果、
蔬菜等，养殖牛、猪等，有油坊、面粉加工、
农机修理等服务业。有公路经此。

单家 371082-B08-H09
［Shànjiā］

在市驻地崖头街道西南方向17.7千米。滕家镇辖自然村。人口500。明弘治年间，吕姓迁此定居，因地处沟岔，故名吕家沟；明朝隆庆年间，单姓由云南迁此居住，吕姓外迁，故改称单家。聚落呈团块状分布。有文体广场1个、农家书屋1个。经济以种植业、养殖业、工副业为主，有不锈钢金属加工厂、保温材料厂。有公路经此。

炮东 371082-B08-H10
［Pàodōng］

在市驻地崖头街道西南方向17.9千米。滕家镇辖自然村。人口700。清康熙末年，肖氏可磺迁此定居，王姓外迁，村又以地处抗倭炮台之东，故名炮东。聚落呈团块状分布。有图书室1个。经济以种植业、养殖业为主。有纸箱厂、纸袋厂、塑料管厂、塑料袋厂、酱油厂、榨油厂等。有公路经此。

花园 371082-B08-H11
［Huāyuán］

在市驻地崖头街道西南方向18.4千米。滕家镇辖自然村。人口900。清顺治年间，始祖邹秀迁此居住，原邹氏外迁，村以村西一片李子园更名花园。聚落呈团块状分布。经济以种植业、养殖业为主，有机械加工厂、机械修理厂、印刷厂、饲料加工厂、养殖场等。有公路经此。

康家 371082-B08-H12
［Kāngjiā］

在市驻地崖头街道西南方向15.2千米。滕家镇辖自然村。人口600。元至正年间，迟氏祖迁此定居成村，以姓氏命名迟家屯；明天启年间，康民由云南杏林铺迁此居住，迟姓外迁，更名康家。聚落呈团块状分布。有文体广场1个、农家书屋1个。经济以种植业、养殖业为主，有粉条厂。有公路经此。

东初家 371082-B08-H13
［Dōngchūjiā］

在市驻地崖头街道西南方向19.8千米。滕家镇辖自然村。人口400。明万历年间，初姓迁此居住，伍姓外迁，故更名初家。明朝崇祯年间，以方位分成两村，此村居东，故称东初家。聚落呈团块状分布。有文体广场1个、农家书屋1个。经济以种植业为主，种植小麦、玉米、花生、西洋参。有公路经此。

大疃 371082-B09-H01
［Dàtuǎn］

大疃镇人民政府驻地。在市驻地崖头街道西南方向16.2千米。人口1 000。明洪武年间，汤氏祖徙此定居成村，以姓氏命名汤家。后因聚落扩大，更名大疃汤家，1958年简称大疃。聚落呈团块状分布。有文体广场1个、农家书屋1个、中学1所、小学1所、幼儿园1所。经济以种植业、工副业为主，种植小麦、玉米、花生、地瓜等。有机械制造厂、建筑队。有公路经此。

迟家店 371082-B09-H02
［Chíjiādiàn］

在市驻地崖头街道西南方向15.9千米。大疃镇辖自然村。人口500。明万历年间，迟姓始祖迁此居住，名迟家店。聚落呈团块状分布。有文体广场1个、农家书屋1个。经济以种植业、养殖业、工副业为主，种植小麦、玉米、花生，养殖猪、兔。有涂料厂、面粉加工厂、石材加工厂。有公路经此。

黄庄 371082-B09-H03
［Huángzhuāng］

在市驻地崖头街道西南方向19.3千米。

大瞳镇辖自然村。人口 300。明崇祯年间，黄姓始祖徙此定居成村，故名黄庄。清乾隆年间，董姓始祖由文登城西郊迁此居住，沿用原名。聚落呈团块状分布。有文体广场 1 个、农家书屋 1 个。经济以种植业、农副业为主，种植小麦、玉米、花生。有公路经此。

大卧龙　371082-B09-H04
[Dàwòlóng]

在市驻地崖头街道西南方向 13.5 千米。大瞳镇辖自然村。人口 500。清康熙年间，姜姓始祖姜久模、姜久清、姜久录、姜久爱兄弟四人徙此分建两村。因此处有形似卧龙的巨石，且老大、老二建村，故称大卧龙。聚落呈散状分布。经济以种植业、工副业为主，有锯木厂、电机包装箱厂、机件铸造厂、冷藏厂、制钉厂、铸锅厂、鱼筐编制厂、屠宰厂、面粉加工厂、天麻种植基地等。有公路经此。

大泥沟　371082-B09-H05
[Dànígōu]

在市驻地崖头街道西南方向 15.1 千米。大瞳镇辖自然村。人口 700。明万历年间，村地处黄泥沟畔，故称泥沟梁家。清乾隆年间，刘、岳二姓迁入，聚落扩大，更名大泥沟。聚落呈团块状分布。经济以种植业、养殖业、工副业为主，种植小麦、玉米、花生为主。有机件铸造厂、机件加工厂、砖瓦厂、草编厂、再生塑料厂、面粉加工厂、养牛场、养猪场等。有公路经此。

孤石杜家　371082-B09-H06
[Gūshídùjiā]

在市驻地崖头街道西南方向 15.4 千米。大瞳镇辖自然村。人口 200。明朝崇祯年间，王氏祖徙此定居成村，因村处孤石村之东，故名小孤石。后以杜姓更名孤石杜家。聚落呈团块状分布。有文体广场 1 个、农家书屋 1 个。经济以种植业、养殖业、工副业为主，种植小麦、玉米、花生。有机床修理厂、花生加工厂、养猪场、养兔场、养鱼池。309 国道经此。

东沟南疃　371082-B09-H07
[Dōnggōunántuǎn]

在市驻地崖头街道西南方向 15.6 千米。大瞳镇辖自然村。人口 500。明崇祯年间，丛氏祖启昌由文登城徙至横山东沟南侧定居，以烧窑为业，发展成村，故名横山窑东沟南疃。1981 年，简化为东沟南疃。聚落呈团块状分布。有文体广场 1 个、农家书屋 1 个。经济以种植业为主，种植小麦、玉米、花生，有海带丝加工厂、豆腐坊、养鸡场。309 国道经此。

双石董家　371082-B09-H08
[Shuāngshídǒngjiā]

在市驻地崖头街道西南方向 21.2 千米。大瞳镇辖自然村。人口 300。明崇祯年间，董姓始祖徙此定居成村。村西有两块巨石，人称双石，故名双石董家。聚落呈团块状分布。有文体广场 1 个、农家书屋 1 个。经济以种植业、养殖业、工副业为主，种植小麦、玉米、花生，养殖鸭、猪等。有酿酒厂、食品加工厂。有公路经此。

诵庄　371082-B09-H09
[Sòngzhuāng]

在市驻地崖头街道西南方向 23.5 千米。大瞳镇辖自然村。人口 300。清乾隆年间，始祖王凌、王铨、王铦徙此置买宋氏田庄一座，定居成村，故名宋家庄，因先祖系书香门第，盼后世勤耕奋读，以谐音改称诵家庄。后更名诵庄。聚落呈团块状分布。有文体广场 1 个、农家书屋 1 个。经济以种植业、养殖业、工副业为主，种植香菇、蔬菜。有公路经此。

贺家庄 371082-B09-H10
[Hèjiāzhuāng]

在市驻地崖头街道西南方向20.4千米。大疃镇辖自然村。人口300。明嘉靖年间，始祖贺元由东北徙此定居成村，以姓氏命名贺家庄。聚落呈团块状分布。有文体广场1个、农家书屋1个。经济以种植业、养殖业为主。有公路经此。

西岭长 371082-B09-H11
[Xīlǐngcháng]

在市驻地崖头街道西南方向17.5千米。大疃镇辖自然村。人口200。明嘉靖年间，胡氏祖徙此定居成村，以村北有一长化石岭，故名岭长。清康熙年间，村东又建一村，名东岭长，该村遂更名西岭长。聚落呈团块状分布。有文体广场1个、农家书屋1个。经济以种植业、养殖业为主，种植小麦、玉米、花生。有公路经此。

四章 371082-B09-H12
[Sìzhāng]

在市驻地崖头街道西南方向19.6千米。大疃镇辖自然村。人口400。明崇祯年间，肖氏祖文敬由本市滕家镇大章村徙此定居成村。因肖氏祖已有大章、二章、三章三村，故以序号命名四章。聚落呈团块状分布。有文体广场1个、农家书屋1个。经济以种植业、养殖业为主，种植小麦、玉米、花生，养殖猪、鸡、兔等，有电焊、小农具制造等产业。有公路经此。

东上庄 371082-B10-H01
[Dōngshàngzhuāng]

上庄镇人民政府驻地。在市驻地崖头街道西南23.1千米。人口800。明隆庆年间，赵氏祖徙此定居成村，因地处本镇原上庄村之东，故以方位命名东上庄。聚落呈团块状分布。经济以种植业、养殖业为主，种植小麦、玉米、花生，养殖貂、鸡。有粮食加工厂、畜牧养殖加工厂、建材厂、东上庄建筑公司等。有公路经此。

西上庄 371082-B10-H02
[Xīshàngzhuāng]

在市驻地崖头街道西南方向23.6千米。上庄镇辖自然村。人口900。明成化年间，史、隋两姓相继徙此村定居成村，因此处原系庄田，人称上庄，故村以此命名上庄。隆庆年间，村东又建一东上庄，此村遂更名西上庄。聚落呈团块状分布。有幼儿园1所。经济以种植业为主，种植小麦、玉米、花生，有花生、苹果、粮食经销处。有公路经此。

铺里 371082-B10-H03
[Pùlǐ]

在市驻地崖头街道西南方向27.1千米。上庄镇辖自然村。人口1 000。明成化年间，相氏迁此定居建村，因离文登县城六十里，故取名六十里铺，后演变为铺里。聚落呈团块状分布。经济以种植业、养殖业为主，种植小麦、玉米、花生，养殖猪、鸡、鸭、貂等，有滩涂海水养殖业，养虾、鱼、蛤蜊等。有公路经此。

院前 371082-B10-H04
[Yuànqián]

在市驻地崖头街道西南方向25.8千米。上庄镇辖自然村。人口400。明天顺年间，苏、车、邓三姓相继徙此聚居成村，因地处古庙院之前，故名院前。聚落呈团块状分布。经济以种植业为主，种植小麦、玉米、花生、水果。有公路经此。

西旗杆石 371082-B10-H05
[Xīqígānshí]

在市驻地崖头街道西南方向21.9千米。

上庄镇辖自然村。人口600。明万历年间，王氏祖三醒之子徒此分东、西两地定居成村，长子居东名村东庄，后东庄村东建一尼姑庙，庙前立有两块大旗杆石，故更名西旗干石。聚落呈团块状分布。有文体广场1个、农家书屋1个。经济以种植业、养殖业为主，种植小麦、玉米、花生，养殖貂。有公路经此。

北沙岛 371082-B10-H06
[Běishādǎo]

在市驻地崖头街道西南方向25.8千米。上庄镇辖自然村。人口1 200。明嘉靖年间，王粟、王米兄弟二人由云南鸡头县迁至龙汪河之北建村，故名北汪龙村，后又以村临海滨沙丘更名北沙岛。聚落呈团块状分布。经济以种植业为主，种植小麦、玉米、花生，养殖猪、鸡、鸭、貂等，有虾池。有公路经此。

南沙岛 371082-B10-H07
[Nánshādǎo]

在市驻地崖头街道西南方向26.5千米。上庄镇辖自然村。人口1100。明天启年间，王显积迁至龙汪河之南建村，故名南汪龙，后又以临海滨沙丘更名为南沙岛。聚落呈团块状分布。经济以种植业、养殖业为主，种植小麦、玉米、花生，有养虾池。有公路经此。

王皮庄 371082-B10-H08
[Wángpízhuāng]

在市驻地崖头街道西南方向25.2千米。上庄镇辖自然村。人口300。清乾隆年间，王氏祖徒此定居成村，因以熏皮为业，故以姓氏命名王皮庄。聚落呈团块状分布。有文体广场1个、农家书屋1个。经济以种植业为主，种植小麦、玉米、花生、地瓜。有公路经此。

西涝 371082-B10-H09
[Xīlào]

在市驻地崖头街道西南方向21.8千米。上庄镇辖自然村。人口400。明正德年间，王氏祖荣世定居，因地处涝洼，故名涝村王家。后村东建一村，本村以方位更名西涝。聚落呈团块状分布。有小学1所、幼儿园1所。经济以种植业、养殖业为主，种植小麦、玉米、花生，养殖牛、羊、猪。有公路经此。

大李家 371082-B10-H10
[Dàlǐjiā]

在市驻地崖头街道西南方向23.3千米。上庄镇辖自然村。人口700。明隆庆年间，李氏祖东凤、东穆兄弟二人徙此，于河两岸的土阜上分别建村，兄居河东岸，名东埠头。后以姓氏更名为大李家。聚落呈团块状分布。有小学1所、幼儿园1所、文体广场1个、农家书屋1个。经济以种植业为主，种植小麦、玉米、花生。有冷藏厂。有公路经此。

东峰山后 371082-B11-H01
[Dōngfēngshānhòu]

虎山镇人民政府驻地。在市驻地崖头街道西南方向32.1千米。人口500。明万历年间，李姓建村，因地处峰山之后且位置靠东得名。聚落呈团块状分布。有文化活动中心1个、图书室1个。经济以种植业为主，种植小麦、玉米、花生。有公路经此。

邱家 371082-B11-H02
[Qiūjiā]

在市驻地崖头街道西南方向33.5千米。虎山镇辖自然村。人口1 800。明弘治年间，始祖邱震徙此定居成村，以姓氏命名邱家。聚落呈团块状分布。有文体广场1个、农家书屋1个。有好当家、恒力机械制造、盛泉等企业。有公路经此。

得胜寨 371082-B11-H03

［Déshèngzhài］

在市驻地崖头街道西南方向32.1千米。虎山镇辖自然村。人口1 600。万、于两姓徙此定居成村，因村临古得胜寨，故村以寨命名得胜寨。聚落呈团块状分布。有文体广场1个。经济以种植业、养殖业为主，种植小麦、玉米、花生，养殖貂、狐狸、猪等。有粉条厂、砖瓦厂、糖果厂、养猪场。有公路经此。

五龙嘴 371082-B11-H04

［Wǔlóngzuǐ］

在市驻地崖头街道西南方向31.9千米。虎山镇辖自然村。人口1 500。明朝初期，齐氏祖徙此定居成村，因村北有五个似龙嘴的海嘴，故名五龙嘴。聚落呈团块状分布。有文体广场1个、农家书屋1个。经济以种植业、养殖业为主，种植小麦、玉米、花生，养殖貂、狐狸等，有虾池、船厂。有公路经此。

梁家 371082-B11-H05

［Liángjiā］

在市驻地崖头街道西南方向36.4千米。虎山镇辖自然村。人口1 500。明弘治年间，梁氏祖文政、梁享兄弟五人由云南徙此定居成村，以姓氏命名梁家。聚落呈团块状分布。有文体广场1个、农家书屋1个。经济以种植业为主，种植小麦、玉米、花生、蔬菜，有虾池。有公路经此。

大龙嘴 371082-B11-H06

［Dàlóngzuǐ］

在市驻地崖头街道西南方向32.9千米。虎山镇辖自然村。人口1 300。明嘉靖年间，徐氏祖、傅氏祖在此定居成村，因村西海泮有一山嘴，形似龙嘴，故名大龙嘴。聚落呈团块状分布。有文体广场1个、农家

书屋1个。经济以种植业为主，种植小麦、玉米、花生。有海参池。有公路经此。

光禄寨 371082-B11-H07

［Guānglùzhài］

在市驻地崖头街道西南方向34.3千米。虎山镇辖自然村。人口200。明弘治年间，始祖董辉徙此定居成村，因地处古广龙寨前，故村以此命名广龙寨，1958年后演变为光禄寨。聚落呈团块状分布。有文体广场1个。有明朝古城。经济以种植业为主，种植小麦、玉米、花生。有公路经此。

正寺 371082-B11-H08

［Zhèngsì］

在市驻地崖头街道西南方向33.5千米。虎山镇辖自然村。人口400。明成化年间，于氏祖由云南徙此定村，因村临寺庙，故名正寺。聚落呈团块状分布。有文体广场1个、农家书屋1个。经济以种植业为主，种植苹果、蔬菜、粮油作物。有公路经此。

西塘子 371082-B11-H09

［Xītángzi］

在市驻地崖头街道西南方向34.3千米。虎山镇辖自然村。人口1 000。明万历年间，万氏祖徙此定居成村，因村近池塘，且此地同时有两村，此村居西，故名西塘子。聚落呈团块状分布。有文体广场1个、农家书屋1个。经济以种植业、海水养殖业为主，种植小麦、花生、玉米，有虾池。有公路经此。

南于家 371082-B11-H10

［Nányújiā］

在市驻地崖头街道西南方向36.2千米。虎山镇辖自然村。人口700。明洪武年间，始祖于长徙此定居成村，以摆渡为生，故名渡头于家。1945年以方位更名南于家。聚落

呈团块状分布。有文体广场 1 个、农家书屋 1 个。经济以种植业、养殖业为主，种植小麦、玉米、花生。有虾池、海参池。有公路经此。

鹊岛 371082-B11-H11
[Quèdǎo]

在市驻地崖头街道西南方向 33.4 千米。虎山镇辖自然村。人口 300。孙姓建村，因村西北至东南均被涨濛港所环绕呈岛形，村西南土山上有一大石，形似石砣，故名砣岛。1945 年更名为鹊岛。聚落呈团块状分布。经济以种植业为主，种植小麦、玉米、花生。有公路经此。

西峰山后 371082-B11-H12
[Xīfēngshānhòu]

在市驻地崖头街道西南方向 32.4 千米。虎山镇辖自然村。人口 800。明万历年间，王氏祖由本镇峰山前村迁至东峰山后村西建村，故名西峰山后。聚落呈团块状分布。有文体广场 1 个、农家书屋 1 个。经济以种植业为主，种植大葱、山药、干梅子、菊花菜等。有公路经此。

黄山 371082-B11-H13
[Huángshān]

在市驻地崖头街道西南方向 31.7 千米。虎山镇辖自然村。人口 1 100。明正统年间，徐氏祖敬室由威海市泊于镇白马南村迁此居住，因地处黄山西南侧，名黄山。聚落呈团块状分布。有文体广场 1 个、农家书屋 1 个。经济以种植业为主，种植小麦、玉米、花生。有公路经此。

台上 371082-B11-H14
[Táishàng]

在市驻地崖头街道西南方向 29.1 千米。虎山镇辖自然村。人口 500。清顺治年间，于氏祖徙此定居成村。后王氏迁此定居，

村无于姓，更名台上村。聚落呈团块状分布。有文体广场 1 个。经济以种植业为主。有公路经此。

东双庙 371082-B11-H15
[Dōngshuāngmiào]

在市驻地崖头街道西南方向 30.5 千米。虎山镇辖自然村。人口 400。明崇祯年间，张氏祖体泰、体纲由本市人和镇晏家庄迁此定居，因村西有两座小庙，俗称双庙，故命村名东双庙。聚落呈团块状分布。有文体广场 1 个、农家书屋 1 个。经济以种植业、养殖业为主，种植小麦、玉米、花生，养殖貂、猪、羊等。有公路经此。

岛宋家 371082-B11-H16
[Dǎosòngjiā]

在市驻地崖头街道西南方向 34.4 千米。虎山镇辖自然村。人口 500。明正德年间，宋洋由文登县九顶埠迁此定居，村无刘姓，宋姓以岛冠以姓氏更名岛宋家。聚落呈团块状分布。有文体广场 1 个。经济以种植业、养殖业为主，种植小麦、玉米、花生。有虾、牡蛎等养殖场，有盐场 1 处。有公路经此。

人和 371082-B12-H01
[Rénhé]

人和镇人民政府驻地。在市驻地崖头街道西南方向 39.1 千米。人口 1 000。清道光年间，为盼村民世代团结和睦，更名人和。聚落呈团块状分布。有小学 1 所、幼儿园 1 所、文体广场 1 个。经济以种植业为主，种植小麦、花生、玉米。有冷藏厂、石材加工厂、面粉厂、鱼粉厂、鱼块厂、纸箱厂、奶牛厂、肉牛厂等。有公路经此。

宋家庄 371082-B12-H02
[Sòngjiāzhuāng]

在市驻地崖头街道西南方向 38.4 千米。

人和镇辖自然村。人口 700。明弘治年间，宋氏祖徙此定居成村，以姓氏命名为宋家庄。聚落呈团块状分布。有文体广场 2 个、农家书屋 1 个。经济以工副业为主，有养殖场、理石加工厂、鱼粉厂等。228 国道经此。

邢家 371082-B12-H03
[Xíngjiā]

在市驻地崖头街道西南方向 36.5 千米。人和镇辖自然村。人口 700。明正德年间，邢氏祖徙此定居成村，以姓氏命名邢家。聚落呈团块状分布。有文体广场 1 个、农家书屋 1 个。经济以种植业、养殖业、工副业为主，种植小麦、玉米、花生，养殖貂、狐狸、貉，有橡胶厂、冷藏厂、养殖场等。有公路经此。

昌邑 371082-B12-H04
[Chāngyì]

在市驻地崖头街道西南方向 36.8 千米。人和镇辖自然村。人口 1 000。因知县曾在昌邑县做过官，更名昌邑。聚落呈团块状分布。有文体广场 1 个、农家书屋 1 个。经济以种植业、养殖业、工副业为主。有冷藏厂、养貂场、养狐狸场、鱼块加工厂。有公路经此。

西河口 371082-B12-H05
[Xīhékǒu]

在市驻地崖头街道西南方向 40.5 千米。人和镇辖自然村。人口 1 100。清康熙元年（1662），刘氏祖孟喜、孟侦兄弟二人在此定居成村，因村处河流入海口岸，故名河口。康熙中期，村东又建一村，名东河口，此村遂更名西河口。聚落呈团块状分布。有河口文化遗址。经济以种植业、养殖业、工副业为主，种植小麦、玉米、花生、大豆、地瓜，养殖猪、貂、狐狸、貉、鸡等。有花岗石矿、石材加工厂、鱼粉加工厂、

鱼油精炼厂、饲料加工厂、冷藏厂、海产品加工厂等。有公路经此。

北元产 371082-B12-H06
[Běiyuánchǎn]

在市驻地崖头街道西南方向 39.0 千米。人和镇辖自然村。人口 600。明嘉靖年间，杨氏祖迁此给地主看管庄园，发展成村，此地南北同时建两个村，该村位北，故名为北园产，后演变为北元产。聚落呈团块状分布。有文体广场 1 个、农家书屋 1 个。经济以种植业、养殖业为主，种植小麦、玉米、花生，养殖鸡、猪、貂、狐、貉。有海产品加工、粉末冶金厂、磁业和弘远铸造厂等。228 国道经此。

西里山 371082-B12-H07
[Xīlǐshān]

在市驻地崖头街道西南方向 40.7 千米。人和镇辖自然村。人口 1 500。明正统年间，向氏祖徙此居住成村，因距槎山道教古道观开元观一华里而得名里山，后以方位更名为西里山。聚落呈团块状分布。有幼儿园 1 所、文体广场 1 个、农家书屋 1 个。经济以种植业、养殖业、工副业为主，种植小麦、玉米、花生，养殖狐狸、貂、猪、鸡、兔。有花岗岩矿石开采、石材加工、电气焊、旋钻床、粮食加工等产业。有冷藏厂、理石加工厂、鱼粉加工厂、鱿鱼加工厂。有公路经此。

千军石 371082-B12-H08
[Qiānjūnshí]

在市驻地崖头街道西南方向 39.8 千米。人和镇辖自然村。人口 600。明天顺年间，孙氏祖由文登县孙家埠迁入此地建村，村后有百石岭，远远望去，形似千军万马，故名千军石。聚落呈团块状分布。有文体广场 1 个、农家书屋 1 个。经济以种植业

为主，种植花生、小麦、玉米。有供水设备厂、自来水管道安装、板金气焊修理厂、海产品加工厂等。有公路经此。

南桲椤 371082-B12-H09
[Nánpóluó]

在市驻地崖头街道西南方向39.2千米。人和镇辖自然村。人口800。明万历年间，侯姓迁此定居。因村后有很多桲椤树而名桲椤村。1981年，以方位更名南桲椤。聚落呈团块状分布。有文体广场1个、农家书屋1个。经济以种植业、养殖业、工副业为主。有公路经此。

大疃刘家 371082-B12-H10
[Dàtuǎnliújiā]

在市驻地崖头街道西南方向40.9千米。人和镇辖自然村。人口1 000。明成化年间，始祖刘尧迁至槎山北麓定居成村，故名山后。后来随刘姓族系发展，村域扩大，更名为大疃刘家。聚落呈团块状分布。有文体广场1个、农家书屋1个。经济以养殖业、种植业、工副业为主。有冷藏厂、拖配厂、养貂场、养鸡场、板材厂等。有公路经此。

南下河 371082-B12-H11
[Nánxiàhé]

在市驻地崖头街道西南方向36.9千米。人和镇辖自然村。人口700。明弘治年间，原福落村村民因水灾迁至下河西岸定居，改称下河。万历年间村北又建一村，名为北下河，此村遂更名南下河。聚落呈团块状分布。有文体广场1个、农家书屋1个。经济以养殖业、种植业、工副业为主，种植小麦、玉米、花生。有冷藏厂、海产品加工场、养兔场、养貂场、养猪场、奶牛养殖场、汽车维修厂、石材加工厂等。有公路经此。

北齐山 371082-B12-H12
[Běiqíshān]

在市驻地崖头街道西南方向35.7千米。人和镇辖自然村。人口1 100。明弘治年间，始祖刘三启徙至齐虎山西居住成村，故名刘家齐山。后以地处齐山河之北，更名北齐山。聚落呈团块状分布。有文体广场1个、农家书屋1个。经济以养殖业、种植业、工副业为主，种植小麦、玉米、花生，有养貂厂、养猪厂、冷藏厂、好佳好水产食品有限公司、鹏翔机械厂。有公路经此。

北卧龙 371082-B12-H13
[Běiwòlóng]

在市驻地崖头街道西南方向40.3千米。人和镇辖自然村。人口600。明万历年间，孙氏祖徙此定居成村。因地处本镇原卧龙村北，故名北卧龙。聚落呈团块状分布。经济以养殖业、种植业、工副业为主，种植小麦、玉米、花生。有养貂场、养鸡场、海藻加工厂。有公路经此。

朱口 371082-B12-H14
[Zhūkǒu]

在市驻地崖头街道西南方向43.0千米。人和镇辖自然村。人口700。明正德年间，朱氏徙此定居成村，因村东西各有一个半圆形的海湾，故以姓氏命名朱家圈，1948年又以地处海口更名朱口。聚落呈团块状分布。盛产鱼虾、贝类、海藻、海蜇等海产品。有朱口集团有限公司。有公路经此。

码头 371082-B12-H15
[Mǎtóu]

在市驻地崖头街道西南方向40.7千米。人和镇辖自然村。人口1 300。清乾隆年间，始祖向二由本镇南卧龙村徙此定居成村，因村西有一山峰形似马头，故名马头。后因村东有停泊渔船之码头，故更名码头。聚落呈团块状分布。有文体广场1个、农家书屋1个。经济以远洋捕捞为主。有公路经此。

院夼 371082-B12-H16
[Yuànkuǎng]

在市驻地崖头街道西南方向43.9千米。人和镇辖自然村。人口3 500。明天启年间，王氏祖继海、继业兄弟二人徙此定居成村，因村近院夼寺，故名院夼。聚落呈团块状分布。有农家书屋1个。经济以渔业为主，有山东院夼实业集团有限公司、槎山旅游公司。有公路经此。

靖海卫 371082-B12-H17
[Jìnghǎiwèi]

在市驻地崖头街道西南方向47.6千米。人和镇辖自然村。人口2 200。明洪武三十一年（1398），为加强海防，御倭讨贼，废郡设卫，取海疆安宝之意，命名靖海卫。聚落呈团块状分布。经济以种植业、研制业、工副业为主。有冷藏厂、冰厂、渔业、理石场、采矿场、滩涂养殖场、畜牧业养殖场等。有公路经此。

涨濛 371082-B12-H18
[Zhàngméng]

在市驻地崖头街道西南方向43.8千米。人和镇辖自然村。人口1 500。明万历年间，连氏九世祖懋开由靖海卫徙此定居成村，因村处海汊南岸，海潮涨落，时常大雾濛濛，故名涨濛。聚落呈团块状分布。经济以养殖业为主，养殖海参、对虾、螃蟹等。有石材加工厂、海产品加工厂、冷藏厂、涨濛盐场、镇属虾场，有狐狸、貂、貉子等特种养殖厂。有公路经此。

灶户 371082-B12-H19
[Zàohù]

在市驻地崖头街道西南方向44.4千米。人和镇辖自然村。人口1 200。明永乐年间，始祖王柯由文登县侯家迁此置买滩地，以烧盐为生，故取名灶户。聚落呈团块状分布。有文体广场2个、农家书屋1个。经济以种植业、养殖业、工副业为主，种植花生、小麦、玉米。有船舶修造厂、石材加工厂、养貂场、养猪场、涨濛盐场。有公路经此。

东邵家山 371082-B12-H20
[Dōngshàojiāshān]

在市驻地崖头街道西南方向43.6千米。人和镇辖自然村。人口700。明洪武年间，邵氏祖徙至西邵家山村之东定居成村，故名东邵家山。聚落呈团块状分布。有文体广场1个、农家书屋1个。经济以种植业、养殖业、工副业为主，种植花生、小麦、玉米。有石材加工厂、养貂场、养鸡场、涨濛盐场。有公路经此。

寨东 371082-B12-H21
[Zhàidōng]

在市驻地崖头街道西南方向44.3千米。人和镇辖自然村。人口700。明洪武年间，位于村西南方向有一土山，山上有土寨，另在现村中心路有一小土寨，故定名为双寨子东，现简称为寨东。聚落呈团块状分布。有文体广场1个、农家书屋1个。经济以种植业、养殖业、工副业为主，种植小麦、玉米、花生，养殖貂、狐、貉等。有海产品加工厂、石材加工厂、养貂场。有公路经此。

寨前 371082-B12-H22
[Zhàiqián]

在市驻地崖头街道西南方向45.3千米。

人和镇辖自然村。人口 700。明永乐年间，张氏祖由浙江省钱塘徙此定居成村，后有伯、潘、赵、王等姓相继迁此定居，因村处古兵寨之南，故名寨前。聚落呈团块状分布。有文体广场 1 个、农家书屋 1 个。北有古兵寨遗址。经济以种植业、养殖业、工副业为主，种植小麦、玉米、蔬菜、瓜果，养殖水貂。有海上捕捞、交通运输、石材加工、花岗石开采等行业。有冷藏厂、理石加工厂。有公路经此。

顶子前 371082-B12-H23
［Dǐngziqián］

在市驻地崖头街道西南方向 44.0 千米。人和镇辖自然村。人口 1 200。明嘉靖年间，尹姓由徙此定居成村，因地处顶子石之南故名顶子前。聚落呈团块状分布。有文体广场 1 个、农家书屋 1 个。经济以种植业为主，种植小麦、花生、玉米。有石材厂、鱼粉厂、养殖厂、养貂场、养猪场、海产品加工厂。有公路经此。

山西头 371082-B12-H24
［Shānxītóu］

在市驻地崖头街道西南方向 44.0 千米。人和镇辖自然村。人口 2 100。明永乐年间，始祖殷水、殷用兄弟二人迁此建村，因地处槎山西头，故名槎山西头，后简化山西头。聚落呈团块状分布。有文体广场 1 个、农家书屋 1 个。经济以种植业、养殖业、工副业为主，种植小麦、大豆、地瓜、玉米，养殖貂。有近海捕捞、冷藏厂、石岛红花岗石矿、石材加工厂、养貂场、海产品加工厂等，盛产虾皮、海米。有公路经此。

大庄 371082-B12-H25
［Dàzhuāng］

在市驻地崖头街道西南方向 43.1 千米。人和镇辖自然村。人口 1 100。明天启年间，始祖张馆徙此定居成村，村名小晏家庄。后韩、刘等姓相继迁此定居，因诸姓支系旺盛，村落扩大，故改称大庄。聚落呈团块状分布。有文体广场 1 个、农家书屋 1 个。有石材加工业、建筑业、养貂业、海产品加工业、水产养殖业、捕捞业、面粉加工业等。有公路经此。

晏家庄 371082-B12-H26
［Yànjiāzhuāng］

在市驻地崖头街道西南方向 43.1 千米。人和镇辖自然村。人口 700。明永乐年间，晏姓徙此定居成村，以姓氏命名晏家庄。聚落呈团块状分布。有文体广场 1 个、农家书屋 1 个。经济以种植业、养殖业、工副业为主。有港养虾池、滩涂养殖、石材加工等。有公路经此。

乳山市

城市居民点

夏北西城华府 371083-I01
［Xiàběi Xīchéng Huáfǔ］

在市境西部。住户 1873 户。总面积 16.5 公顷。因是位于夏北村西面的华丽小区，故名夏北西城华府。2011 年 11 月始建，2012 年 11 月正式使用。建筑总面积 202 251 平方米，住宅楼 56 栋，其中高层 10 栋、多层 46 栋，现代建筑风格。绿化率 35.2%。有便利店、中医诊所等配套设施。通公交车。

学府华都 371083-I02
［Xuéfǔ Huádū］

在市境中部。住户 412 户。总面积 1.1 公顷。因前期为大学，取繁华之意，故名学府华都。2012 年 11 月始建，2014 年 1

月正式使用。建筑总面积 11 031 平方米，高层住宅楼 4 栋，现代建筑风格。绿化率 45%。有超市等配套设施。通公交车。

东方名苑 371083-I03
[Dōngfāng Míngyuàn]

在市境东部。住户 112 户。总面积 1.5 公顷。以东方为朝阳升起的方向，故名。2013 年始建，2014 年正式使用。建筑总面积 24 874 平方米，高层住宅楼 3 栋，现代建筑风格。绿化率 30%。有超市等配套设施。通公交车。

金盛苑小区 371083-I04
[Jīnshèngyuàn Xiǎoqū]

在市境中部。住户 576 户。总面积 6.5 公顷。因寓意金碛岭村繁荣昌盛，百姓安居乐业，故名。2012 年始建，2013 年正式使用。建筑总面积 81 065.05 平方米，住宅楼 18 栋，其中高层 9 栋、多层 9 栋，现代建筑风格。绿化率为 36%。有超市等配套设施。通公交车。

金牛山怡居苑小区 371083-I05
[Jīnniúshān Yíjūyuàn Xiǎoqū]

在市境南部。住户 3 506 户。总面积 20.4 公顷。因位于金牛山公园附近，致力打造宜居小区，故名。2011 年始建，2013 年正式使用。建筑总面积 331 833 平方米，多层住宅楼 6 栋，现代建筑风格。绿化率为 39.2%。有超市等配套设施。通公交车。

富兴苑小区 371083-I06
[Fùxīngyuàn Xiǎoqū]

在市境南部。住户 348 户。总面积 3.4 公顷。取富饶兴盛之意，故名。2012 年始建，2014 年正式使用。建筑总面积 32 414.7 平方米，住宅楼 11 栋，其中高层 2 栋、多层 9 栋，现代建筑风格。绿化率 20%。通公交车。

阳光水岸小区 371083-I07
[Yángguāng Shuǐàn Xiǎoqū]

在市境西部。住户 410 户。总面积 3.1 公顷。因依山傍水，阳光朝气蓬勃，故名。2011 年始建，2012 年正式使用。建筑总面积 68 254.3 平方米，住宅楼 12 栋，其中高层 6 栋、多层 6 栋，现代建筑风格。绿化率 35%。有超市等配套设施。通公交车。

农村居民点

东耿家 371083-A01-H01
[Dōnggěngjiā]

在市驻地城区街道南方向 0.7 千米。城区街道辖自然村。人口 3 000。明万历十三年（1585），耿姓从山西风凌渡迁风台顶，翌年又迁此定居建村，因同乳山口镇西耿家同年建村，故取名东耿家。聚落呈团块状分布。经济以工商业为主，有建筑公司、房地产开发公司、砖瓦厂、建材厂等。有公路经此。

夏西 371083-A01-H02
[Xiàxī]

在市驻地城区街道西南方向 2.8 千米。城区街道辖自然村。人口 1 300。以姓氏命名。聚落呈团块状分布。有山东省非遗夏西村火龙秧歌。经济以种植业、养殖业、工副业为主，有城西房地产开发有限公司、城西建筑公司、城西物业管理有限公司、城西新型建材厂等。有公路经此。

腾甲庄 371083-B01-H01
[Téngjiǎzhuāng]

夏村镇人民政府驻地。在市驻地城区街道东南方向 1.7 千米。人口 1 600。清康熙元年（1662），于七起义失败后，其部下滕贾二将为躲避清兵围剿在此居住，取名滕贾庄。康熙三十年（1691），于式款由司马庄迁此定居，滕、贾二姓迁走，后取谐音更名腾甲庄。聚落呈散状分布。有中学1所。经济以商业、服务业为主，有房地产开发、水泥制品、物业管理等企业。有公路经此。

东秦家庄 371083-B01-H02
[Dōngqínjiāzhuāng]

在市驻地城区街道东北方向4.5千米。夏村镇辖自然村。人口500。明末，秦姓居此建村秦家庄，后更今名。聚落呈团块状分布。经济以种植业为主，兼有果业、饲养业。有公路经此。

赫家庄 371083-B01-H03
[Hèjiāzhuāng]

在市驻地城区街道东北方向4.5千米。夏村镇辖自然村。人口300。明末，赫姓由城阴迁此定居立村，取名赫家庄。聚落呈团块状分布。经济以种植业为主，主产小麦、玉米等。有公路经此。

张八庄 371083-B01-H04
[zhāngbāzhuāng]

在市驻地城区街道东北方向4.5千米。夏村镇辖自然村。人口200。清道光年间，宋姓由北江村迁此定居建村，取名小东庄。后姜、张、许、袁姓迁入。因有户张姓人家横霸乡里，人称张霸庄。清末更名张八庄。聚落呈团块状分布。经济以种植业为主，兼有果业、饲养业。有公路经此。

台依 371083-B01-H05
[Táiyī]

在市驻地城区街道北方向5.0千米。夏村镇辖自然村。人口1 600。明永乐年间，徐姓从江苏省昆山县大槐树村迁此定居立村，因所处地势较高，故名台依。聚落呈团块状分布。经济以种植业为主，兼有果业、饲养业。有公路经此。

东周格庄 371083-B01-H06
[Dōngzhōugézhuāng]

在市驻地城区街道北方向7.0千米。夏村镇辖自然村。人口800。明万历元年（1573），周姓由浙江迁此定居立村，取名周格庄。1959年，因修台依水库，以村中南北小河流为界分为东西两个村。此村在东，1962年命名为东周格庄。聚落呈团块状分布。经济以种植业为主，兼有果业、饲养业。有公路经此。

房屋 371083-B01-H07
[Fángwū]

在市驻地城区街道西北方向8.0千米。夏村镇辖自然村。人口1 100。明永乐年间，邵姓从河南省云南庄迁此建村，取名西庄，后遭兵祸被剿。嘉靖十一年（1532），杨姓从牟平五台南塂迁入，因初时原村址房屋尚存，故称房屋。聚落呈团块状分布。经济以种植业为主，兼有果业、饲养业。有公路经此。

小疃 371083-B01-H08
[Xiǎotuǎn]

在市驻地城区街道西北方向9.0千米。夏村镇辖自然村。人口1 500。明永乐二十二年（1424），孙姓由小云南迁此定居建村，初名崮岱。清雍正元年（1723）遭兵祸北迁二里建村，因村小，故更名小疃。聚落呈团块状分布。有县级文物保护单位新石器时代古文化遗址。经济以种植业、饲养业为主，兼有果业和工副业。有公路经此。

战家夼 371083-B01-H09
[Zhànjiākuǎng]

在市驻地城区街道北方向9.0千米。夏

村镇辖自然村。人口 1 500。元代前战姓居此建村，因位于山夼，故取名战家夼。聚落呈团块状分布。经济以种植业为主，兼有果业、蔬菜种植、饲养业。有火车站综合服务公司。有公路经此。

羊角盘 371083-B01-H10
[Yángjiǎopán]

在市驻地城区街道北方向 8.0 千米。夏村镇辖自然村。人口 400。明万历年间，姜承教从峒岭迁此定居立村，因地形似羊角而得名羊角盘。聚落呈散状分布。经济以种植业为主。有公路经此。

祝家庄 371083-B02-H01
[Zhùjiāzhuāng]

乳山口镇人民政府驻地。在市驻地城区街道西南方向 6.6 千米。人口 300。清道光三年（1823），祝友从文登祝家英迁此立村，取名祝家庄。聚落呈团块状分布。有中学 1 所、小学 1 所、幼儿园 1 所。经济以种植业为主，主产小麦、玉米、花生、地瓜、杂粮。有养猪场。有公路经此。

旗杆石 371083-B02-H02
[Qígānshí]

在市驻地城区街道西南方向 14.5 千米。乳山口镇辖自然村。人口 1 100。清顺治年间，于久道由西弘于家迁此定居立村。因村前娘娘庙前旗杆树于岩石上，以此取名旗杆石。聚落呈团块状分布。经济以渔业为主，兼有粮油种植业。有公路经此。

秦家庄 371083-B02-H03
[Qínjiāzhuāng]

在市驻地城区街道南方向 8.4 千米。乳山口镇辖自然村。人口 1 600。明朝中期，胡姓居此立村，取名胡家庄。清初胡姓迁走，秦姓由济南府历城县迁此定居，更名秦家庄。同治年间，唐姓由南唐家迁秦家庄村东官府养马之地定居立村，取名小官地，1952 年并入秦家庄。聚落呈团块状分布。经济以渔业、种植业为主。有公路经此。

南唐家 371083-B02-H04
[Nántángjiā]

在市驻地城区街道南方向 7.1 千米。乳口镇辖自然村。人口 1 700。明正德年间，唐姓由福山区陌唐村迁此定居立村，初名唐家，后因建北唐家村而更名南唐家。聚落呈团块状分布。经济以种植业为主，种植小麦、玉米、花生，兼有滩涂养殖和海水养殖业。青威高速经此。

北唐家 371083-B02-H05
[Běitángjiā]

在市驻地城区街道东南方向 6.1 千米。乳山口镇辖自然村。人口 600。始祖迁唐家村北定居立村，取名北唐家。聚落呈团块状分布。经济以种植业为主，兼有渔业。主产小麦、玉米、花生。青威高速经此。

兰家庄 371083-B02-H06
[Lánjiāzhuāng]

在市驻地城区街道南方向 5.0 千米。乳山口镇辖自然村。人口 900。明正统年间，张姓由云南迁此立村。因此处为兰家的种地庄子，故称兰家庄。聚落呈团块状分布。经济以种植业为主，主产小麦、玉米、地瓜、花生。有海米加工业。青威高速经此。

刁家塂 371083-B02-H07
[Diāojiājiǎng]

在市驻地城区街道西南方向 14.6 千米。乳山口镇辖自然村。人口 300。清康熙年间，刁姓由刁家迁此定居立村。因地处山塂之上，故称刁家塂。聚落呈团块状分布。经济以种植业为主。青威高速经此。

择村 371083-B02-H08

［Zécūn］

在市驻地城区街道南方向6.1千米。乳山口镇辖自然村。人口800。清雍正年间，宋姓由南泓来此择地立村，故名择村。聚落呈团块状分布。经济以种植业为主，主产小麦、玉米、花生。青威高速经此。

海阳所 371083-B03-H01

［Hǎiyángsuǒ］

海阳所镇人民政府驻地。在市驻地城区街道东南方向13.6千米。人口2 300。明洪武十一年（1378），为防倭寇海上入侵，在沙沟寨设立海阳守御千户，隶属大嵩卫，简称海阳所。聚落呈团块状分布。有中学1所、小学1所、文化站1个。有海阳所古寨遗迹、新石器时代文化遗址和西周墓群。经济以渔业、种植业为主，盛产对虾、牡蛎、蚬子、文蛤等。兼有机械加工、海珍品养殖加工、旅游休闲等产业。省道石宁线经此。

所陈家 371083-B03-H02

［Suǒchénjiā］

在市驻地城区街道东南方向11.0千米。海阳所镇辖自然村。人口900。明永乐年间，陈升从云南从军海阳所，之后迁此落籍建村陈家。1980年更名所陈家。聚落呈散状分布。经济以种植业为主，兼有渔业。产小麦、玉米、地瓜、花生，盛产鱼类、牡蛎等贝类，有牡蛎养殖场。有公路经此。

吕家庄 371083-B03-H03

［Lǚjiāzhuāng］

在市驻地城区街道东南方向12.0千米。海阳所镇辖自然村。人口400。明永乐年间，吕姓从云南随军到此守御海阳千户所，授命将军指挥职。成化年间，解甲定居建村吕家庄。聚落呈团块状分布。经济以种植业为主。有公路经此。

贾家庄 371083-B03-H04

［Jiǎjiāzhuāng］

在市驻地城区街道东南方向11.0千米。海阳所镇辖自然村。人口600。明末，贾启太、贾启辰兄弟两人从海阳所来此定居建村，取名贾家庄。聚落呈团块状分布。经济以种植业为主，兼有海水养殖业。有公路经此。

望海庄 371083-B03-H05

［Wànghǎizhuāng］

在市驻地城区街道东南方向10.5千米。海阳所镇辖自然村。人口200。明末，宋、潘、于三姓先后迁此定居建村，取名宋家庄，后迁走。清雍正年间，杜姓从杜家岛迁入；乾隆年间，王姓从海阳所迁入。因村东临大海，故更名望海庄。聚落呈团块状分布。经济以种植业为主，兼有海水养殖业。有公路经此。

常家庄 371083-B03-H06

［Chángjiāzhuāng］

在市驻地城区街道东南方向12.0千米。海阳所镇辖自然村。人口600。明永乐年间，常姓从云南从军靖海卫，明末迁此定居建村，取名常家庄。聚落呈团块状分布。经济以种植业为主，产小麦、玉米、地瓜、花生。有公路经此。

王家庄 371083-B03-H07

［Wángjiāzhuāng］

在市驻地城区街道东南方向11.0千米。海阳所镇辖自然村。人口100。明永乐年间，王姓从云南从军靖海卫，明末迁此定居建村，取名王家庄。聚落呈团块状分布。经济以粮油种植业为主。有公路经此。

所后张家庄 371083-B03-H08

［Suǒhòuzhāngjiāzhuāng］

在市驻地城区街道南方向10.0千米。

海阳所镇辖自然村。人口 500。明永乐年间，张姓从小云南从军海阳所。成化年间，落籍定居建村张家庄。后有常姓从所后常家庄迁入。1980 年更名所后张家庄。聚落呈团块状分布。经济以种植业为主，兼有水产养殖业。有磨坊等。有公路经此。

赵家庄 371083-B03-H09
[Zhàojiāzhuāng]

在市驻地城区街道东南方向 12.0 千米。海阳所镇辖自然村。人口 400。明万历年间，赵、徐、许三姓由海阳所迁此分别建赵家庄、指挥村、许家埠三村。1942 年三村合并为一个村，称赵家庄。聚落呈散状分布。经济以种植业为主。有公路经此。

海疃 371083-B03-H10
[Hǎituǎn]

在市驻地城区街道东南方向 15.1 千米。海阳所镇辖自然村。人口 500。弘治年间，刘兰落籍迁海滩边定居立村，取名海滩，后演变为海疃。聚落呈团块状分布。有市文物保护单位西周早期古墓群。经济以种植业为主，兼有果业和海水养殖业。产小麦、玉米、地瓜、花生、苹果、对虾等。有红炉合线厂。有公路经此。

邹格 371083-B03-H11
[Zōugé]

在市驻地城区街道东南方向 11.2 千米。海阳所镇辖自然村。人口 1 300。清顺治十二年（1655），宋夭法与妻周氏从南泓迁此定居建村，夭法身亡无后人。周氏与姨表弟重婚后代亦姓宋，儿为纪念其母而立村名周格庄，后讹传为邹格。聚落呈团块状分布。经济以种植业为主，兼有滩涂养殖业。有公路经此。

白沙滩 371083-B04-H01
[Báishātān]

白沙滩镇人民政府驻地。在市驻地城区街道东南方向 12.6 千米。人口 2 400。明成化年间，孙成甫由贵州锦屏县乐桑屯迁此立村，因南临一片白沙海滩而得名。聚落呈团块状分布。有幼儿园 1 所、中学 1 所。经济以种植业为主，种植小麦、玉米、花生。有乳山农商银行等企业。省道牟白线经此。

大陶家 371083-B04-H02
[Dàtáojiā]

在市驻地城区街道东南方向 17.8 千米。白沙滩镇辖自然村。人口 2 800。明永乐年间，陶姓祖人由安徽省凤阳市迁此定居，以姓得名陶家。清嘉靖年间，因东侧有一村小陶家，故名大陶家。聚落呈团块状分布。经济以种植业、海上养殖业、海水捕捞业为主。养殖海参、牡蛎、貂、鸡、生猪。有乳山市大陶家浅海养殖科技有限公司等。省道牟白线经此。

小陶家 371083-B04-H03
[Xiǎotáojiā]

在市驻地城区街道东南方向 23.0 千米。白沙滩镇辖自然村。人口 1 600。明嘉靖年间，陶姓从陶家迁此定居立村，取名小陶家。聚落呈团块状分布。经济以渔业、养殖业为主。有公路经此。

小单家 371083-B04-H04
[Xiǎoshànjiā]

在市驻地城区街道东南方向 24.1 千米。白沙滩镇辖自然村。人口 900。明永乐五年（1407），单应道从凤阳府大柳树村迁此定居立村，为区别大单家，取名小单家。聚落呈团块状分布。经济以种植业、渔业为主，兼有果业。有公路经此。

小侯家 371083-B04-H05
［Xiǎohóujiā］

在市驻地城区街道东南方向25.0千米。白沙滩镇辖自然村。人口1 000。明万历十五年（1587），侯姓从大侯家迁此定居立村，取名小侯家。聚落呈团块状分布。经济以渔业、种植业为主。有公路经此。

大孤山 371083-B05-H01
［Dàgūshān］

大孤山镇人民政府驻地。在市驻地城区街道东方向8.4千米。人口800。明永乐四年（1406），林子成由福建莆田迁此立村。为纪念北宋诗人林和靖隐居杭州西湖孤山，取村名孤山。后更名大孤山。聚落呈团块状分布。有中学1所、小学1所。经济以种植业为主，种植大姜，产蔬菜、水果。有纺织、大姜加工、建材等企业。青威高速、省道威青线经此。

东林家 371083-B05-H02
［Dōnglínjiā］

在市驻地城区街道东南方向6.3千米。大孤山镇辖自然村。人口700。明永乐四年（1406），林学成由福建莆田迁此定居建村。因村西有林家，故取名东林家。聚落呈团块状分布。经济以种植业为主，兼有果业，产小麦、玉米、地瓜、花生、苹果等。有公路经此。

大史家 371083-B05-H03
［Dàshǐjiā］

在市驻地城区街道东北方向6.2千米。大孤山镇辖自然村。人口800。明崇祯十三年（1640），史东献由莱阳龙旺庄迁此定居立村。因村边有河形似龙，故名卧龙史家，后更名大史家。聚落呈团块状分布。经济以种植业为主，兼有蚕果业、饲养业。有公路经此。

河东 371083-B05-H04
［Hédōng］

在市驻地城区街道东方向8.6千米。大孤山镇辖自然村。人口1 800。明万历年间，丁姓由莱阳迁此，因位居小河东岸，故名河东丁家，1945年更名河东。聚落呈团块状分布。经济以种植业为主，兼有蚕果业、饲养业和工副业。有公路经此。

南口 371083-B05-H05
［Nánkǒu］

在市驻地城区街道东北方向12.8千米。大孤山镇辖自然村。人口900。明崇祯十四年（1641），王其礼由石疃王家迁居核桃树底下，取名核桃树底下。嘉庆年间，因村位于南山口下，故更名南口。聚落呈团块状分布。经济以种植业为主，兼有蚕果业。有公路经此。

上石灰刘家 371083-B05-H06
［Shàngshíhuīliújiā］

在市驻地城区街道东北方向12.7千米。大孤山镇辖自然村。人口500。清乾隆年间，刘姓兄弟三人由黄格庄迁此定居立村，以烧石灰为业，取名石灰刘家。后析为两村，坡上称上石灰刘家。聚落呈团块状分布。有图书馆1个。经济以种植业为主，兼有蚕果业、饲养业。有公路经此。

下石灰刘家 371083-B05-H07
［Xiàshíhuīliújiā］

在市驻地城区街道东北方向13.3千米。大孤山镇辖自然村。人口700。清乾隆年间，刘氏兄弟三人从黄格庄迁此定居建村，以烧石灰为业，取名石灰刘家。后析为两村，因居坡下故称下石灰刘家。聚落呈团块状分布。有图书馆1个。经济以种植业为主，兼有蚕果业、饲养业。有公路经此。

万户 371083-B05-H08
[Wànhù]

在市驻地城区街道东北方向11.8千米。大孤山镇辖自然村。人口1 000。秦始皇三十七年（前210），姜姓由夹河下游公鸡岛迁通天岭，后移此地定居，初名山庄。南宋初年更名鲁宋里。元朝初年，村民姜房授宁海州刺史，后又加授胶、潍、莒、密、宁海等州总管万户。元中统年间，村人为纪念先祖姜房更名万户。聚落呈团块状分布。有图书馆1个。经济以种植业为主，兼有蚕果业。有公路经此。

山西头 371083-B05-H09
[Shānxītóu]

在市驻地城区街道东北方向6.1千米。大孤山镇辖自然村。人口300。清顺治年间，夏姓由光明顶迁居。因位居林家村之北，故取名北林庄。后因山得名山西头。聚落呈团块状分布。经济以种植业为主，兼有果业、饲养业。有公路经此。

大木 371083-B05-H10
[Dàmù]

在市驻地城区街道东北方向6.6千米。大孤山镇辖自然村。人口700。清顺治年间，于姓从士子于家迁此定居立村。初以打磨为业，俗称打磨村，后演变成大木。聚落呈团块状分布。经济以种植业为主，兼有果业、饲养业。有公路经此。

吴家沟 371083-B05-H11
[Wújiāgōu]

在市驻地城区街道东北方向5.1千米。大孤山镇辖自然村。人口1 000。明崇祯年间，吴姓从上册迁此山沟处定居立村，故称吴家沟。聚落呈团块状分布。经济以种植业为主，兼有饲养业、加工业。有公路经此。

南黄 371083-B06-H01
[Nánhuáng]

南黄镇人民政府驻地。在市驻地城区街道东北方向23.9千米。人口1 900。因位于黄垒河南，故名南黄。聚落呈团块状分布。有阅览室1个、中学1所。经济以种植业为主，兼有工副业。盛产小麦、玉米、地瓜、花生、杂粮、茶叶等。另有果业、蚕业。青威高速、206省道、202省道经此。

汤南山 371083-B06-H02
[Tāngnánshān]

在市驻地城区街道东北方向17.8千米。南黄镇辖自然村。人口600。清乾隆四十五年（1780），孙姓由汤后疃迁汤上南山定居，故名汤南山。聚落呈团块状分布。经济以种植业为主，兼有饲养业和蚕果业。有公路经此。

南台子 371083-B06-H03
[Nántáizi]

在市驻地城区街道东北方向17.4千米。南黄镇辖自然村。人口200。因地处汤南山村的南台高地，故名南台子。聚落呈散状分布。经济以种植业为主，兼有果业。有公路经此。

庄子园 371083-B06-H04
[Zhuāngziyuán]

在市驻地城区街道东北方向17.6千米。南黄镇辖自然村。人口200。清乾隆五年（1740）孙姓从汤东疃迁此定居建村，因此处原为归仁村的种地庄子，故名庄子园。聚落呈团块状分布。经济以种植业为主，兼有果业、饲养业。有公路经此。

仙人脚 371083-B06-H05
[Xiānrénjiǎo]

在市驻地城区街道东北方向17.0千米。

南黄镇辖自然村。人口 200。清乾隆四年（1739），高姓从湾头迁此定居立村。相传村北小河中巨石有一脚形石印是仙人留下的，故以此取名仙人脚。聚落呈团块状分布。经济以种植业为主，兼有果业、饲养业。有公路经此。

归仁 371083-B06-H06
[Guīrén]

在市驻地城区街道东北方向 17.8 千米。南黄镇辖自然村。人口 2 200。金代前有村庄龟阴，金末战乱被剿。明末，孙、刘二姓迁此立村，村名取谐音归仁。聚落呈团块状分布。经济以种植业、蚕果业为主，兼有饲养业、工副业。有公路经此。

湾头 371083-B06-H07
[Wāntóu]

在市驻地城区街道东北方向 19.6 千米。南黄镇辖自然村。人口 1 500。明洪武年间，高姓由海阳徽村迁黄垒河拐弯处定居立村，故名湾头。聚落呈团块状分布。经济以种植业为主，兼有蚕果业、饲养业，盛产小麦、玉米、花生。有公路经此。

河崖 371083-B06-H08
[Héyá]

在市驻地城区街道东北方向 21.2 千米。南黄镇辖自然村。人口 400。明嘉靖七年（1528）姜姓由峒岭迁此定居立村，因位于黄垒河南崖，故取名河崖。聚落呈团块状分布。经济以种植业为主，兼有蚕果业、饲养业，盛产小麦、玉米。有公路经此。

冷家 371083-B06-H09
[Lěngjiā]

在市驻地城区街道东北方向 21.3 千米。南黄镇辖自然村。人口 800。明正德十六年（1521），冷学孟、冷学宦由平度迁此定居建村冷家。聚落呈团块状分布。经济以种植业为主，兼有蚕果业，盛产小麦、玉米、花生。有公路经此。

凤西庄 371083-B06-H10
[Fèngxīzhuāng]

在市驻地城区街道东北方向 20.5 千米。南黄镇辖自然村。人口 800。因位于凤凰口西而名凤西庄。聚落呈团块状分布。经济以种植业为主，兼有蚕果业。有公路经此。

母鸡屯 371083-B06-H11
[Mǔjītún]

在市驻地城区街道东北方向 20.4 千米。南黄镇辖自然村。人口 600。因附近山林多野鸡，故称野母鸡屯，后更名母鸡屯。聚落呈团块状分布。经济以种植业为主。有公路经此。

冯家 371083-B07-H01
[Féngjiā]

冯家镇人民政府驻地。在市驻地城区街道东北方向 23.7 千米。人口 1 600。明洪武年间，冯姓从观上冯家迁此定居立村，取名冯家。聚落呈团块状分布。有学校 1 所、幼儿园 1 所。经济以种植业为主，种植小麦、玉米、花生。有建筑材料厂、家具厂。桃威铁路、309 国道经此。

马山前 371083-B07-H02
[Mǎshānqián]

在市驻地城区街道东北方向 18.9 千米。冯家镇辖自然村。人口 300。明洪武十五年（1382），姜姓从峒岭迁此定居立村，因位于马山之前，故名马山前。聚落呈团块状分布。经济以种植业为主，兼有蚕果业、饲养业。有公路经此。

北汉 371083-B07-H03

[Běihàn]

在市驻地城区街道东北方向18.6千米。冯家镇辖自然村。人口600。清乾隆年间，姜姓从山北头迁此定居立村，为纪念祖先姜房（字汉臣），又位于南汉之北，故取名北汉。聚落呈团块状分布。经济以种植业为主，兼有蚕果业、饲养业。有公路经此。

北河崖 371083-B07-H04

[Běihéyá]

在市驻地城区街道东北方向18.7千米。冯家镇辖自然村。人口600。明万历年间，姜姓从峒岭迁此定居建村，因位于老清河西岸，故名河崖，后为区别于南黄镇河崖而更名北河崖。聚落呈团块状分布。经济以种植业为主，兼有蚕果业、饲养业。有公路经此。

北泥沟 371083-B07-H05

[Běinígōu]

在市驻地城区街道东北方向18.1千米。冯家镇辖自然村。人口500。因位于黄垒河旁（原是条水沟），故名泥沟。清道光三十年（1850）更名北泥沟。聚落呈团块状分布。经济以种植业为主，兼有蚕果业、饲养业。有公路经此。

东泥沟 371083-B07-H06

[Dōngnígōu]

在市驻地城区街道东北方向18.5千米。冯家镇辖自然村。人口500。清乾隆年间，于姓从文登大水泊迁此定居立村，取名于家疃。道光三十年（1850）更名东泥沟。聚落呈团块状分布。经济以种植业为主，兼有果业、饲养业。有公路经此。

山北头 371083-B07-H07

[Shānběitóu]

在市驻地城区街道东北方向17.5千米。冯家镇辖自然村。人口700。明崇祯年间，姜姓从万户迁此定居建村。因位于山阴处，故名山北头。聚落呈团块状分布。经济以种植业为主，兼有蚕果业，盛产小麦、玉米、花生。有公路经此。

南汉 371083-B07-H08

[Nánhàn]

在市驻地城区街道东北方向16.4千米。冯家镇辖自然村。人口700。明嘉靖二十三年（1544），曹盛琳从河南村迁此定居立村，取名曹家疃。隆庆元年（1567），姜应举从峒岭迁来，后因姜姓人盛，为纪念先祖姜房（字汉臣），取姜房为村名，后因位于冯家村南，故更名南汉臣，后改为南汉。聚落呈团块状分布。经济以种植业为主，兼有蚕果业、饲养业，盛产小麦、玉米。有公路经此。

吕格庄 371083-B07-H09

[Lǚgézhuāng]

在市驻地城区街道东北方向15.5千米。冯家镇辖自然村。人口700。明万历年间，耿姓从西耿家迁此定居建村。因此处原是北汉村吕姓大户的种地庄子，故称吕家庄，后演变为今名。聚落呈团块状分布。经济以种植业为主，兼有果业、饲养业，盛产小麦、玉米、花生。有公路经此。

下初 371083-B08-H01

[Xiàchū]

下初镇人民政府驻地。在市驻地城区街道东北方向13.7千米。人口2 300。元至正年间，高金从海阳徽村迁横山埠下定居立村，因建村较早，故名下初。聚落呈团块状分布。有幼儿园1所、中学1所、文化广场 1 个。经济以种植业为主，产小麦、玉米、苹果、猕猴桃等。有工艺品、糕点、葡萄酒等厂。309 国道经此。

里庄 371083-B08-H02
［Lǐzhuāng］

在市驻地城区街道东北方向 12.1 千米。下初镇辖自然村。人口 300。明隆庆年间，段道贵由段家析居段家村南定居立村，取名段家南庄。因位于山夼里面，1941 年更名里庄。聚落呈团块状分布。经济以种植业为主，兼有果业、饲养业。有公路经此。

外庄 371083-B08-H03
［Wàizhuāng］

在市驻地城区街道东北方向 13.5 千米。下初镇辖自然村。人口 300。清雍正八年（1730），段玉章、段成章、段云章兄弟三人从段家析居段家村东南定居立村，取名段家东庄。后因位于黄山寺东山夼外口，故更名外庄。聚落呈团块状分布。经济以种植业为主，兼有蚕果业、饲养业。有公路经此。

塂南头 371083-B08-H04
［Jiǎngnántóu］

在市驻地城区街道东北方向 13.7 千米。下初镇辖自然村。人口 300。清雍正年间，段世升、段世昂、段世景从段家迁此定居立村。因位于小塂之南，故名塂南头。聚落呈团块状分布。经济以种植业为主，兼有蚕果业和食品加工业。有公路经此。

山南头 371083-B08-H05
［Shānnántóu］

在市驻地城区街道东北方向 14.3 千米。下初镇辖自然村。人口 500。因位居高顶山之南，故取名山南头。聚落呈团块状分布。经济以种植业为主，兼有果业。有公路经此。

段家 371083-B08-H06
［Duànjiā］

在市驻地城区街道东北方向 13.0 千米。下初镇辖自然村。人口 500。明嘉靖年间，段道贵由安徽凤阳府迁此定居建村，取名段家。聚落呈团块状分布。经济以种植业为主，兼有蚕果业、饲养业。有公路经此。

古初 371083-B08-H07
［Gǔchū］

在市驻地城区街道东北方向 10.0 千米。下初镇辖自然村。人口 700。明成化年间，宋福刚从史家疃迁此定居立村。因建村早于周围邻村，故取名古初。聚落呈团块状分布。经济以种植业为主，兼有蚕果业。有公路经此。

三甲 371083-B08-H08
［Sānjiǎ］

在市驻地城区街道东北方向 10.0 千米。下初镇辖自然村。人口 700。明万历年间，刘侠从翁家埠、张学从张家、段少兰从段家相继迁此定居立村。因初时只有三户人家，人称三家子，后发展成村，更名三甲。聚落呈团块状分布。经济以种植业为主，兼有蚕果业。有公路经此。

下洼 371083-B08-H09
［Xiàwā］

在市驻地城区街道东北方向 9.8 千米。下初镇辖自然村。人口 200。明洪武年间，阎姓从乳山寨迁此定居立村。因地势低洼，故取名下洼。聚落呈团块状分布。经济以种植业为主，兼有蚕果业、饲养业。有公路经此。

下草埠 371083-B08-H10
［Xiàcǎobù］

在市驻地城区街道东北方向 11.7 千米。

下初镇辖自然村。人口 1 200。明万历三十年（1602），刘姓从黄格庄迁此定居立村。因初时搭草铺居住，得名草铺，后演变为草埠，又更名下草埠。聚落呈团块状分布。经济以种植业为主，兼有蚕果业和工副业。有公路经此。

黄格庄 371083-B08-H11
[Huánggézhuāng]

在市驻地城区街道东北方向 12.1 千米。下初镇辖自然村。人口 1 700。元至治元年（1321），刘景从山西省云岗之南迁此，因村处南北走向两黄泥坎所裹之中，故称黄格庄。聚落呈团块状分布。经济以种植业为主，兼有工副业。有公路经此。

午极 371083-B09-H01
[Wǔjí]

午极镇人民政府驻地。在市驻地城区街道北方向 16.9 千米。人口 2 000。因有午极山而得名。聚落呈团块状分布。有幼儿园 1 所、文化广场 1 个。经济以种植业为主，兼有工副业。主产小麦、玉米、苹果、蓝莓等。省道牟乳线经此。

孙家疃 371083-B09-H02
[Sūnjiātuǎn]

在市驻地城区街道西北方向 17.1 千米。午极镇辖自然村。人口 500。元代以前，土著民孙姓在此定居建村，取名孙家疃。聚落呈团块状分布。经济以种植业为主，兼有饲养业。有公路经此。

于家疃 371083-B09-H03
[Yújiātuǎn]

在市驻地城区街道西北方向 17.1 千米。午极镇辖自然村。人口 400。元天历年间，戚姓由宅子夼迁此定居建村，取名小戚家。明崇祯年间，于姓从司马庄迁入。因戚姓

渐泯，1943 年更名于家疃。聚落呈团块状分布。经济以粮油种植为主，兼有饲养业。有公路经此。

东柳家 371083-B09-H04
[Dōngliǔjiā]

在市驻地城区街道西北方向 14.8 千米。午极镇辖自然村。人口 800。明万历八年（1580），柳姓由栖霞大庄头迁此定居立村，取名柳家。清初，因建西柳家，故更名东柳家。聚落呈团块状分布。经济以种植业为主，兼有果业、饲养业。有公路经此。

于庄 371083-B09-H05
[Yúzhuāng]

在市驻地城区街道西北方向 14.5 千米。午极镇辖自然村。人口 300。明崇祯年间，于姓从司马庄迁此定居建村，取名于家庄。1980 年更名于庄。聚落呈团块状分布。经济以种植业为主。有公路经此。

湘沟 371083-B09-H06
[Xiānggōu]

在市驻地城区街道西北方向 13.2 千米。午极镇辖自然村。人口 400。明末清初，湘姓在此山沟定居建村，取名湘沟。聚落呈团块状分布。经济以种植业为主，兼有果业、饲养业。有公路经此。

辉湛 371083-B09-H07
[Huīzhàn]

在市驻地城区街道北方向 14.3 千米。午极镇辖自然村。人口 1 100。因村前池塘被日光照射，映出灿烂光辉，故取名辉湛。聚落呈团块状分布。经济以种植业为主，兼有蚕果业。有公路经此。

鲁家夼 371083-B09-H08

[Lǔjiākuǎng]

在市驻地城区街道北方向 15.9 千米。午极镇辖自然村。人口 1 400。元代前鲁姓居此山夼，取名鲁家夼。聚落呈团块状分布。经济以种植业为主，兼有蚕果业、饲养业。有公路经此。

小寨 371083-B09-H09

[Xiǎozhài]

在市驻地城区街道北方向 17.7 千米。午极镇辖自然村。人口 1 100。明正德十六年（1521），邵姓从文登二马迁此定居立村，取名邵家寨。清咸丰年间，经几姓协商更村名小寨。聚落呈团块状分布。经济以种植业为主，兼有村办工业。有公路经此。

育黎 371083-B10-H01

[Yùlí]

育黎镇人民政府驻地。在市驻地城区街道西北方向 13.7 千米。人口 1 900。聚落呈团块状分布。西汉在此设育犁县，以土地肥沃得名。后演变为育黎。有中学 1 所、幼儿园 1 所。经济以种植业为主，兼有工副业。主要农作物有小麦、玉米、花生、大豆、杂粮等。有化肥、机械修理、机动车修理、羊毛衫、手套、冷藏等厂。桃威铁路、309 国道经此。

北由古 371083-B10-H02

[Běiyóugǔ]

在市驻地城区街道西北方向 20.9 千米。育黎镇辖自然村。人口 500。1959 年，因修龙角山水库，从由古析迁老由古之北立村，取名北由古。聚落呈团块状分布。经济以种植业为主，兼有蚕果业、饲养业。有公路经此。

三泉庄 371083-B10-H03

[Sānquánzhuāng]

在市驻地城区街道西北方向 20.8 千米。育黎镇辖自然村。人口 600。1959 年，因修龙角山水库迁老由古东北立村，因此处有三股泉水，故取名三泉庄。聚落呈团块状分布。经济以种植业为主，兼有果业、饲养业。有公路经此。

东由古 371083-B10-H04

[Dōngyóugǔ]

在市驻地城区街道西北方向 19.5 千米。育黎镇辖自然村。人口 200。1959 年，因修龙角山水库从由古析迁原村址之东立村，取名东由古。聚落呈团块状分布。经济以种植业为主，兼有果业、饲养业。有公路经此。

孙家沟 371083-B10-H05

[Sūnjiāgōu]

在市驻地城区街道西北方向 19.7 千米。育黎镇辖自然村。人口 500。元泰定年间，孙姓由孙家疃来居，因位于山沟，故取名孙家沟。聚落呈散状分布。经济以种植业为主，兼有蚕果业、饲养业。有公路经此。

藏金夼 371083-B10-H06

[Cángjīnkuǎng]

在市驻地城区街道西北方向 18.1 千米。育黎镇辖自然村。人口 1 100。聚落呈团块状分布。明天启元年（1621），郑文高由西横道口迁此定居立村，因当时此处山夼里出沙金，故取名藏金夼。聚落呈团块状分布。经济以种植业、饲养业为主，兼有蚕果业。有公路经此。

帽张家 371083-B10-H07

[Màozhāngjiā]

在市驻地城区街道西北方向 17.7 千米。

育黎镇辖自然村。人口 600。明崇祯年间，张姓从泽上迁此定居建村。因张姓会做帽子，故称帽张家。聚落呈团块状分布。经济以种植业为主，兼有果业、饲养业。有公路经此。

东横道口 371083-B10-H08
[Dōnghéngdàokǒu]

在市驻地城区街道西北方向 17.5 千米。育黎镇辖自然村。人口 500。明万历年间，郑加利由诸城长山岭迁横道口村东定居建村，故名东横道口。聚落呈团块状分布。经济以种植业为主，兼有饲养业和果业，盛产小麦、玉米。有公路经此。

西横道口 371083-B10-H09
[Xīhéngdàokǒu]

在市驻地城区街道西北方向 17.5 千米。育黎镇辖自然村。人口 700。元代，安姓在此建村，因位于东西大道口上，故名横道口。明嘉靖十六年（1537），郑皋从由古迁此定居，袭旧称。万历年间更今名。聚落呈团块状分布。经济以种植业、果业为主，兼有饲养业。盛产小麦、玉米。有公路经此。

东纪 371083-B10-H10
[Dōngjì]

在市驻地城区街道西北方向 16.3 千米。育黎镇辖自然村。人口 400。明崇祯年间，郑姓从由古迁此定居立村，因位于纪村之东，故取名东纪。聚落呈团块状分布。经济以种植业为主，兼有果业、饲养业。有公路经此。

西纪 371083-B10-H11
[Xījì]

在市驻地城区街道西北方向 16.4 千米。育黎镇辖自然村。人口 1 400。明初，王姓由荣成不落岛迁汤上村后建石疃王家。嘉

靖年间，因遭水淹而迁此定居立村。因此前纪姓在此定居故取名纪村。后村东建东纪，故更名西纪。聚落呈团块状分布。经济以种植业为主，兼有饲养业和果业，盛产小麦、玉米。有公路经此。

崖子 371083-B11-H01
[Yázi]

崖子镇人民政府驻地。在市驻地城区街道西北方向 37.0 千米。人口 1 600。因位于五丈崖下，故名崖子。聚落呈团块状分布。有幼儿园 1 所、文化站 1 个、广播站 1 个、图书馆 1 个。经济以种植业为主，主产杏子、苹果、栗子，有酿酒、机械、纸箱及果品储藏加工等企业。208 省道经此。

西井口 371083-B11-H02
[Xījǐngkǒu]

在市驻地城区街道西北方向 41.0 千米。崖子镇辖自然村。人口 500。明万历年间，张姓从井口析居建村，因位于井口村西，故名西井口。聚落呈团块状分布。经济以种植业为主。有公路经此。

东井口 371083-B11-H03
[Dōngjǐngkǒu]

在市驻地城区街道西北方向 31.9 千米。崖子镇辖自然村。人口 600。明成化年间，张姓从海阳坛山迁此定居建村，因位于山口并有水井，故名井口。万历年间析建西井口，故改名东井口。聚落呈团块状分布。经济以种植业为主，兼有果业、饲养业。有公路经此。

下沙家 371083-B11-H04
[Xiàshājiā]

在市驻地城区街道西北方向 32.4 千米。崖子镇辖自然村。人口 300。明万历年间，沙姓从东涝口迁此定居建村，因位于小河

下游,故得名下沙家。聚落呈团块状分布。经济以种植业为主,兼有果业。产小麦、玉米、地瓜、花生、苹果等。有公路经此。

上沙家 371083-B11-H05
[Shàngshājiā]

在市驻地城区街道西北方向33.0千米。崖子镇辖自然村。人口300。明万历年间,沙姓从东涝口迁此定居建村。因位于小河上游,故名上沙家。聚落呈团块状分布。经济以种植业为主,盛产花生、苹果。有公路经此。

田家 371083-B11-H06
[Tiánjiā]

在市驻地城区街道西北方向30.6千米。崖子镇辖自然村。人口700。明万历年间,田姓从陕西省迁此定居建村,取名田家。聚落呈团块状分布。经济以种植业为主,除粮油种植业外,兼有林、蚕、果业。有公路经此。

史家 371083-B11-H07
[Shǐjiā]

在市驻地城区街道西北方向29.6千米。崖子镇辖自然村。人口600。明崇祯年间,史东洋从海阳郭城迁此定居建村,取名史家。聚落呈团块状分布。经济以种植业为主,兼有林蚕果业、饲养业。有公路经此。

矫家泊 371083-B11-H08
[Jiǎojiāpō]

在市驻地城区街道西北方向28.4千米。崖子镇辖自然村。人口400。清康熙七年(1668),矫姓从牟平矫家长治迁此定居建村,因位于平泊处,故称矫家泊。聚落呈团块状分布。经济以果业为主。有公路经此。

南寨 371083-B11-H09
[Nánzhài]

在市驻地城区街道西北方向27.4千米。崖子镇辖自然村。人口1 200。因位于明初屯兵的南营寨,故名南寨。聚落呈团块状分布。经济以种植业为主。有公路经此。

北寨 371083-B11-H10
[Běizhài]

在市驻地城区街道西北方向27.6千米。崖子镇辖自然村。人口700。明初,史姓从莱阳水沟头迁此定居建村,因位于明初屯兵的北营寨,故名北寨。聚落呈团块状分布。经济以种植业为主。有公路经此。

岛子 371083-B11-H11
[Dǎozi]

在市驻地城区街道西北方向26.4千米。崖子镇辖自然村。人口1 200。明弘治元年(1488),宋姓从文登九顶埠迁此定居建村,因村后乳山河中有一个小岛,故取名岛子。聚落呈团块状分布。经济以种植业为主,兼有蚕果业、饲养业。有公路经此。

东诸往 371083-B12-H01
[Dōngzhūwǎng]

诸往镇人民政府驻地。在市驻地城区街道西北方向15.6千米。人口1 500。因村前有一官道,来往人较多,故取名诸往。后因建西诸往村而更名东诸往。聚落呈带状分布。有幼儿园1所、中学1所。经济以种植业为主,种植小麦、玉米、花生、洋芋、韭菜花、西葫芦、黄瓜等,盛产苹果。有制衣、冷藏等厂。省道石宁线经此。

西诸往 371083-B12-H02
[Xīzhūwǎng]

在市驻地城区街道西北方向16.6千米。

诸往镇辖自然村。人口 1 100。明永乐年间，王姓由莱阳蚬子湾迁此定居立村，因位于诸往村西而得名。聚落呈团块状分布。经济以种植业为主，兼有果业、饲养业。有公路经此。

沟西 371083-B12-H03
[Gōuxī]

在市驻地城区街道西北方向 16.3 千米。诸往镇辖自然村。人口 300。明崇祯年间，隋伯敩从莱阳曲坊迁河沟西侧定居立村，故名沟西。聚落呈团块状分布。经济以种植业为主，兼有果业、饲养业。有公路经此。

田家庄 371083-B12-H04
[Tiánjiāzhuāng]

在市驻地城区街道西北方向 15.3 千米。诸往镇辖自然村。人口 600。清康熙十九年（1680），田姓由平度迁此定居立村，取名田家。聚落呈团块状分布。经济以种植业为主，兼有果业、饲养业。有公路经此。

光明 371083-B12-H05
[Guāngmíng]

在市驻地城区街道西北方向 14.3 千米。诸往镇辖自然村。人口 200。因位于山夼深处，太阳照射时间短，俗称黑影。1957年更名光明。聚落呈团块状分布。经济以种植业为主，兼有果业、饲养业。有公路经此。

泊子庄 371083-B12-H06
[Pōzizhuāng]

在市驻地城区街道西北方向 14.5 千米。诸往镇辖自然村。人口 400。因地处平原泊地，故名泊子庄。聚落呈团块状分布。经济以种植业为主，兼有果业、饲养业，盛产小麦、玉米。有公路经此。

招民庄 371083-B12-H07
[Zhāomínzhuāng]

在市驻地城区街道西北方向 17.1 千米。诸往镇辖自然村。人口 1 100。明成化年间，隋天爵、隋天胜从海阳行村迁此定居立村，取名招民庄，取兴旺发达之意。聚落呈团块状分布。经济以种植业为主，兼有饲养业、工副业。有公路经此。

孙家夼 371083-B12-H08
[Sūnjiākuǎng]

在市驻地城区街道西北方向 18.0 千米。诸往镇辖自然村。人口 1 100。有孙姓居此，称孙家夼。清顺治年间，于姓从南司马庄迁此定居立村，袭原称。聚落呈团块状分布。经济以种植业为主，兼有果园、饲养业。盛产小麦、玉米。有公路经此。

后店 371083-B12-H09
[Hòudiàn]

在市驻地城区街道西北方向 16.9 千米。诸往镇辖自然村。人口 200。明初，赵姓从云南迁此定居立村。因位于神童庙之后，并开店，故名后店。聚落呈团块状分布。经济以种植业为主，兼有果业、饲养业。有公路经此。

姚家埠 371083-B12-H10
[Yáojiābù]

在市驻地城区街道西北方向 16.3 千米。诸往镇辖自然村。人口 200。明永乐年间，姚姓从云南迁此定居建村，故取名姚家埠。聚落呈团块状分布。经济以种植业为主，兼有工副业。盛产小麦、玉米。有公路经此。

许家 371083-B12-H11
[Xǔjiā]

在市驻地城区街道西北方向 17.5 千米。诸往镇辖自然村。人口 1 500。明洪武八年

（1375），许谷保、许均保从凤阳府临淮县西沟村板打巷迁此定居立村，取仁义之意初名里仁村，后更名许家。聚落呈团块状分布。经济以种植业为主，兼有蚕果业、饲养业。盛产小麦、玉米。有公路经此。

东尚山　371083-B12-H12
[Dōngshàngshān]

在市驻地城区街道西北方向 26.5 千米。诸往镇辖自然村。人口 800。北宋末年，刘姓居此立村，因位于尚山脚下而得名尚山，后迁走。明成化年间，刘文胜从莱阳贤友村迁此定居。1955 年更名东尚山。聚落呈团块状分布。经济以种植业为主，兼有林果业、饲养业。有公路经此。

寨东　371083-B13-H01
[Zhàidōng]

乳山寨镇人民政府驻地。在市驻地城区街道西南方向 8.8 千米。人口 1 100。因位于乳山寨东面，故名。聚落呈团块状分布。有幼儿园 1 所、中学 1 所。经济以种植业、养殖业为主，种植玉米、小麦、花生等。有食品加工、服装等厂。青威公路经此。

人石　371083-B13-H02
[Rénshí]

在市驻地城区街道西南方向 14.3 千米。乳山寨镇辖自然村。人口 1 700。因村西山顶有巨石似人，故取名人石。聚落呈带状分布。经济以渔业、种植业为主。有造船厂、冷藏厂、海上加油站。有公路经此。

到根见　371083-B13-H03
[Dàogēnjiàn]

在市驻地城区街道西南方向 15.8 千米。乳山寨镇辖自然村。人口 1 000。因村庄被群山包围，不到跟前见不到，故名到根见。聚落呈带状分布。经济以渔业、种植业为主。有公路经此。

滩甲庄　371083-B13-H04
[Tānjiǎzhuāng]

在市驻地城区街道西南方向 12.8 千米。乳山寨镇辖自然村。人口 700。清康熙年间，孙姓由刁家迁居立村，靠海滩，因海滩资源甲级，故取名滩甲庄。聚落呈团块状分布。经济以海水养殖业为主，兼有种植业。有公路经此。

孤石河　371083-B13-H05
[Gūshíhé]

在市驻地城区街道西南方向 12.7 千米。乳山寨镇辖自然村。人口 100。因村旁河中有三孤石，故取名孤石河。聚落呈散状分布。经济以种植业为主，兼有水产养殖业。有公路经此。

梅家　371083-B13-H06
[Méijiā]

在市驻地城区街道西南方向 16.2 千米。乳山寨镇辖自然村。人口 700。明成化年间，梅姓由河南迁居此地，以姓立村。清康熙年间，梅姓移居垛疃，高姓迁此，沿用原村名。聚落呈团块状分布。经济以种植业为主。有公路经此。

横山后　371083-B13-H07
[Héngshānhòu]

在市驻地城区街道西南方向 16.6 千米。乳山寨镇辖自然村。人口 1 100。明万历年间，隋升、隋凯由诸往迁横山之后定居立村，取名横山后。聚落呈团块状分布。经济以种植业为主，主产小麦、玉米、地瓜、花生、芋头。有公路经此。

杨家　371083-B13-H08
[Yángjiā]

在市驻地城区街道西南方向 17.2 千米。乳山寨镇辖自然村。人口 400。明崇祯十三年（1640），杨姓从海阳五间屋迁此定居立村。聚落呈团块状分布。经济以种植业为主。有公路经此。

刁家 371083-B13-H09

[Diāojiā]

在市驻地城区街道西南方向 14.6 千米。乳山寨镇辖自然村。人口 800。明万历年间，刁姓从文登长山迁此定居，以姓取村名。聚落呈团块状分布。经济以种植业为主，兼有采石业。主产小麦、玉米、地瓜、花生、芋头。有公路经此。

南司马庄 371083-B13-H10

[Nánsīmǎzhuāng]

在市驻地城区街道西南方向 12.1 千米。乳山寨镇辖自然村。人口 800。明天启元年（1621），于象泽、于象谓由司马庄南迁里许立村，取名南司马庄。聚落呈团块状分布。经济以种植业、林果业为主，主要作物为小麦、玉米、花生。有公路经此。

徐家 371083-B14-H01

[Xújiā]

徐家镇人民政府驻地。在市驻地城区街道东方向 19.2 千米。人口 1 900。明洪武年间，徐姓由文登北马村迁此定居，以姓氏得名。有幼儿园 1 所、小学 1 所、中学 1 所等。经济以种植业为主，种植大姜、小麦等，产洋菇、红薯、紫色包心菜等。有锻造、花卉、型钢等企业。省道牟白线经此。

东王家庄 371083-B14-H02

[Dōngwángjiāzhuāng]

在市驻地城区街道东方 19.2 千米。徐家镇辖自然村。人口 800。明嘉靖二年（1523），王姓从云南迁此定居建村，取名王家庄，后渐泯。万历三年（1575）江姓从西珠埠迁此，后有于、孙姓迁入。

1980 年更名东王家庄。聚落呈团块状分布。经济以种植业、果业为主，盛产小麦、玉米、花生。有公路经此。

东南塂 371083-B14-H03

[Dōngnánjiǎng]

在市驻地城区街道东南方向 22.4 千米。徐家镇辖自然村。人口 1100。因位于洋村东南高塂之上，故名东南塂。聚落呈团块状分布。经济以种植业为主，兼有海水养殖业。有公路经此。

东南寨 371083-B14-H04

[Dōngnánzhài]

在市驻地城区街道东南方向 21.5 千米。徐家镇辖自然村。人口 1 100。因明代在此屯兵设寨且位于南部沿海，故名南寨。因重名，更名东南寨。聚落呈团块状分布。经济以种植业为主，兼有海上捕捞和海水养殖业，盛产小麦、玉米。有公路经此。

老庄 371083-B14-H05

[Lǎozhuāng]

在市驻地城区街道东南方向 21.4 千米。徐家镇辖自然村。人口 700。因当初村北树林内乌鸦颇多，得名老鸦庄，后演变为老庄。聚落呈团块状分布。经济以种植业为主，兼有海上捕捞业。盛产小麦、玉米、花生。有公路经此。

马场 371083-B14-H06

[Mǎchǎng]

在市驻地城区街道东北方向 23.5 千米。徐家镇辖自然村。人口 1 100。因此地为宁海州官府的牧马场，故名马场。聚落呈团块状分布。经济以种植业为主，兼有渔业、养殖业。有公路经此。

杨家屯 371083-B14-H07
[Yángjiātún]

在市驻地城区街道东北方向22.8千米。徐家镇辖自然村。人口1 300。明万历年间，杨姓从云南迁此定居建村，取名杨家屯。聚落呈团块状分布。经济以种植业为主，兼有蚕林果业、饲养业。有公路经此。

许家屯 371083-B14-H08
[Xǔjiātún]

在市驻地城区街道东方向24.0千米。徐家镇辖自然村。人口400。明洪武八年（1375），许姓从湖北黄冈石固东庙西迁此定居建村，故名许家屯。聚落呈团块状分布。经济以种植业为主，兼有养殖业和果业、渔业，主产小麦、玉米、花生。有公路经此。

邢家屯 371083-B14-H09
[Xíngjiātún]

在市驻地城区街道东方向25.0千米。徐家镇辖自然村。人口500。清顺治年间，邢姓由文登岛集迁此定居建村，因姓邢得名邢家屯。聚落呈团块状分布。经济以种植业为主，兼有蚕果业、饲养业。有公路经此。

东刘家庄 371083-B14-H10
[Dōngliújiāzhuāng]

在市驻地城区街道东方向22.0千米。徐家镇辖自然村。人口500。明万历年间，刘姓迁此定居，建村刘家庄，1980年更名为东刘家庄。聚落呈团块状分布。经济以种植业为主，兼有渔业，盛产小麦、玉米、花生。有公路经此。

三　交通运输

威海市

城市道路

文化路 371000-K01
[Wénhuà Lù]

在市境北部。东起海滨北路,西至世昌大道。沿线与新威路、统一路、古寨东路、古寨西路、福山路、吉林路、沈阳路、大连路等相交。长 11.2 千米,宽 19.0~38.0 米。沥青混凝土路面。1930 年建成海滨北路至统一路之间路段;1985 年 6 月与长征路合并,分为东、中、西三段;1991 年 3 月,拓宽文化西路;1994 年 1 月,将振兴路并入文化西路;1994 年 3 月拓宽改造;1997 年 7 月,对统一路至福山路路段进行改造;2005 年 6 月,对古寨东路至世昌大道路段进行改造。因路两侧有高校、中学、图书馆、博物馆等单位而得名。沿线有大型居住区、商务办公区、商业区、学校、科研机关和火炬高技术产业开发区,是一条兼具交通性和生活性的现代综合性城市主干道,具有浓厚的科教和生活文化气息。两侧有市政府、鲸园小学、市食品药品监管局、市邮政局、市盐务局、市民政局、市广播电视台、市国土局、市科技局、威海报业集团、威海一中、市教育局、市政务服务中心、市商务局、市公安局、市体育局、市体育运动学校、体育场、哈尔滨工业大学(威海)、山东大学(威海)、市国税局、威海火炬高技术产业开发区管委会等。该路为核心区与威海火炬高技术产业开发区北侧联系主通道,通公交车。

世昌大道 371000-K02
[Shìchāng Dàdào]

在市境北部。东起海滨北路,西至威海影视城。沿线与新威路、统一路、古寨东路、古寨西路、福山路、沈阳路、文化西路等相交。长 11.4 千米,宽 32.5~43.0 米。沥青混凝土路面。2001 年拓宽改造。2003 年将解放路、烟台路两路合并。寓意世代昌盛得名。沿线有浓厚的商业、文化氛围。两侧有解放军第四〇四中心医院、振华商厦、中国人寿、威海国资集团、中国建设银行、人防办公室、水产品批发交易市场、大润发超市、环球渔具、光威渔具、汇峰物流园区等。该路为核心区与威海火炬高技术产业开发区南侧联系主通道,通公交车。

青岛路 371000-K03
[Qīngdǎo Lù]

在市境北部。北起竹岛桥,南至江家寨立交桥。沿线与渔港路、崂山路、华夏路、上海路、齐鲁大道、珠海路、凤林路等相交。长 12.8 千米,宽 36.0~38.0 米。沥青混凝土路面。原为石岛—烟台公路一段,1985 年将蒿泊镇长峰以北路段拓宽。因路通往青岛,故名。中心区以商住为主,向南多工业,火车站附近多商业金融。两侧有大润发超市、威海市中医院、威海卫人民医院、威海市卫生局、威海市铁路局、威海经济技术开发区管理委员会、威海汽车站、威海市火车站、迪沙药业集团、威海工友集团等。

该路为环翠区与威海经济技术开发区联系主通道，通公交车。

海滨路 371000-K04
[Hǎibīn Lù]

在市境北部。北起北山路，南至珠海路。沿线与文化东路、昆明路、世昌大道、渔港路、崂山路、华夏路、上海路、齐鲁大道等相交。长 13.0 千米，宽 15.0~28.0 米。沥青混凝土路面。1898—1930 年修建，1985 年将光明路以北的海港路一段并入；1989 年修建瓷厂东至渔港路段，后逐步向南延伸；1992 年分为北、中、南三段；1998 年将黄山路并入为海滨南路。道路沿海岸线修建，故名。两侧有威海港公园、幸福公园、解放军第四〇四中心医院、威海公园、悦海公园等。该路为城区与威海经济技术开发区联系主干道，通公交车。

铁路

青烟威荣城际铁路 371000-30-A-a01
[Qīngyānwēiróng Chéngjì Tiělù]

客运专线铁路。威海境内起点为荣成站，止点为双岛湾西烟台威海交界处。威海境内营运里程 66.7 千米。在威海站与桃威铁路相交。2010 年 10 月开工，2014 年 12 月正式通车运行。为双线铁路，设计时速 250 千米。为胶东半岛地区城际铁路的主干路段，也是中国"八纵八横"高速铁路网沿海通道的组成部分。作为中国山东省境内第一条城际高速铁路，青荣城际铁路改变了胶东地区的"经济版图"，成为胶东半岛的"黄金走廊"；借助城际高铁，胶东半岛从沿海边区变成门户城市，成为对接中国辽东半岛以及日本、韩国等地区的"桥头堡"。青荣城际铁路的建成通车，拉近青岛、烟台、威海城市群之间的时空距离，胶东半岛地区开启同城生活模式以及"青烟威荣四市的 1 小时交通经济圈"；借助快捷的高铁路网，"仙居""养生""美食"等"仙境海岸"旅游产品初具规模，胶东半岛新旅游格局正在形成。

公路

烟海高速公路 371000-30-B-a01
[Yānhǎi Gāosù Gōnglù]

高速公路。起于烟台市莱山区，止于海阳市。沿线经过莱山区解甲庄镇，牟平区高陵镇、王格庄镇，乳山市崖子镇、育黎镇、诸往镇，海阳市盘石店镇、留格庄镇。全长 80.613 千米。2010 年 6 月始建，2012 年 9 月建成。沥青路面。双向 4 车道，路基宽度 26 米。路线跨越辛安河、乳山河等。与荣乌高速和威青高速互通立交相交，跨荣乌高速、威青高速、302 省道、304 省道、208 省道、202 省道。烟海高速公路是山东省"五纵四横一环八连"高速公路网规划中"一连"的组成部分，是山东半岛城市群和胶东半岛制造业基地的重要基础设施。它的建设对于完善山东省公路网主框架，优化山东半岛城市群区域路网布局，改善行车条件，强化青岛"龙头"辐射作用，加快山东半岛城市群和胶东半岛制造业基地的发展，为 2012 年亚洲沙滩运动会顺利召开提供交通支撑；对适应改革开放和区域经济发展，发展旅游业，都起到很大的推动作用。

威青高速公路 371000-30-B-a02
[Wēiqīng Gāosù Gōnglù]

高速公路。起点乳山市大孤山镇乳山东互通立交西，终点烟台威海交界处。途经大孤山镇、夏村镇、乳山口镇、乳山寨镇。威海境内长 92 千米。2000 年建成，2007

年改建。双向四车道，宽 25.5 米，沥青路面。与省道 206 相接。结束了青岛至威海没有高速公路的历史，两地通行时间将缩短 1 个小时。

309 国道　371000-30-B-b01
[309 Guódào]

国道。威海境内起点崖头汽车站，终点乳山海阳交界处。途经崖头街道、城西街道、大疃镇、冯家镇、下初镇、午极镇、育黎镇、诸往镇、崖子镇。威海境内长 120.769 千米。1956 年 4 月开工，1957 年 12 月竣工通车。威海境内公路的等级为一、二级公路，宽 10.5~31 米，沥青混凝土路面。与 206 省道、207 省道、804 省道、908 省道、烟海高速相接。是威海境内唯一一条普通国道，是联系荣成、文登、乳山的要道，横贯胶东半岛中心，是威海市与国内中西部地区联系的重要通道。

201 省道　371000-30-B-c01
[201 Shěngdào]

省道。威海境内起点初村镇赫家庄村，终点荣成三十五中。途经大疃、上庄、人和、石岛。威海境内长 92.3 千米。1999 年始建，2003 年建成。宽 20 米，沥青混凝土路面。与荣文高速、305 省道相接。贯穿威海、文登、荣成，与多条省道横线相连通，是威海市一条重要的纵向通道，也是连接威海市区与威海大水泊机场的重要通道。

202 省道　371000-30-B-c02
[202 Shěngdào]

省道。威海境内起点温泉镇冶口村，终点乳山与海阳交界。途经南黄镇、徐家镇、大孤山镇、夏村镇、乳山寨镇等。威海境内长 105.89 千米。20 世纪 30 年代修建，1956 年、2003 年、2005 年、2010 年多次改建。一、二级公路，沥青路面。宽 10~38

米。与 208 省道、206 省道、207 省道相交。是文登区南北联系的重要通道和乳山市南部东西联系的重要通道。

206 省道　371000-30-B-c03
[206 Shěngdào]

省道。威海境内起点牟平区乳山市界，终点海阳所镇海阳所村。途经下初镇、冯家镇、南黄镇、徐家镇、白沙滩镇、海阳所镇等。威海境内长 56.95 千米。1969 年建成通车。1999 年对牟平至冯家段进行沥青路面铺筑，2000 年对北寨至牟平水道段进行改建，2001 年冯家至南黄段、洋村至银滩段改建，2012 年对东南寨至翁家埠段改建。沥青路面。二级、三级公路，宽 9~22 米。与 309 国道、202 省道、704 省道相交。是乳山市东部重要的南北通道。

207 省道　371000-30-B-c04
[207 Shěngdào]

省道。威海境内起点牟平区乳山市界，终点乳山口镇旗杆石村。途经午极镇、夏村镇、乳山口镇等。威海境内长 37.745 千米。1925 年始建，1981 年至 1983 年全线改建，2000 年牟乳公路车道至夏村段改建，2001 年车道以北至牟平交界段、夏村南至乳山口段改建。沥青路面。一、二级公路，宽 15~30 米。与 309 国道、202 省道、威青高速相交。是乳山市中部重要的南北通道。

208 省道　371000-30-B-c05
[208 Shěngdào]

省道。威海境内起点牟平区乳山市界，终点海阳所镇海阳所村。途经内崖子镇、诸往镇、乳山寨镇、夏村镇、乳山口镇、白沙滩镇、海阳所镇。威海境内长 54.405 千米。1966 年利用旧路改建而成。1976 年对西井口至流水头段进行沥青铺筑。1991

年对该路段采用沥青下灌的方法进行铺筑。沥青路面。二级公路，宽 7.5~30 米。与309 国道、202 省道、704 省道、威青高速相交。是乳山市西部重要的南北通道。

301 省道 371000-30-B-c06
[301 Shěngdào]

省道。威海境内起点石岛街，终点环翠牟平界。途经石岛管理区、斥山街道、王连街道、滕家镇、寻山街道、俚岛镇、埠柳镇等。威海境内长 129.645 千米。1947 年 始 建，1998 年 建 成，1989 年 至2008 年分段进行改建。一级公路、二级公路，宽 12~32.2 米等，双向二至四车道，沥青混凝土路面。与荣文高速、201 省道、305 省道、303 省道、704 省道、908 省道相接。是威海市与烟台地区联系的重要通道之一。

302 省道 371000-30-B-c07
[302 Shěngdào]

省道。威海境内起点成山镇成山头风景区门前，终点威海烟台界。途经成山镇、港西镇、泊于镇等。威海境内长 74.117 千米。1991 年始建，2006 年建成，2007 年、2012 年局部改建。二级公路，宽 12~24 米，双向二至四车道，沥青混凝土路面。与 704省道相接。连接成山客运站和威海汽车站，是威海与荣成联系的重要通道。

303 省道 371000-30-B-c08
[303 Shěngdào]

省道。威海境内起点东庄（与石烟线相交处），终点文登市牟平区界。途经俚岛镇、夏庄镇、崖西镇、桥头镇等。威海境内长 75.181 千米。1970 年始建，1993 年建成，2000 年、2012 年局部改建。二级公路，宽 9.2~18 米，双向两车道，沥青混凝土路面。与 301 省道、908 省道相接。连接了俚

岛港、威海工业区客运站，是文登、威海、荣成三地联系的重要通道。

305 省道 371000-30-B-c09
[305 Shěngdào]

省道。威海境内起点石岛管理区吴家村，终点宋村镇草埠村。途经斥山街道、王连街道、上庄镇、高村镇等。威海境内长 49.345 千米。1965 年始建，1992 年 4月建成，2000 年、2001 年局部改建。宽12~24 米，双向二至四车道，沥青混凝土路面。二级道路。与省道201、301 省道、704 省道相接。是文登、荣成两地南部的重要东西向通道。

704 省道 371000-30-B-c10
[704 Shěngdào]

省道。威海境内起点一级路交界，终点海阳所镇西山赵家村北。途经港西镇、成山镇、海阳所镇、白沙滩镇、徐家镇、南黄镇等。威海境内长 168.703 千米。1947 年 始 建，2011 年 建 成，2007 年、2009 年局部改建。二级公路，宽 10~24 米不等，双向二至四车道，沥青混凝土路面。与 302 省道、206 省道、208 省道相接。是威海公路网"三纵、三横、一环"中的重要一环。

804 省道 371000-30-B-c11
[804 Shěngdào]

省道。威海境内起点崖头镇棘子埠村东，终点与荣兰线相交。威海境内长 36.56千米。1978 年建成，1992 年改建。宽 10.5米，沥青混凝土路面。与 228 国道相交。贯通了文登汽车站、大水泊国际机场、荣成汽车站等交通枢纽，并连接了 204 省道、901 省道等干线道路。

908 省道 371000-30-B-c12

［908 Shěngdào］

省道。威海境内起点桥头镇孟家庄村南，终点石岛管理区与石烟线相交处。途经崖西镇、荫子镇、城西街道、崂山街道、东山街道、桃园街道。威海境内长45.102千米。1988年始建，1992年建成。2005年改建。1991年4月改建。一、二级公路，沥青混凝土路面。宽12~38米。与309国道、301省道、303省道、704省道相接。

24 省道 371000-30-B-c13

［24 ShěngDào］

省道。起点乳山市南黄镇，终点乳山市东水井子村。途经南黄镇、徐家镇、大孤山镇等。全长22.9千米。20世纪80年代末始建，1992年通车，2004年在老路基础上新建高速公路。宽17米，四车道。

环翠区

城市道路

统一路 371002-K01

［Tǒngyī Lù］

在区境东部。北起古陌岭隧道口，南至塔山北麓。沿线与宫松岭路、文化东路、光明路、昆明路、和平路、世昌大道相交。长2.7千米，宽12~21.0米。沥青路面。原为威海卫城里南北主街，1931年拓宽，1970年铺筑沥青路面。1981年昆明路以北原长沙街和解放路以南新辟道路并入。取统一之义命名。沿线有密集的商业网点，是市区主要商业街之一。两侧有中国人民银行威海市分行、威海市工商行政管理局、珍珠宾馆、龙电宾馆、丽园大酒店、圆楼大酒店、海林宾馆等。通公交车。

和平路 371002-K02

［Hépíng Lù］

在区境东部。东起新威路，西至世昌大道。沿线与统一路、西城路相交。长1.4千米。宽12.0米。沥青路面。原为威海卫城里东西主街，1931年拓宽整修，1958年西门外土路拓宽并入，1968年铺沥青路面，1984年再次拓宽。取"和平"之义得名。道路两侧商场、大小商铺、居民区林立，是商业居住密集区。两侧有威海百货大楼、威海卫商场、人民商场、市立医院等。为城区东西向干道之一，通公交车。

昆明路 371002-K03

［Kūnmíng Lù］

在区境东部。东起海滨北路，西至古寨东路中段。沿线与海港路、新威路、统一路、少年路、奈古山路相交。长1.0千米，宽38.0米。沥青路面。1898—1930年为沿城墙形成的街道，1969年并入莱州巷、诸城巷、威中路，1975年铺筑沥青路面，1981年统一路以西新辟道路并入，1982年拓宽。以云南省昆明市命名。两侧有威海市建筑工程公司、威海卫大厦、邮电局、电业局、威海剧院、圆楼大酒店、家家悦超市、环翠宾馆等。为城区东西向干道之一，通公交车。

宝泉路 371002-K04

［Bǎoquán Lù］

在区境东部。东起海滨北路，西至新威路。沿线与威高广场内部的人行道路相交。长0.3千米，宽10.0米。沥青路面。1901年后逐渐形成街道，1974年铺筑沥青路面，1980年拓宽改建。因沿路有宝泉汤温泉得名。两侧有泓泉浴池、水疗室、游泳馆、四〇四医院、威海卫广场等。为城区的支路之一，通公交车。

新威路 371002-K05
[Xīnwēi Lù]

在区境东部。北起文化东路，南至竹岛桥。沿线与光明路、昆明路、世昌大道、大众路相交。长 2.8 千米，宽 18~30.5 米。沥青混凝土路面。1902 年始建；1956 年分段整修并南段改道取直；1979 年北段改道取直，修筑昆明路向北至高角山间新路；1982 年拓宽成现状。取"崭新的威海"之意得名。沿线宾馆、商店、住宅相间。两侧有威海市人民政府、环翠区人民政府、威海卫大厦、威海卫广场、华联商厦、百货大楼、东方宾馆、北洋电气集团公司等。为城区南北向干道之一，通公交车。

海港路 371002-K06
[Hǎigǎng Lù]

在区境东部。南起昆明路，北至三角花园。沿线与光明路、潍县街相交。长 0.4 千米，宽 4~9 米。沥青混凝土路面。1898—1930 年形成街道，1963 年部分路段铺筑水泥路面。1965 年拓宽改造，1985 年将三角花园以北的路段划出，并入海滨北路。因路经过当时的威海港得名。两侧有威海市建筑公司、威海卫大厦、威海口腔医院等。为城区支路之一，通公交车。

环海路 371002-K07
[Huánhǎi Lù]

在区境东部。南起黄泥沟南海滨，西北至远遥咀。沿线与东山路、北环海路相交。长 14.0 千米，宽 7.0 米。沥青路面。原为乡间小路，1979 年拓宽修整，1985 年修建东山至合庆间路段，1990 年 12 月向北延伸改建为环海旅游道路，1991 年 6 月建成。因环海岸得名。两侧有峡口听涛、猫山度假、褚岛垂钓等景点。为市北郊主要交通干道，是北郊海滨风景区主要游览道路，通公交车。

古陌路 371002-K08
[Gǔmò Lù]

在区境东部。南起昆明路，北至宫松岭路。沿线与光明路、文化东路、花园南路、花园中路相交。长 1.5 千米，宽 8.0 米。沥青路面。1982 年开工，同年建成。以路北端古陌村命名。两侧有古陌早市、长征小学等。是城市次干道之一，通公交车。

菊花顶路 371002-K09
[Júhuādǐng Lù]

在区境东部。南起文化东路，向北转东至环海路。沿线与北仓街、建设街、建设西街相交。长 1.0 千米，宽 6.0 米。沥青路面。1988 年建成北山路以西路段，2012 年 8 月调整起止点。以菊花顶山得名。两侧有粮店、商店、饭店、菜店等。是城市次干道之一，通公交车。

育华路 371002-K10
[Yùhuá Lù]

在区境东部。东起东山路，西至北山路南端。沿线与安平巷相交。长 0.8 千米，宽 8.9 米。沥青路面。1898—1930 年初建；1949 年后西段并入医院路；1969 年新威路东段并入，名拥军路；1981 年铺筑沥青路面；1986 年西段复称育华路；1991 年拥军路并入。以路侧的育华中学（即今威海市第一中学）得名。道路西首有重点中学，文化氛围浓重。两侧有威海市实验中学。是城市次干道之一，通公交车。

光明路 371002-K11
[Guāngmíng Lù]

在区境东部。东起海滨北路，西至奈古山。沿线与海港路、新威路、统一路、古陌路、少年路相交。长 1.1 千米，宽 8.0~15.0 米。沥青路面。1932 年划入城区，1981 年原朝阳巷并入，1984 年友谊巷和统路以西新辟道路并入，1988 年后陆续将新威路以东、少年路以西新开辟道路和中段北侧团结巷并入。取光明之意得名。两侧有威海市家家悦总店、大世界、鑫城商厦、威海妇幼保健院。是城市支路之一，通公交车。

渔港路 371002-K12
[Yúgǎng Lù]

在区境东部。西起竹岛路，东至威海渔港东北。沿线与海滨中路、青岛北路相交。长 1.2 千米，宽 12.0 米。沥青路面。1979 年开工，1979—1982 年建成，1982 年拓宽整修，1992 年渔港西路并入。以路南侧威海渔港得名。两侧有水产品加工厂、渔轮修造厂、水产育苗厂、冷藏制冰厂、水产酒家等。为城市次干道之一，连接海滨中路和青岛北路两条主干道。通公交车。

北山路 371002-K13
[Běishān Lù]

在区境北部。北起朱家口，南至海滨北路。沿线与东山路、菊花顶路、重庆街相交。长 1.5 千米，宽 6.0~12.0 米。沥青混凝土路面。1898—1930 年建成，1969 年 7 月并入东方红路，1981 年 7 月分出。1976 年铺筑沥青路面。因菊花顶山俗称北山得名。两侧有英国领事馆、华勇营旧址。是市区通往北郊的重要交通道路之一，通公交车。

昌华路 371002-K14
[Chānghuá Lù]

在区境北部。西起环翠路，东至姜南庄村。沿线与沈阳中路、火炬南路、九华街、环翠路等相交。长 3.2 千米，宽 32.0 米。沥青混凝土路面。1993 年建成，2012 年 8 月调整起止点。希望中华昌盛而得名。两侧有威海金猴工业园、威海诧名服饰有限

公司、威海三和涂料有限公司、威海魏桥科技工业园等。通公交车。

凤湖北路 371002-K15
[Fènghú Běilù]

在区境南部。东起东崮村南崮山水库大桥，西至湖滨路。沿线与湖滨路相交。长 1.0 千米，宽 7.0 米。水泥路面。2010 年 7 月开工，2011 年 6 月建成。因镇政府沿崮山水库打造了一个凤凰湖湿地公园广场，因此崮山水库被周边村民俗称凤凰湖，道路以此及方位得名。两侧有崮山水库。通公交车。

凤湖南路 371002-K16
[Fènghú Nánlù]

在区境南部。东起林家院旧村，西至温泉汤大桥。沿线与温泉路、凤湖东路相交。长 1.1 千米，宽 12.0 米。沥青路面。2012 年开工，同年建成。因镇政府沿崮山水库打造了一个凤凰湖湿地公园广场，因此崮山水库被周边村民俗称凤凰湖，道路以此及方位得名。两侧有崮山水库。通公交车。

凤湖东路 371002-K17
[Fènghú Dōnglù]

在区境南部。西南起林家院旧村，东北至东崮村南崮山水库大桥。长 2.1 千米，宽 6.0 米。沥青路面。2010 年开工，同年建成。因镇政府沿崮山水库打造了一个凤凰湖湿地公园广场，因此崮山水库被周边村民俗称凤凰湖，道路以此及方位得名。两侧有崮山水库。通公交车。

凤湖西路 371002-K18
[Fènghú Xīlù]

在区境南部。南起皂温线汤河北路口，北至林湖路与皂温线交界处。沿线与湖滨路相交。长 1.2 千米，宽 7.0 米。沥青路面。

2011年开工，同年建成。因镇政府沿崮山水库打造了一个凤凰湖湿地公园广场，因此崮山水库被周边村民俗称凤凰湖，道路以此及方位得名。两侧有崮山水库。通公交车。

东山路 371002-K19
[Dōngshān Lù]

在区境东部。东起东山北侧，西至北山路。沿线与安平巷、苏州街、重庆街、威东疗路等路相交。长1.2千米，宽10.0米。沥青混凝土路面。1898—1930年建成东段；1972年在实验中学北侧开辟新路，向东与原成都路相接；1979年开始分段拓宽。以路通东山得名。两侧有威海市实验中学、蓝天宾馆、东山宾馆等。是市区通往东北郊的重要交通道路。通公交车。

淮河街 371002-K20
[Huáihé Jiē]

在区境西部。西起环翠路，东至柳沟路。沿线与九华路、火炬南路、普陀路相交。长2.6千米，宽18.0米。沥青混凝土路面。2004年开工，2005年建成。以淮河得名。道路周边多居民小区。两侧有威海市第七中学。通公交车。

环翠路 371002-K21
[Huáncuì Lù]

在区境西部。北起烟威一级公路，西南至金海路。沿线与淮河街、黄河街、长江街、闽江街等相交。长5.6千米，宽40.0米。沥青混凝土路面。1993年开工，1994年建成，2004年扩建。以威海市环翠区得名。两侧有中央电视台威海影视城。通公交车。

黄河路 371002-K22
[Huánghé Lù]

在区境西部。西起环翠路，东至沈阳中路。沿线与火炬南路、普陀路、柳沟路相交。长3.0千米，宽24.0米。沥青混凝土路面。2002年开工，2007年建成。以黄河得名。周边学术氛围浓厚。两侧有威海大光华国际学校、威海市第七中学。通公交车。

车站

威海汽车站 371002-S01
[Wēihǎi Qìchē Zhàn]

长途汽车站。国家一级汽车客运站。位于经济技术开发区青岛中路136号。2004年5月27日搬迁至现址。占地面积53 280平方米。设计日均发送旅客2万人次，拥有营运线路420余条，日发班次600多个，通达省内各地及京、津、沪、闽等十多个省市，是威海市重要的交通枢纽。

立交桥

江家寨立交桥 371002-P01
[Jiāngjiāzhài Lìjiāoqiáo]

在城区南部。占地面积364 133平方米，有三层互不交叉的不同方向的城市道路在此立体相交。最高层离地面20米。2000年动工，同年建成，2010年改扩建。因坐落在环翠区温泉镇江家寨村得名。为大型半苜蓿叶形、半定向互通式立交桥。该立交桥的通车，实现了威青高速、威石公路、石烟公路3条主要干线快速高效连接，打通了市区南出口的通行瓶颈。

文登区

城市道路

文山路 371003-K01
[Wénshān Lù]

在区境中部。东起虎山路，西至站前路。沿线与香山路、昆嵛路、龙山路、马山路、豹山路、西楼街、世纪大道、学府路、货站东路、文昌路、虎山路相交。长 11.8 千米，宽 60 米。沥青路面。1932 年始建，1983 年、1987 年、2003 年、2013 年改扩建。因文登城东北文山得名。沿线有企事业单位、住宅区、商铺等，市委、市人大常委会、市政府、市政协驻此。两侧有区人民政府、中国农业银行（文登支行）、广城大厦、国贸大厦、中国银行、市中广场、金都大厦、发改局、邮政局、喜庆大厦、总工会等。为东西向主要干道之一，通公交车。

米山路 371003-K02
[Mǐshān Lù]

在区境中部。东起虎山路，西至西铺头村。沿线与昆嵛路、龙山路、马山路、豹山路、香水路、学府路、登云路、世纪大道、文昌路、虎山路相交。长 13.1 千米，宽 40 米。沥青路面。原系荣成至兰州公路的一段。1957 年始建，1980 年、1985 年、1998 年、2003 年多次改扩建成现状。因境内米山得名。沿线有企事业单位、学校、医院。两侧有交通局、七里中学、染织厂、祥和医院等。是市区东西走向的主要干道之一，通公交车。

龙山路 371003-K03
[Lóngshān Lù]

在区境西部。南起秀山路，北至青威汽车专用线。沿线与米山路、峰山路、文山路、横山路、圣经山路、香水路、珠海路等相交。长 6.7 千米，宽 35 米。沥青路面。1984 年开工，1985 年、1989 年、1998 年、2005 年改扩建。因龙山得名。两侧有第一人民医院、龙山宾馆、威海国际建材城、水利局、国家电网、国税局、工商银行等。为市区南北向的主要道路之一，通公交车。

世纪大道 371003-K04
[Shìjì Dàdào]

在区境东部。北起大连路，南至徐泊线。沿线与环山东路、米山东路、文山东路、香水路、珠海路、广州路等相交。长 8.7 千米，宽 40 米。沥青路面。1995 年开工，1997 年建成。因宽广畅通的美好愿望得名。两侧有汽车站、义乌小商品批发市场、民政局、教育局、人力资源和社会保障局、电视台、市民中心、新一中、天润曲轴有限公司等。通公交车。

北宫街 371003-K05
[Běigōng Jiē]

在区境中部。东起香山路，西至职工街。沿线与香山路、职工街相交。长 0.3 千米，宽 12 米。沥青路面。1980 年拓宽。因北城原称天宝宫，街以此得名。两侧为商住区，尤多小吃店，有"美食一条街"之称。通公交车。

机场、车站

威海国际机场 371003-30-K01
[WēiHǎi Guójì Jīchǎng]

位于文登区大水泊镇，距威海市 30 千米，文登区 15 千米。前身为空军机场。1992 年 7 月扩建。1996 年 1 月正式投入运营。威海机场为国际 4D 级标准，航站楼面积 1.4 万平方米。机场设计客运吞吐能力为 140 万人次 / 年，其中国际客运量为 50 万人次／年，货运能力为5万吨／年。主要开通北京、上海、广州、杭州、济南、合肥、南京、哈尔滨、长春、重庆、大连、台北、仁川、首尔等城市航线。

文登站 371003-R01
［Wéndēng Zhàn］

客货业务二等站。位于米山镇东铺头村北。1991年5月成立。1998年7月建成临时旅客候车室、售票室和行李房。2008年3月修建候车大楼，2010年11月投入使用。候车大楼总建筑面积5 852平方米，站前广场占地面积1.69万平方米，整体占地面积2.8万平方米。站内设有5股线路，其中正线1股、到发线2股、货物线2股。另有宏安集团有限公司专用线和文登市电力燃料有限公司专用线各一条。每天可发送乘客2 500人次。为地方从事铁路客、货运输业务和列车作业的重要载体。

文登东站 371003-R02
［Wéndēng Dōngzhàn］

铁路站。位于文登营镇柯家庄村东北面。2014年6月主体竣工，12月28日正式通车运行。建筑面积2 500平方米，共设两个站台，1个地下通道，4条铁道，以及广场等。站台规模2台4线。在为老百姓解决出行难题的同时，为文登区社会经济加快发展带来重大机遇，使这一地区聚集大量的人流、物流、信息流，成为对外开放的新高地。文登交通不便的"短板"被有效补齐，使文登可以迅速融入青烟威一体化发展布局，同时依托丰富的自然资源，加快实施城镇化战略，打造生态宜居的新版块。

文登汽车站 371003-S01
［Wéndēng Qìchē Zhàn］

长途汽车站。二级汽车站。位于文登市区东部，世纪大道99号。建于1948年

10月。2005年4月24日建成新站。占地面积4.56万平方米，总建筑面积10.3万平方米。运营线路有省际客运线路33条，直达全国10个省及直辖市；市际客运线路37条，县际41条，县内55条。年发送旅客171.55万人次，其中长途客运量43.27万人次，短途客运量128.28万人次。为地方从事公路客、货运输业务和物流作业的重要交通枢纽。

桥梁

抱龙河桥 371003-N01
［Bàolónghé Qiáo］

在文登城区中部。桥长123.5米，桥面宽23.0米，最大跨度13.8米，桥下净高6.3米。1984年动工，1985年建成。因横跨抱龙河而得名。为中型河道桥梁，结构型式为重力式石拱桥。担负城区道路干道交通任务，最大载重量为30吨。通公交车。

荣成市

城市道路

成山大道 371082-K01
［Chéngshān Dàdào］

在市境中部。东起华星宾馆，西至将军路。沿线与府东路、南山路、寻山路、十里街相交。长12.1千米，宽33米。沥青路面。1987年始建，2002年扩建，2014年分东、中、西三段改造延伸。此大道是市区通往外域主干道，也是城市的中轴线；荣成是以成山得名，且成山是荣成的知名品牌，为突出其主要地理位置，故名成山大道。集文化、商业、休闲、购物、娱乐等多种功能于一体，文化、商贸氛围浓厚。

两侧有花生加工厂、嘉盛牛奶、友谊宾馆、人民医院、广电局、盐业局、广播电视台、博物馆、大润发等。是市区通往外域主干道，东西向的城市中轴线。通公交车。

将军路 371082-K02
[Jiāngjūn Lù]

在市境西部。北起北外环路，南至凭海路。沿线与凭海路、河阳路、成山大道相交。长 7.6 千米，宽 15.0 米。沥青路面。1998 年建成。此路作为交通主干道，是我市的"边关要道"，故以"将军"镇之。道路沿线多为村庄，社区氛围浓厚。两侧有中韩边贸城、荣成市海洋食品博览中心等。为市区西侧主干道，通公交车。

云光路 371082-K03
[Yúnguāng Lù]

在市境中部。北起北外环路，南至凭海路。沿线与北外环、青山路、成山大道、凭海路等相交。长 6.1 千米，宽 22.0 米。沥青路面。2004 年开工，2005 年建成。路西有广播电视大楼，因云光与荧光谐音，且荣成市有名胜云光洞，故名。沿线多为住宅楼、沿街商户及公园等，商贸氛围浓厚。两侧有广播电视台、妇幼保健院、东方爱婴早教中心、湿地公园、工商银行、农商行。是市区南北向交通主干道，通公交车。

海湾路 371082-K04
[Hǎiwān Lù]

在市境中部。北起成山大道东段，南至龙山湖大坝。沿线与观海路、悦湖路、凭海路、黎明南路相交。长 15.6 千米，宽 20.0 米。沥青路面。2009 年开工，2010 年建成。因荣成临桑沟湾，故名。沿线文化、休闲、娱乐、健身功能显著。两侧有荣成三中、文体中心、滨海公园。为衔接崖头、石岛两大城区的重要交通干道。通公交车。

青山路 371082-K05
[Qīngshān Lù]

在市境中部。西起龙河路，东至寻山路。沿线与府东路、肇元街、十里街、云光路、邹泰街、楚祥街、建业街、明珠路、沿河街、南山路相交。长 16.7 千米，宽 21.0 米。沥青路面。2002 年开工，2004 年建成。此路中段经过青山南侧，故名。沿线多为住宅小区及沿街商户等，商贸氛围浓厚。两侧有橡胶厂、王华商厦、崖头河、世纪广场、物价局。为城区东西向主干道，通公交车。

伟德路 371082-K06
[Wěidé Lù]

在市境中部。西起台上街，东至桑干河。沿线与马成街、云光路、邹泰北街、楚祥北街等相交。长 8.3 千米，宽 18.0 米。沥青路面。1999 年开工，2000 年建成。此路以"伟德"相称，暗含"以德制市，气魄宏伟"之意。沿线公益、文化氛围浓厚。两侧有新世纪小学、鲁艺幼儿园、东方广场等。通公交车。

观海路 371082-K07
[Guānhǎi Lù]

在市境中部。东起荣成三中，西至将军中路。沿线与云光路、南山中路、黎明北路、邹泰南街相交。长 6.8 千米，宽 22.0 米。沥青路面。1999 年开工，同年建成。此路是市区直通海滨公园与海水浴场的重要通道，是市民观海、赏海、玩海的必经之路，故名。沿线主要有政府机关、大型商场、居民住宅楼、十里河公园等，公益、文化氛围浓厚。两侧有地税局、交通局、房管局、华泰汽车、二中、人民医院等。通公交车。

凭海路 371082-K08
[Pínghǎi Lù]

在市境中部。西起将军路，东至海湾路。

沿线与将军路、南山路、黎明路、富源路、泰祥路、云光路相交。长5.4千米，宽20.0米。沥青路面。2009年开工，2010年建成。以地势较高，向东直观大海，借"凭海临风"之意，故名。沿线多为企业厂区、住宅小区及村庄等，商贸氛围浓厚。两侧有绿岛湖、长途汽车站、石化加油站等。为城区东西向主干道，通公交车。

南山路 371082-K09
[Nánshān Lù]

在市境中部。北起北外环路，南至凭海路。沿线与北大街、青山路、成山大道、观海路、凭海路、河阳路相交。长6.3千米，宽22.0米。沥青路面。2006年开工，同年建成北大街至青山路段，2008年建成成山大道至凭海路段，2009年建成青山路至成山大道段。"南山"是荣成老县城的明显标志，故名。沿线多为大型企业、银行及沿街商户等，公益、商贸氛围浓厚。两侧有邮局、新华书店、公路局、中信银行。为城区南北向主干道，通公交车。

邹泰街 371082-K10
[Zōutài Jiē]

在市境中部。北起青山中路，南至崖头河。沿线与伟德路、成山大道、观海路、悦湖路相交。长1.8千米，宽18.0米。沥青、水泥路面。2000年开工，2003年建成。这条街经过台上邹家村，故取邹字，另加"泰"字，取祝福安泰之意。沿线多为沿街商户、企业厂房及住宅小区，商贸氛围浓厚。两侧有工业园。为城市南北向主干道，通公交车。

北大街 371082-K11
[Běi Dàjiē]

在市境中部。西起龙河北路，东至青山西路。沿线与明珠路、龙河北路、青山西路相交。长2.0千米，宽18.0米。沥青路面。2009年建成。这条路横贯崖头村北，故名北大街。沿线主要为城市居民点及商场集市等，商贸氛围浓厚。两侧有利群购物中心、物贸市场、崖头小学。通公交车。

寻山路 371082-K12
[Xúnshān Lù]

在市境东部。西起成山大道，东至车道河。沿线与成山大道、青山路、学院路相交。长5.3千米，宽22.0米。沥青路面。1995年开工，1996年建成。此路位于寻山街道，故名。沿线有住宅小区、政府办公楼、村庄、企业等，文化、公益、商贸氛围浓厚。两侧有哈尔滨理工大学荣成校区、连杆厂等。为寻山街道主干道，通公交车。

悦湖路 371082-K13
[Yuèhú Lù]

在市境中部。东起海湾北路，西至崖头河东岸。沿线与十里街、盐湖街、邹泰街相交。长4.0千米，宽22.0米。沥青路面。2002年开工，2003年建成。此路位于绿岛湖北岸，以湖堤为路，令游人赏心悦目，故名。沿线主要有文体场馆、大型商场及居民住宅小区等，公益、文化氛围浓厚。两侧有体育馆、行政审批中心等。通公交车。

河阳路 371082-K14
[Héyáng Lù]

在市境中部。东起云光路，西至将军路。沿线与富源路、南山路、将军路、邹泰街相交。长6.4千米，宽18米。沥青路面。2002年开工，同年建成，2013年改扩建。因处于沽河北岸，水北为阳，故名。沿线商贸氛围浓厚。两侧有经济开发区、达因药业、凯丽纸业、热电厂等。是青荣城铁商贸物流区的重要交通枢纽，为荣成市东西向的主干道。通公交车。

荷田路 371082-K15

[Hétián Lù]

在市境中部。西起沽河，东至邹泰街。沿线与南山南路、河阳路、泰祥路相交。长1.8千米，宽18.0米。沥青路面。2002年开工，2004年建成。此处荷花成片，菱角繁生，向东是广阔的泊地沃田，故名。沿线主要为企业、酒店等，商贸氛围浓厚。两侧有泰祥公司。为城区东西向次干道。通公交车。

德清街 371082-K16

[Déqīng Jiē]

在市境中部。东起府西路，西至十里北街。沿线与肇元街、建华街相交。长2.4千米，宽14.0米。沥青路面。2003年开工，2004年建成，2007年、2008年重新覆路面。因位于青山东路和伟德东路之间，故名德清街，寓意为政、为人要有德、清正。道路沿线主要为居民住宅小区，文化氛围浓厚。两侧有荣成市法院、荣成市检察院等。为城区东西向次干道，通公交车。

幸福街 371082-K17

[Xìngfú Jiē]

在市境中部。东起明珠路，西至龙河北路。沿线与明珠路、南山路、龙河北路相交。长4.4千米，宽8.0米。沥青路面。2004年开工，2006年建成。周围所居多为离退休人员，祈盼晚年幸福，故名幸福街。道路沿线主要为居民住宅楼及商场、饭店等，商贸和社区文化氛围浓厚。两侧有军休所、交通大厦、肛肠医院等。为城区东西向次干道，通公交车。

国泰街 371082-K18

[Guótài Jiē]

在市境中部。北起北大街，南至成山大道。沿线与北大街、成山大道相交。长1.2千米，宽10.0米。沥青路面。2004年开工，2005年建成。取国泰民安之意，故名。道路沿线主要为居民住宅楼及商场、饭店等，商贸、文化氛围浓厚。两侧有国泰橡胶、实验三小等。为城区南北向次干道，通公交车。

沿河街 371082-K19

[Yánhé Jiē]

在市境中部。北起北外环路，南至观海路。沿线与青山路、文化路相交。长3.1千米，宽12.0米。沥青路面。1985年开工，同年建成成山大道至青山路段，2002年建成成山大道至观海路段。因沿崖头河，故名。道路沿线主要为商场、宾馆和公园等，商贸氛围浓厚。两侧有防疫站、工商所等。为城区南北向次干道，通公交车。

泰祥路 371082-K20

[Tàixiáng Lù]

在市境中部。北起河阳路东，南至沽河边。沿线与荷田路、凭海路相交。长3.0千米，宽18.0米。沥青路面。2003年开工，2004年建成。取安泰祥和之意，故名。沿线主要为企业厂区及住宅小区，商贸氛围浓厚。两侧有泰祥公司、开发区工业园。为城区南北向次干道，通公交车。

崂山路 371082-K21

[Láoshān Lù]

在市境中部。北起凭海路，南至八河水库大坝。沿线与将军南路、凭海路、荣昌路、荣盛路相交。长9.1千米，宽18.0米。沥青路面。1991年开工，1992年建成，2013年改（扩）建。经过崂山街道，故名。沿线主要为住宅小区、政府办公楼、村庄、企业等，商贸、公益氛围浓厚。两侧有崂山南区服务中心、龙山湖大坝等。为崂山街道主干道，通公交车。

盐湖街 371082-K22

[Yánhú Jiē]

在市境中部。北起伟德路，南至观海路。沿线与成山大道、观海路相交。长0.9千米，宽12.0米。沥青路面。2002年开工，同年建成。此街南头的绿岛湖的周边曾是盐场，故名。沿线主要为政府机关、沿街商户及住宅小区，社区及公益事业氛围浓厚。两侧有海波广告、出入境管理局、户政大厅等。为城区南北向次干道，通公交车。

十里街 371082-K23

[Shílǐ Jiē]

在市境中部。南起悦湖路，北至青山东路。沿线与德清街、伟德路、成山大道、观海路相交。长2.4千米，宽15.0米。沥青路面。2000年开工，2005年建成。是沿十里河而建的街道，故名。沿线主要为住宅小区、沿街商户，商贸氛围浓厚。两侧有十里河公园。为城区南北向主干道，通公交车。

龙河路 371082-K24

[Lónghé Lù]

在市境中部。南起河阳西路，北至将军北路。沿线与北大街、青山路、幸福街、成山大道相交。长7.0千米，宽18.0米。沥青路面。1995年开工，1996年建成。因位于龙河东岸，故名。道路西侧为龙河，东侧多为住宅小区及商户等，商贸氛围浓厚。两侧有橡胶厂等。为城区南北向次干道，通公交车。

黎明路 371082-K25

[Límíng Lù]

在市境中部。北起成山大道，南至海湾路。沿线与成山大道、观海路、河阳路、凭海路、富耕路相交。长8.7千米，宽18.0米。沥青路面。2004年开工，2005年建成。此路与黎明村相邻，以黎明命之。沿线主要为住宅小区及沿街商户等，文化、商贸氛围浓厚。两侧有装潢材料市场等。为城区南北向次干道，通公交车。

黄海路 371082-K26

[Huánghǎi Lù]

在市境南部。南起渔岛路，北至峨石山路。沿线与凤凰湖路、斥山西路、双榜路、双山路、峨石山路、渔岛路、迎宾路、黄石路、渔贸路、海港路、毓秀街、渔港路、纱帽路、青龙路、永安北路、花村路、法华路、望海巷、海景西路、山阴路、陀山路、寨南路、寨中路、启明路、寨北路、姜尚路、万祥路、大泽西路相交。长8.6千米，宽13~29米。沥青路面。1982年开工，1985年建成，2013、2014年改建。黄海是石岛的主要标志，故名。沿线公益、文化、商贸氛围浓厚。两侧有斥山邮政、银海水产、石岛宾馆、石岛实验小学、渔人码头、海滨车站、康王肥牛、老长途汽车站、黄海造船厂、赤山渔港、吉兴购物中心、赤山法华院、华鹏宾馆、斥山广场等。通公交车。

牧云路 371082-K27

[Mùyún Lù]

在市境南部。西起牧云桥以西，东至黄海路。沿线与环山路、永安南路、永安北路相交。长1.8千米，宽18米。沥青路面。1982年开工，1983年建成。由人石路与牧云路交接，故统称牧云路。两侧有康平医药。通公交车。

迎宾路 371082-K28

[Yíngbīn Lù]

在市境南部。西起黄海南路，东至石岛宾馆西大门。沿线与黄海南路相交。长0.4千米，宽8.0米。沥青路面。1986年开工，同年建成，2011 年改建。因是石岛宾馆所在地，故名。沿线多为学校，文化和商贸氛围浓厚。两侧有实验小学、石岛宾馆等。通公交车。

兴隆路 371082-K29
[Xīnlóng Lù]

在市境南部。东起黄海南路，西至永安南路。沿线与黄海南路、永安南路相交。长 0.3 千米，宽 8.0 米。沥青路面。1978 年开工，同年建成，2004 年改扩建。周边集市贸易兴隆，故名。沿线多为市场、集市，有小学、广场和卫生院等，商贸、文化氛围浓厚。两侧有张家村小学、石岛广场、张家村卫生院。通公交车。

天后路 371082-K30
[Tiānhòu Lù]

在市境南部。东起黄海南路，西至姜家疃。沿线与永安北路相交。长 0.2 千米，宽 8.0 米。沥青路面。1980 年开工，同年建成。因为该路北有天后宫而得名。沿线有政府机关、天后宫等建筑，文化氛围浓厚。两侧有天后宫等。通公交车。

府东路 371082-K31
[Fǔdōng Lù]

在市境中部。北起青山路，南至成山大道。沿线与府后街、伟德路相交。长 1.3 千米，宽 27.0 米。沥青路面。2005 年开工，2006 年建成。位于政府大楼东侧，故名。沿线为政府机关办公楼、住宅小区，公益氛围浓厚。两侧有市政府、审计局、政府广场、东方广场等。为城区南北向次干道，通公交车。

府西路 371082-K32
[Fǔxī Lù]

在市境中部。南起成山大道，北至乔岭街。沿线与伟德路、德清街相交。长 1.0 千米，宽 27.0 米。沥青路面。2005 年开工，2006 年建成。位于政府大楼的西侧，故名。沿线多为政府机关办公楼、住宅小区，公益氛围浓厚。两侧有市人大办公楼、市政府办公楼、市检察院、市委市政府、信访局、东方广场。为城区南北向次干道，通公交车。

明珠路 371082-K33
[Míngzhū Lù]

在市境中部。长 1.6 千米，宽 24.0 米。沥青路面。因路南端的河中有雕像，称"沧海献瑞"，故名明珠路。沿线主要为住宅小区及沿街商户等，商贸氛围浓厚。两侧有华力电机、工商银行分行、建设银行、酒店、民政局、药监局等。为城区南北向主干道，通公交车。

特色街巷

杨桥街 371082-A01-L01
[Yángqiáo Jiē]

在崖头街道西部。长 0.7 千米，宽 5.5 米。沥青路面。取杨庄的"杨"字、老锅桥的"桥"字，命名杨桥街。沿途主要有医院及居民住宅小区，社区文化氛围浓厚。两侧有农机公司、残疾人联合会等。为城区南北向次干道，通公交车。

博爱街 371082-A01-L02
[Bó'ài Jiē]

在崖头街道西北部。长 0.4 千米，宽 6.0 米。沥青路面。此街有妇幼医院、机关幼儿园、保险公司等，都是公益事业，故名。道路沿途主要为居民住宅小区及沿街商户等，文化、商贸及公益氛围浓厚。两侧有家家悦超市、荣成市技术监督局、市供热公司、机关幼儿园。为城区南北向次干道，通公交车。

建业街 371082-A01-L03
[Jiànyè Jiē]

在崖头街道西北部。长 1.4 千米，宽 15.0 米。沥青路面。街上有老"建大"（原拖拉机厂），为荣成的工业发展立下了功业，故名。沿途主要为大型商场、沿街商户及住宅小区，商贸氛围浓厚。两侧有市政公司、振华商厦、文联等。为城区南北向次干道，通公交车。

楼下街 371082-A01-L04
[Lóuxià Jiē]

在崖头街道西南部。长 40.4 千米，宽 10.0 米。沥青路面。该街纵穿黎明村，黎明村原称楼下村，故名。沿途为小区住宅及沿街商户，商贸氛围浓厚。为城区南北向次干道，通公交车。

富源路 371082-A01-L05
[Fùyuán Lù]

在崖头街道西南部。长 2.7 千米，宽 18.0 米。沥青路面。两侧有热电厂，电力是城市动力之源、致富之源，故名。沿途有众多企业厂房、小区，商贸氛围浓厚。两侧有热电厂。为城区南北向次干道，通公交车。

尚诚街 371082-A01-L06
[Shàngchéng Jiē]

在崖头街道西部。长 0.9 千米，宽 8.0 米。沥青路面。意谓崇尚诚信，故名。沿途多为居民住宅楼及沿街商户，商贸氛围浓厚。两侧有小商品批发业。为城区南北向次干道，通公交车。

台上街 371082-A01-L07
[Táishàng Jiē]

在崖头街道北部。长 1.0 千米，宽 14.0 米。沥青路面。因穿过台上刘家村，故名。沿途主要为沿街商户及住宅小区，商贸氛围浓厚。两侧有电视大学、大润发等。为城区南北向次干道，通公交车。

楚祥街 371082-A01-L08
[Chǔxiáng Jiē]

在崖头街道北部。长 1.4 千米，宽 15.0 米。沥青路面。因经过台上楚家村，故取楚字，另加"祥"字，以祝福吉祥之意命名。沿途主要为沿街商户及住宅小区，商贸氛围浓厚。两侧有经贸局、工业园。为城区南北向次干道，通公交车。

车站

荣成站 371082-R01
[Róngchéng Zhàn]

铁路车站。二等站。位于荣成市站前路 1 号，成山大道西段南侧。2014 年 12 月成立。占地面积 123 218 平方米，建筑面积 9 968 平方米。站房为 3 台 5 线，线侧下式。车站日常运行旅客列车 50 趟，高峰期运行旅客列车 62 趟，年均发送旅客 140.13 万人，日均 3 839 人。主要承担荣成市旅客运输工作，拥有辐射京、津、冀、辽、豫、晋、陕、苏、浙、皖、沪等 11 省市及省内大部分地市的直达和过程列车，实现了济、青、烟、威等地流水发送，当日往返。

荣成汽车站 371082-S01
[Róngchéng Qìchē Zhàn]

长途汽车站。位于荣成市市区内。2005 年 5 月始建，2006 年底经荣成市社会客运站、荣成市长途汽车站整合而成。因车站位于荣成市市区内，故名荣成汽车站。占地面积 11 716 平方米，客运楼面积 3 578 平方米。目前拥有跨省班次 13 个，跨区班次 67 个。主要承担荣成市跨区以上旅客运输，拥有辐射京、津、沪、冀、皖、浙、豫等 7 省市及省内大部分地市的直达和过路班车，实现了烟台、青岛等地流水发车。

石岛车站 371082-S02
[Shídǎo Chēzhàn]

长途汽车站。车站位于石岛境内。1950 年在北沟村东建站。1956 年迁至今址。1974 年 10 月扩建。1991 年 4 月依老站扩建候车厅、售票厅两用大楼，1992 年 7 月竣工使用。因车站位于石岛境内而得名。占地面积 9 070 平方米。日发班次 81 个。主要担负着石岛跨省、跨区及区内客运服务及包车、快货运输服务业务。形成了辐射浙江、安徽、河南、江苏等省市及山东省内各地的交通运输网络。

港口

和兴船业有限公司码头 371082-30-F-a01
[Héxīng Chuányè Yǒuxiàngōngsī Mǎtóu]

海港，属石岛港口岸。位于荣成市王家湾西北。2007 年开工，2009 年 10 月被批准临时对外开放。建设 15 000 吨级滑道式船台 2 座，突堤式舾装码头 1 座，万吨级泊位 3 个。码头岸线长 1 020 米，水深 7.5 米，最大靠泊能力 20 000 吨。

石岛港 371082-30-F-a02
[Shídǎo Gǎng]

海港，属石岛港口岸。位于荣成石岛湾内。清顺治十二年（1655）始建港口。1933 年、1936 年，华东盐业公司建设盐业专用木质码头 2 座。1941—1942 年，侵华

日军将原 70 米码头扩建。1965 年、1985 年、1989 年 3 次对石岛码头进行扩建改造。1999 年 1 月至 2000 年 6 月，建成石岛新港。2001 年 8 月，石岛新港作业区正式对外开放。2008 年 4 月，石岛港通用泊位码头正式对外开放。港口码头沿线总长 3 950 米，泊位水深 -9 ～ -13 米，共有生产性泊位 17 个，其中万吨级以上泊位 7 个，年货物吞吐量达 1 000 多万吨。

俚岛港 371082-30-F-a03
[Lidǎo Gǎng]

海港，属石岛港口岸。地处俚岛镇境内。1957 年、1959 年、1971 年多次改造，建成重力式码头。2003 年改扩建，成为企业专用码头。2006 年 10 月，俚岛港被批准临时进靠国际航行船舶。现码头总长 292 米，泊位 2 个，最大靠泊能力 7 000 吨级，占地面积 28 万平米，年设计通过能力 61.3 万吨。

龙眼港 371082-30-F-a04
[Lóngyǎn Gǎng]

海港，属龙眼港口岸。位于荣成龙眼湾内。始建于 1987 年，1994 年启用。1999 年 8 月，被国务院批准为一类开放口岸。有 15 万吨和 20 万吨级 2 座干船坞，829 米防波堤，8 万吨顺岸式舾装码头 314 米，10 万吨突堤式舾装码头 482 米，配套建设其他附属设施 10 万平方米。可承修 20 万吨级以下各类型船舶，年设计修船能力达到 200 艘次，1 000 万载重吨。是山东省最大的修船基地之一。

好当家港 371082-30-F-a05
[Hǎodāngjiā Gǎng]

海港，属石岛港口岸。位于荣成市好当家工业园区内。始建于 20 世纪 50 年代。1981 年、1995 年先后扩建改造。2006 年 10 月 31 日被批准临时开放。有泊位 8 个，

岸线总长 518 米，最大靠泊能力 3 000 吨，有库场面积 35 000 平方米，其中仓库面积 10 000 平方米，堆场面积 25 000 平方米。是荣成南部重要的渔港。

朱口港 371082-30-F-a06
[Zhūkǒu Gǎng]

海港，属石岛港口岸。位于荣成市人和镇境内，九顶铁槎山脚下。始建于1989年，1997 年扩建，1995 年 5 月 1 日经山东省政府批准为石岛港一类作业区。有万吨级开放泊位 1 个，港口设计吞吐能力 100 万吨，以油品运输为主，拥有储油罐 4 个，储油能力 5 万吨，货场 6 000 平方米。是石岛港一类作业区。

喜港 371082-30-F-a07
[Xǐ Gǎng]

海港，属石岛港口岸。位于荣成市人和镇山西头。1999 年动工。2008 年 3 月被批准临时开放。2010 年改扩建。有泊位 5 个，船坞 2 个，码头岸线长 980 米，水深 7.5 米，最大靠泊能力 10 000 吨，拥有货场面积 20 000 平方米，年设计货物吞吐能力 200 万吨。

远通船舶修造有限公司码头 371082-30-F-a08
[Yuǎntōngchuánbóxiūzào Yǒuxiàngōngsī Mǎtóu]

海港，属石岛港口岸。位于黄海海域。1973 年始建，2007 年改扩建。2009 年 4 月 13 日被批准临时对外开放。占地面积约 8 万平方米，建有坞道 10 条，码头 2 座。有泊位 6 个，最大修造船吨位为 3.5 万吨级，设计年修造船能力 30 万载重吨。拥有船台和滑道 13 座，其中 2.5 万吨级造船台 1 座、1.5 万吨级造船台 1 座、2.5 万吨级修船滑道 3 座、5 000 吨级修船滑道 2 座、1 000 吨级修船滑道 6 座，最大起重能力 120 吨，可建造船舶最大型宽 35 米，可修理船舶最大型宽 26 米。

蜊江码头 371082-30-F-a09
[Líjiāng Mǎtóu]

海港，属石岛港口岸。位于荣成市区东端。1986 年 7 月始建，1989 年 10 月启用。1992 年 12 月 1 日，经山东省政府批准为石岛港一类作业区实现口岸开放。有千吨级泊位 3 个，装卸设备 15 台（套），货场 19 万平方米，生产仓库 7 840 平方米。

码头

三星重工业（荣成）有限公司码头 371082-30-G-a01
[Sānxīng Zhònggōngyè（Róngchéng）Yǒuxiàngōngsī Mǎtóu]

位于荣成市俚岛镇的联络湾内。三星重工业有限公司自用码头。2006 年 3 月成立，2007 年 8 月投入使用。结构型式采用沉箱重力式，护岸结构采用抛石斜坡式。前港池水深 8.2 米，最大靠泊能力 10 000 吨。为装卸进出口货物提供了基本保证。228 国道经此。

桥梁

河西大桥 371082-N01
[Héxī Dàqiáo]

在荣成市区西部。桥长 106.4 米，桥面宽 22.8 米，最大跨度 100 米，桥下净高 4 米。2000 年动工，同年建成。该桥位于城西街道河西村东南，故名河西大桥。为大型河道桥梁，结构型式为钢筋混凝土板桥。最大载重量 30 吨。通公交车。

沽河大桥 371082-N02
[Gūhé Dàqiáo]

在荣成市区西部。桥长 125.5 米，桥面宽 22 米，最大跨度 120 米，桥下净高 2.4 米。2002 年动工，同年建成。该桥位于城西街道沽河上，故名沽河大桥。为大型河道桥梁，结构型式为钢筋混凝土板桥。最大载重量 30 吨。通公交车。

牧云庵桥 371082-N03
[Mùyún'ān Qiáo]

在荣成市区南部。桥长 126 米，桥面宽 21.8 米，最大跨度 90 米，桥下净高 5 米。1995 年动工，同年建成。因位于牧云庵村北部，故名。为大型河道桥梁，结构型式为拱桥。最大载重量 20 吨。通公交车。

流口大桥 371082-N04
[Liúkǒu Dàqiáo]

在荣成市区南部。桥长 166.5 米，桥面宽 25.4 米，最大跨度 160 米，桥下净高 4.6 米。1978 年动工，同年建成。因是上游河流的入海口，而得名流口桥。为大型河道桥梁，结构型式为空心板梁桥。最大载重量 20 吨。通公交车。

龙家河桥 371082-N05
[Lóngjiāhé Qiáo]

在荣成市区北部。桥长 56.5 米，桥面宽 13 米，最大跨度 50 米，桥下净高 3.5 米。2012 年动工，同年建成。因桥修建在龙家村而得名。为中型河道桥梁，结构型式为混凝土桥。最大载重量 20 吨。通公交车。

大岚河桥 371082-N06
[Dàlánhé Qiáo]

在荣成市区北部。桥长 69.04 米，桥面宽 18 米，最大跨度 65 米，桥下净高 2.4 米。2001 年动工，同年建成。因桥修建在大岚头村而得名。为中型河道桥梁，结构型式为混凝土桥。最大载重量 20 吨。通公交车。

朝阳港大桥 371082-N07
[Cháoyánggǎng Dàqiáo]

在荣成市区北部。桥长 600 米，桥面宽 18 米，最大跨度 530 米，桥下净高 12 米。2004 年动工，同年建成。因大桥修建在朝阳港而得名。为大型河道桥梁，结构型式为混凝土桥。最大载重量 30 吨。通公交车。

卞庄大桥 371082-N08
[Biànzhuāng Dàqiáo]

在荣成市区西南部。桥长 80 米，桥面宽 19 米，最大跨度 25 米，桥下净高 7.4 米。2010 年动工，同年建成。因经过原卞家村，故此得名。为大型河道桥梁，结构型式为钢筋混凝土板桥。最大载重量 50 吨。通公交车。

涨濛大桥 371082-N09
[Zhàngméng Dàqiáo]

在荣成市区西南部。桥长 227 米，桥面宽 15.5 米，最大跨度 20 米，桥下净高 8 米。2006 年动工，同年建成。该桥位于人和镇涨濛村，故名涨濛大桥。为大型河道桥梁，结构型式为钢筋混凝土板桥。最大载重量 10 吨。通公交车。

斜口岛大桥 371082-N10
[Xiékǒudǎo Dàqiáo]

在荣成市区东南部。桥长 44.92 米，桥面宽 21.5 米，最大跨度 40 米，桥下净高 8 米。2003 年动工，2005 年建成。该桥位于崂山街道斜口岛村，故名斜口岛大桥。为中型河道桥梁，结构型式为钢筋混凝土板桥。最大载重量 20 吨。通公交车。

单家河桥 371082-N11
[Shànjiāhé Qiáo]

在荣成市区西南部。桥长 114.43 米，桥面宽 26.26 米，最大跨度 115 米，桥下净高 4.5 米。1981 年动工，同年建成。该桥位于单家村，故名单家河桥。为大型河道桥梁，结构型式为拱桥。最大载重量 20 吨。通公交车。

青埠岭后桥 371082-N12
[Qīngbùlǐnghòu Qiáo]

在荣成市区北部。桥长 65 米，桥面宽 7 米，最大跨度 13 米，桥下净高 2.7 米。1976 年动工，1977 年建成。该桥位于夏庄镇青埠岭村，故名青埠岭桥。为中型河道桥梁，结构型式为石拱桥。最大载重量 10 吨。不通公交车。

二胪前桥 371082-N13
[Èrlúqián Qiáo]

在荣成市区北部。桥长 60 米，桥面宽 10 米，最大跨度 10 米，桥下净高 3.7 米。1981 年动工，1982 年建成。该桥位于夏庄镇二胪村，故名二胪前桥。为中型河道桥梁，结构型式为石拱桥。最大载重量 10 吨。不通公交车。

乳山市

城市道路

北环路 371083-K01
[Běihuán Lù]

在市境东部。东起长庆路，西至胜利街。沿线与长庆路、浦东路、香格里拉西路、怡园西路、深圳路、兴乳路、南江路、世纪大道、黄山路、松山路、青山路、洁卫巷、胜利街等相交。长 6.4 千米，宽 18~34 米。沥青路面。1992 年开工，2006 年建成。根据位置及地名命名。两侧有技校、国土资源局、盐务局、政府汽修厂、光明小学、热力集团、鲁东加油站、技术监督局、农副产品检测中心、公交公司、康宁医院、

夏东建筑公司、华润物流、西苑学校等。是乳山市的主干道之一，通公交车。

光明街 371083-K02
[Guāngmíng Jiē]

在市境中部。东起浦东路，西至北外环。沿线与青山路、松山路、黄山路、世纪大道、南江路、兴乳路、深圳路、怡园西路、香格里拉西路、浦东路等相交。长 3.5 千米，宽 11 米。混凝土路面。1990 年开工，2006 年建成。喻义吉祥、光明，故名。两侧有西苑学校、电业局、雍熙大酒店、光明市场、怡园中学、香格里拉酒店等。通公交车。

建设街 371083-K03
[Jiànshè Jiē]

在市境西北部。东起府西路，西至兴农巷。沿线与兴农巷、龙山路、白云巷、青山路、丝厂巷、福利巷、松山路、黄山路、自来水巷、世纪大道、府西路等相交。长 1.8 千米，宽 8 米。沥青、混凝土路面。1986 年开工，2004 年建成。因寓意兴旺的开发事业，故名建设街。两侧有宝威幼儿园、母爱培训基地、农商分行等。是乳山市的次干道之一，通公交车。

泰山路 371083-K04
[Tàishān Lù]

在市境南部。西起建设局，东至深圳街。沿线与建设街、南江路、政府东路、兴乳路、安平西路、安平东路、胜利街等相交。长 1.0 千米，宽 12 米。沥青路面。1990 年开工，1993 年建成。以自然地理实体泰山命名。两侧有政府会议室、东方大厦、机关托儿所等。是乳山市的次干道之一，通公交车。

胜利街 371083-K05
[Shènglì Jiē]

在市境南部。西起炉上河，东至东高

速路口。沿线与青山路、世纪大道、深圳路、青山路相交。长 8.6 千米，宽 34 米。沥青路面。1985 年开工，1986、1989、1993 年 3 次拓建。以吉祥嘉言命名。两侧有生资公司、中国移动乳山分公司、工艺品集团有限公司、乳山市医院、工商总行、家家悦超市、民政局、总工会、莱茵豪生大酒店、经济开发投资有限公司、农商银行分行、机关事务管理局、城投集团、市政府、邮电局东方大厦、劳动大厦、乳山国际大酒店、住房公积金中心、建行总行、公安局、国税局、检察院、法院、建设局、晨读公园、胜利街派出所、益天房地产、广电大厦、华玺大酒店。是乳山市的主干道之一，通公交车。

中苑街 371083-K06
[Zhōngyuàn Jiē]

在市境南部。东起府东路，西至府西路。沿线与府东路、府西路相交。长 2.5 千米，宽 6 米。沥青路面。1992 年开工，1993 年建成。因位于东苑小区与西苑小区之间，故名。两侧有市政府大院、劳动局、科技局、卫计局、畜牧局、中心会议室、交通局、审计局等。是乳山市的次干道之一，通公交车。

商业街 371083-K07
[Shāngyè Jiē]

在市境南部。东起浦东路，西至西环路。沿线与西环路、馨园路、夏村路、南山路、兴农巷、龙山巷、白云巷、青山路、礼堂巷、富山路、松山巷、庆丰巷、和平巷、黄山路、教育巷、世纪大道、府前巷、天水西路、天水东路、经贸巷、浦东路、豪门巷、畅园路等相交。长 4.7 千米，宽 12~16 米。沥青路面。1986 年开工，2003 年建成。因街两侧设有各种商店门市部，故名。两侧有夏北市场、农业银行分行、黄海宾馆、

中国联通公司、乳山宾馆、清泉宾馆、家家悦购物广场、振华商厦、中国建设银行分行、金丰超市、二轻托儿所、乳山一中、天骄银行、工商银行分行、黄山路小学、中国人民银行分行、振华购物中心、中国农商银行乳山分行、府前饭店、府前中学、第二实验小学、利群超市、规划设计院等。是乳山市的主干道之一，通公交车。

文化街 371083-K08
[Wénhuà Jiē]

在市境中部。东起黄山路，西至夏村路。沿线与黄山路、松山巷、富山路、青山路、龙山路、南山路、夏村路等相交。长 0.8 千米，宽 10 米。沥青路面。1985 年开工，2011 年建成。因此街有文化教育部门和学校，故名。两侧有华联商厦、夏东批发市场、老剧场、夏北市场等。是乳山市的次干道之一。

新华街 371083-K09
[Xīnhuá Jiē]

在市境南部。东起胜利街，西至青山路。沿线与青山路、富山路、黄山路、世纪大道、幸福三路、天水西路、天水东路、幸福一路、经贸路、深圳路、豪门路、浦东路、珠海路、大连路、连云港路、青岛路、威海路、烟台路等相交。长 4.6 千米，宽 20 米。沥青路面。1990 年开工，2006 年建成。因当时街中部有新华旅社，故名。两侧有华能加油站、乳山缘溶再生资源有限公司、大圣冷饮食品厂、海燕水产有限公司、市政建材有限公司、地税局、贸易城建材市场、金牛山广场、昆仑大厦、人寿保险、夏南市场。是乳山市的主干道之一，通公交车。

海河街 371083-K10
[Hǎihé Jiē]

在市境南部。东起南山路，西至海口路。沿线与青山路、南山路、西环路、海口路

等相交。长 2.6 千米，宽 12 米。沥青路面。2005 年开工，同年建成。因本市海河得名。两侧有圆通物流。是乳山市的次干道之一，通公交车。

海峰街 371083-K11
[Hǎifēng Jiē]

在市境中部。东起世纪大道，西至海口路。沿线与海口路、西环路、南山路、锁厂巷、青山路、世纪大道等相交。长 2.7 千米，宽 9~12 米。沥青路面。1989 年开工，同年建成。因此街是通向海峰的必经之路，故名。两侧有淀粉厂、家家悦超市、地毯厂、烟草公司、劳技校、防疫站、河滨公园、乳山教学研究室等。是乳山市的次干道之一，通公交车。

前进街 371083-K12
[Qiánjìn Jiē]

在市境南部。东起世纪大道，西至南山路。沿线与南山路、锁厂巷、青山路、世纪大道等相交。长 2.1 千米，宽 10 米。混凝土路面。2003 年开工，2008 年建成。因取向前发展进步之意，故名。两侧有振兴花生果厂、南山交电站、海峰街派出所、乳山第二中学等。是乳山市的次干道之一，通公交车。

开发街 371083-K13
[Kāifā Jiē]

在市境南部。东起深圳路，西至三亚路。沿线与三亚路、海口路、西环路、南山路、锁厂巷、青山路、世纪大道、厦门路、幸福三路、温州路等相交。长 5 千米，宽 18 米。沥青路面。因象征兴旺的开发事业，故名。两侧有绿色动力、乳山海东内燃机配件有限公司、乳山花生制品厂、长江超市、华绣制衣服装有限公司、乳山消防大队、杰鲁凯服装有限公司、宏远机床有限公司、

华昌建材有限公司等。是乳山市的主干道之一，通公交车。

惠州路 371083-K14
[Huìzhōu Lù]

在市境南部。东起深圳路，西至三亚路。沿线与青山路、世纪大道等相交。长 5 千米。宽 30 米。混凝土路面。2003 年开工，同年建成。以中国主要城市名命名。两侧有电力器材服务中心等。是乳山市的次干道之一，通公交车。

广州路 371083-K15
[Guǎngzhōu Lù]

在市境南部。东起深圳路，西至三亚路。沿线与深圳路、昌州路、福州路、石狮路、厦门路、世纪大道、山海大道、中山路、澳门路、湛江路等相交。长 5.5 千米，宽 18 米。沥青路面。1999 年开工，2007 年建成。以中国主要城市名命名。两侧有华帮精冲、山东环建集团、澳华新能源有限公司、鸿达工程、丝网彩印有限公司、日信工业有限公司、广润工程公司、乳山佳禾汽车有限公司、中泰机械有限公司、顺德粮油、金阳光汽车超市、乳山交通加气站、安宇环保有限公司、永达驾校、北京燃气总站等。是乳山市的主干道之一，通公交车。

无锡路 371083-K16
[Wúxī Lù]

在市境南部。东起佛山路，西至三亚路。沿线与佛山路、中山路、澳门路、湛江路、海口路、三亚路相交。长 3.2 千米，宽 40 米。混凝土路面。2007 年开工，同年建成。以中国主要城市名命名。两侧有乳山市长城机械有限公司、山东威海华瀛电控设备公司、乳山市宇华电器厂、威海光扬电力工程有限公司、乳山市永达机动车驾驶员培训有限公司等。是开发区的支路之一，通公交车。

江门路 371083-K17
[JiāngMén Lù]

在市境南部。东起潮州路,西至海口路。沿线与海口路、湛江路、澳门路、中山路、佛山路、山海大道、东莞路、汕头路、潮州路相交。长 2.5 千米,宽 45 米。混凝土路面。2004 年开工,2011 年建成。以中国主要城市名命名。两侧有耐特新材料、凤凰混凝土、六合饲料、正洋食品、华动工筑、昂仕集团、恒宇门窗、寅西兰花等。是开发区的支路之一,通公交车。

唐山路 371083-K18
[Tángshān Lù]

在市境南部。东起浦东路,西至幸福三路。沿线与深圳路、昌平路、宁波路、浦东路等相交。长 1.3 千米,宽 12 米。沥青混凝土路面。2011 年开工,同年建成。以中国主要城市名命名。两侧有久久发商贸城、家家悦超市、贸易城等。是乳山市的次干道之一。

天津路 371083-K19
[Tiānjīn Lù]

在市境南部。东起胜利街,西至浦东路。沿线与深圳路、昌平路、宁波路、浦东路、珠海路、大连路、连云港路、青岛路、威海路、烟台路等相交。长 2.6 千米,宽 14 米,沥青路面。2002 年开工,2003 年建成。以中国主要城市名命名。两侧有香榭丽舍大酒店、全海家具、中国石化加油站、实豪菲格尔皮具有限公司、威海三盛汽车科技有限公司、安盾金属门窗有限公司、昌盛集团、乳山锦盛果蔬有限公司等。是乳山市的主干道之一,通公交车。

青山路 371083-K20
[Qīngshān Lù]

在市境西部。南起高速路,北至黄依台村。沿线与北外环路、胜利街、商业街、新华街、开发街相交。长 8.7 千米,宽 24 米。沥青路面。1989 年开工,20 世纪 70 年代初期、1992 年拓建。因市境内有青山,故名青山路。两侧有电业大厦、老汽车站、电影院、乳山市交警大队、乳山第一饭店、亚泰大厦等。是乳山市区南北向主干道,通公交车。

山海大道 371083-K21
[Shānhǎi Dàdào]

在市境西部。北起开发街,南至南海路。沿线与开发街、惠州路、广州路相交。长 4.4 千米,宽 36 米。沥青路面。1990 年开工,1991 年建成。因由乳山通往南海,取山海相连之意得名。两侧有乳山恒兴机械制造有限公司、乳山亿丰电控设备厂、乳山三宝玩具有限公司、黄海华生销售部、山东力久特种电机有限公司、如闪电机场、威海市大塑胶有限公司、山东大塑胶总厂、新物资回收有限公司、德松制冷工程服务中心、环宇化工有限公司、盛源大酒店等。道路等级为城市主干道,通公交车。

黄山路 371083-K22
[Huángshān Lù]

在市境西部。北起北环路,南至滨河街。沿线与北环路、光明街、建设街、胜利街、向阳街、商业街、农信巷、新华街、滨河街等相交。长 3 千米,宽 10 米。沥青路面。1986 年开工,2006 年建成。因市境内有黄山,故名。两侧有顺丰物流、黄山路商贸城、工商银行、乳山一中、中医院、夏南市场等。是乳山市的次干道之一,通公交车。

松山路 371083-K23
[Sōngshān Lù]

在市境西部。北起光明街,南至文化街。沿线与文化街、商业街、向阳街、胜利街、建设街、光明街等相交。长 0.8 千米，宽 10 米。沥青路面。1986 年开工，1996 年建成。因市境内有松山，故名。两侧有二轻托儿所、市医院等。是乳山市的次干道之一，通公交车。

富山路 371083-K24
［Fùshān Lù］

在市境西部。北起胜利街，南至滨河街。沿线与向阳街、商业街、文化街、农信巷、新华街、滨河街等相交。长 1.4 千米，宽 12 米。沥青路面。1985 年开工，1994 年建成。因市境内有富山，故名。两侧有鲁东市场、建设银行分行、工商银行分行、振华商场、人民广场、疾控中心、第一实验小学等。是乳山市的次干道之一，通公交车。

潮州路 371083-K25
［Cháozhōu Lù］

在市境南部。北起广州路，南至苏州路。沿线与广州路、苏州路相交。长 0.5 千米，宽 35 米。混凝土路面。2004 年开工，同年建成。以中国主要城市名命名。两侧有乳山市大拇指汽车专业烤漆厂、威海双联电气设备有限公司、乳山市百盛革制品有限公司、乳山雅思特园林有限公司等。是开发区的支路之一，通公交车。

兴乳路 371083-K26
［Xīngrǔ Lù］

在市境南部。北起北环路，南至泰山路。沿线与北环路、光明街、泰山路等相交。长 0.8 千米，宽 12 米。沥青路面。1994 年开工，2006 年建成。象征乳山兴旺发达，故名。两侧有乳山残联等。是乳山市的次干道之一，通公交车。

浦东路 371083-K27
［Pǔdōng Lù］

在市境东部。北起技校东门，南至开发街。沿线与光明街、胜利街、华山路、商业街、新华街、唐山路、天津路、营口路、鑫诚街、能源路、日照路、宁波路、昌平路等相交。长 4.9 千米，宽 34 米。沥青路面。2005 年开工，2010 年建成。以地名命名。两侧有广电大厦、城乡建设局、易天房地产、城乡规划设计院、富豪菲格尔有限公司、石化加油站、昆仑路桥有限公司、交通检测线等。是乳山市的主干道之一，通公交车。

安平西路 371083-K28
［Ānpíngxī Lù］

在市境东部。南起胜利街，北起泰山路。沿线与胜利街、泰山路等相交。长 0.5 千米，宽 10 米。沥青路面。1993 年开工，1994 年建成。因取安定平和之意，故名。两侧有经贸大厦、东方广场、乳山公安办公大楼、国税局、妇幼保健站等。乳山市的次干道之一，通公交车。

温州路 371083-K29
［Wēnzhōu Lù］

在市境南部。北起开发街，南至广州路。沿线与广州路、苏州路、开发街、新泰路、惠州路、广州路相交。长 0.8 千米，宽 40 米。混凝土路面。2005 年开工，同年建成。以中国主要城市名命名。是开发区的支路之一，通公交车。

长庆路 371083-K30
［Chángqìng Lù］

在市境南部。北起北环路，南至胜利街。沿线与胜利街、光明街、北外环路等相交。长 0.6 千米，宽 18 米。沥青路面。1998 年开工，同年建成。以中国主要城市名命名。两侧有乳山世芝手套有限公司、泰兴集团、乳山东方硅胶有限公司、长庆总公司等。是乳山市的次干道之一，通公交车。

府前路 371083-K31
[Fǔqián Lù]

在市境中部。南起商业街,北至胜利街。沿线与商业街、胜利街等相交。长 0.4 千米,宽 12 米。沥青路面。1992 年开工,同年建成。因位于政府前得名。两侧有房产管理局、财政局、海洋渔业局、市场监督管理局、水利局等。是乳山市的次干道之一,通公交车。

天水东路 371083-K32
[Tiānshuǐdōng Lù]

在市境中部。北起胜利街,南至新华街。沿线与胜利街、商业街、新华街等相交。长 1.1 千米,宽 14 米。混凝土路面。1990 年开工,1992 年建成。因位于天水路东部得名。两侧有乳山国际大酒店、竹苑宾馆等。是乳山市的次干道之一,通公交车。

厦门路 371083-K33
[Xiàmén Lù]

在市境南部。北起开发街,南至威青高速。沿线与开发街、惠州路、广州路相交。长 1.3 千米,宽 40 米。沥青路面。2004 年开工,2005 年建成。以中国主要城市名命名。两侧有乳山金汇丰制衣有限公司、威海奥威服装有限公司、乳山市方远玩具有限公司、乳山市合晟基础工程有限公司、乳山市合晟基础工程有限公司、乳山益发石材有限公司、乳山正泰石材有限公司等。是开发区的支路之一,通公交车。

石狮路 371083-K34
[Shíshī Lù]

在市境南部。北起开发街,南至威青高速。沿线与开发街、惠州路、广州路相交。长 1.3 千米,宽 40 米。沥青路面。2004 年开工,同年建成。以中国主要城市名命名。两侧有乳山市昌盛革制品有限公司、威海多诚贸易有限公司、乳山市广远塑料门窗厂、乳山市利华食品冷藏厂、乳山市宏辉印刷有限公司、乳山市丝网彩印有限公司等。是开发区的支路之一,通公交车。

福州路 371083-K35
[Fúzhōu Lù]

在市境南部。北起开发街,南至青威高速。沿线与开发街、新泰路、惠州路、广州路、青威高速相交。长 1.1 千米,宽 40 米。沥青路面。2004 年开工,同年建成。以中国主要城市名命名。两侧有金家园食品、华海工程、龙马服装、尚文印花、丹琳木业、鸿达机电、豫丰建材、海悦纺织等。是开发区的支路之一,通公交车。

府东路 371083-K36
[Fǔdōng Lù]

在市境中部。南起胜利街,北至泰山路。沿线与胜利街、中苑街、泰山路等相交。长 0.3 千米,宽 7 米。沥青路面。1990 年开工,同年建成。因在政府驻地东面,故名。两侧有市政府大楼、城投集团、劳动局等。是乳山市的次干道之一,通公交车。

府西路 371083-K37
[Fǔxī Lù]

在市境南部。南起胜利街,北至泰山路。沿线与胜利街、中苑街、泰山路等相交。长 0.3 千米,宽 7 米。沥青路面。1990 年开工,同年建成。因在政府驻地西面,故名。两侧有市政府大楼、城投集团、劳动局等。是乳山市的次干道之一,通公交车。

车站

乳山站 371083-R01
[Rǔshān Zhàn]

铁路站。位于夏村镇小疃村东1.5千米、战家夼村北2千米处。1992年始建，2008年改扩建。位于乳山市内，故名。建筑面积4 688平方米，站前广场占地面积2.8万平方米，总占地面积3.8万平方米，候车大楼集候车、售票、休闲、办公及旅客问讯处等服务设施，现开通乳山至北京、乳山至汉口、乳山至济南、乳山至菏泽四对旅客列车。开行北京至威海、威海至济南的旅客列车，日发送旅客4 000人次。是乳山市主要交通枢纽。

乳山长途汽车站 371083-S01
[Rǔshān Chángtú Qìchē Zhàn]

长途汽车站，一级站。位于世纪大道305号。1945年始建，1950年10月成立，2011年4月搬迁至新址。车站建筑面积8 245平方米，包括长短途候车大厅、行包房、加油站、综合办公楼、汽车维修车间等，是集旅客运输、货运快递、加油、汽车维修、餐饮食宿等为一体的现代化汽车站。车站日始发班次147个，过路班次85个，日均客流量3 000余人次，形成了辐射京、津、沪等省市的过路班车及省内十七个地市的直达班车，实现了威海、烟台、青岛等地流水发车，是乳山市重要的交通枢纽。

港口

乳山口港 371083-30-F-a001
[Rǔshānkǒu Gǎng]

海港。位于山东省乳山市乳山湾。因所在地理位置而得名。成立于1952年10月，原有两座浆砌块石、条石突堤码头，为清朝咸丰年间所建。1993年2月，经山东省人民政府批准为国家二类开放口岸。港口作业码头395米，现有2万吨级泊位2个，16T门机2台，25T门机2台，码头堆场16万平方米，库房3万平方米，各类装载机械数辆。主要以煤炭、铁矿砂、水泥、熟料、碎石、粮食等散杂货装卸为主，年吞吐能力达200万吨。港口占地面积20万平方米，建筑面积为6 655平方米。作为乳山市唯一的进出口岸，是乳山市重要的运输通道。

桥梁

乳山寨桥 371083-N01
[Rǔshānzhài Qiáo]

在乳山市区西部。桥长426.5米，桥面宽22米，最大跨度20米，桥下净高5.0米。1964年动工，同年建成。所在河流为乳山寨河，故名。为大型公路桥，结构型式为简支空心板梁桥。最大载重量55吨。通公交车。

南黄桥 371083-N02
[Nánhuáng Qiáo]

在乳山市区东部。桥长16.52米，桥面宽15米，最大跨度8米，桥下净高1.5米。2011年动工，同年建成。所在河流为南黄河，故名。为小型公路桥，结构型式为简支空心板梁桥。最大载重量55吨。通公交车。

黄垒河大桥 371083-N03
[Huánglěihé Dàqiáo]

在乳山市区东北部。桥长605.06米，桥面宽27米，桥下净高7米。2004年动工，2007年建成。所在河流为黄垒河，故名。

为特大型公路桥，结构型式为预应力空心板桥。最大载重量 55 吨。

河南村桥 371083-N04
[Hénáncūn Qiáo]

在乳山市区东北部。桥长 214 米，桥面宽 9 米，最大跨度 20 米，桥下净高 3.5 米。2001 年动工，同年建成。所在河流为河南村河，故名。为大型公路桥，结构型式为简支空心板梁桥。最大载重量 55 吨。通公交车。

泊子庄东桥 371083-N05
[Pōzizhuāngdōng Qiáo]

在乳山市区西部。桥长 13 米，桥面宽 24.5 米，最大跨度 8 米，桥下净高 4.5 米。2004 年动工，同年建成。所在河流为泊子庄村东河，故名。为大型公路桥，结构型式为简支空心板梁桥。最大载重量 55 吨。通公交车。

岛子河桥 371083-N06
[Dǎozihé Qiáo]

在乳山市区西北部。桥长 106.3 米，桥面宽 12 米，最大跨度 13.7 米，桥下净高 4.6 米。1966 年动工，同年建成。所在河流为岛子河，故名。为大型公路桥，结构型式为简支空心板梁桥。最大载重量 55 吨。通公交车。

段家桥 371083-N07
[Duànjiā Qiáo]

在乳山市区东北部。桥长 130 米，桥面宽 19 米，最大跨度 22.1 米，桥下净高 4.5 米。1994 年动工，同年建成。所在河流为段家河，故名。为大型公路桥，结构型式为简支 T 梁桥。最大载重量 55 吨。通公交车。

冯家桥 371083-N08
[Féngjiā Qiáo]

在乳山市区东北部。桥长 137 米，桥面宽 18 米，最大跨度 13 米，桥下净高 4.3 米。1995 年动工，同年建成。所在河流为冯家河，故名。为大型公路桥，结构型式为圬工拱石拱桥。最大载重量 55 吨。通公交车。

泥沟桥 371083-N09
[Nígōu Qiáo]

在乳山市区东北部。桥长 214 米，桥面宽 10.5 米，最大跨度 13 米，桥下净高 3 米。2001 年动工，同年建成。所在河流为泥沟河，故名。为大型公路桥，结构型式为简支空心板梁桥。最大载重量 55 吨。通公交车。

午极桥 371083-N10
[Wǔjí Qiáo]

在乳山市区北部。桥长 166.6 米，桥面宽 16 米，最大跨度 20 米，桥下净高 2.8 米。2001 年动工，同年建成。所在河流为午极河，故名。为大型公路桥，结构型式为简支空心板梁桥。最大载重量 55 吨。通公交车。

育黎东桥 371083-N11
[Yùlídōng Qiáo]

在乳山市区西北部。桥长 75.5 米，桥面宽 7.5 米，最大跨度 8 米，桥下净高 3 米。1970 年动工，同年建成，2014 年改建。因位于育黎镇，以方位得名。为中型桥梁，结构型式为钢筋混凝土空心板梁。最大载重量 55 吨。通公交车。

育黎西桥 371083-N12
[Yùlíxī Qiáo]

在乳山市区西北部。桥长 75.5 米，桥面宽 7.5 米，最大跨度 8 米，桥下净高 3 米。1970 年动工，同年建成，2014 年改建。因位于育黎镇，以方位得名。为中型河道桥梁，结构型式为钢筋混凝土空心板梁。最大载重量 55 吨。通公交车。

万格庄桥 371083-N13
[Wàngézhuāng Qiáo]

在乳山市区西北部。桥长 21.5 米，桥面宽 7.9 米，最大跨度 10 米，桥下净高 3 米。1973 年动工，同年建成。因该桥位于万格庄村境内，得名万格庄桥。为中型桥梁，结构型式为石板拱桥。最大载重量 20 吨。通公交车。

万格庄北桥 371083-N14
[Wàngézhuāngběi Qiáo]

在乳山市区西北部。桥长 22.5 米，桥面宽 7.9 米，最大跨度 8 米，桥下净高 3 米。1972 年动工，同年建成。因该桥位于万格庄村境内且位于村北，得名万格庄北桥。为中型桥梁，结构型式为石板拱桥。最大载重量 20 吨。通公交车。

山东桥 371083-N15
[Shāndōng Qiáo]

在乳山市区西北部。桥长 25.2 米，桥面宽 8.6 米，最大跨度 8 米，桥下净高 3 米。1987 年动工，同年建成。因该桥跨越河流为山东河，得名山东桥。为中型桥梁，结构型式为石板拱桥。最大载重量 20 吨。通公交车。

塔庄大桥 371083-N16
[Tǎzhuāng Dàqiáo]

在乳山市区西北部。桥长 186 米，桥面宽 23.5 米，最大跨度 20 米，桥下净高 3.5 米。2004 年动工，同年建成。因该桥位于塔庄村西，得名塔庄大桥。为大型公路桥，结构型式为钢筋混凝土空心板梁。最大载重量 55 吨。通公交车。

横道口桥 371083-N17
[Héngdàokǒu Qiáo]

在乳山市区西北部。桥长 46 米，桥面宽 8.8 米，最大跨度 8 米，桥下净高 2 米。1980 年动工，同年建成。因该桥位于横道口村东，得名横道口桥。为中型桥梁，结构型式为石板拱。最大载重量 10 吨。通公交车。

横道口大桥 371083-N18
[Héngdàokǒu DàQiáo]

在乳山市区西北部。桥长 195 米，桥面宽 9 米，最大跨度 23 米，桥下净高 2 米。1970 年动工，同年建成，2010 年改建。因该桥位于横道口村西，得名横道口大桥。为大型桥梁，结构型式为钢筋混凝土空心板梁。最大载重量 10 吨。通公交车。

万家桥 371083-N19
[Wànjiā Qiáo]

在乳山市区东北部。桥长 8 米，桥面宽 22.5 米，最大跨度 6 米，桥下净高 3.5 米。2011 年动工，同年建成。因跨万家河得名万家桥。为小型公路桥，结构型式为简支实心板梁桥。最大载重量 55 吨。通公交车。

六村屯北桥 371083-N20
[Liùcūntúnběi Qiáo]

在乳山市区东部。桥长 15.8 米，桥面宽 42 米，最大跨度 6 米，桥下净高 2.7 米。2005 年动工，同年建成。因跨六村屯河得名六村屯北桥。为小型公路桥，结构型式为简支实心板梁桥。最大载重量 55 吨。通公交车。

六村屯中桥 371083–N21
[Liùcūntúnzhōng Qiáo]

在乳山市区东部。桥长 95.5 米，桥面宽 37 米，最大跨度 13 米，桥下净高 3.4 米。2005 年动工，同年建成。因跨六村屯河得名六村屯中桥。为中型公路桥，结构型式为简支空心板梁桥。最大载重量 55 吨。通公交车。

马陵东桥 371083–N22
[Mǎlíngdōng Qiáo]

在乳山市区西部。桥长 83.5 米，桥面宽 9 米，最大跨度 13 米，桥下净高 2 米。1978 年动工，同年建成，2014 年改建。因该桥位于马陵村东，得名马陵东桥。为中型桥梁，结构型式为钢筋混凝土空心板梁。最大载重量 55 吨。通公交车。

四 自然地理实体

威海市

河流

沽河 371000-22-A-a01
［Gū Hé］

外流河。在省境东部，市境东部。取"沽"字的水名之意，故名沽河。西支流名棘子埠西河，源于文登市境内黄山南麓，由荫子镇兰村入境，南流至城西街道垛山姜家村东与中支流汇合；中支流名荫子西河，源出雨山南麓，上游建有雨山水库，流经东兰家村东，向南与西支流汇合，再向南转东，至崖头街道杨格庄村南与东流汇合；东支流名崖西河，源于伟德山西段南麓，流经荫子镇、大瞳镇、崖头镇、崖西镇、滕家镇等街道。三大支流汇合后，向东南经斜口流入桑沟湾。全长30.7千米，河床宽20~150米，总流域面积208.83平方千米，平均年径流量62.65万立方米。多年平均含沙量为1.66千克/立方米。有西、中、东三大支流。

黄垒河 371000-22-A-a02
［Huánglěi Hé］

外流河。在省境东部，市境南部。因河流发源地而得名。发源于昆嵛山南麓牟平区曲家口村西北的黄垒口，流经牟平、乳山、文登，注入浪暖口海湾。全长74千米，河床宽度100~800米。流域面积638平方千米。为牟平、乳山两地的农业灌溉水源。主要支流有老清河、黄格庄河等。

海湾

靖海湾 371000-23-B01
［Jìnghǎi Wān］

在省境东部，市境南部。明洪武十三年（1380）为防倭入侵，魏国公徐辉祖于东岸建靖海卫，故名靖海湾。宽约12.5千米，纵深10千米，水域面积约120平方千米。平均深度2.7~4.5米，呈喇叭形，湾底属泥沙底质。海岸线弧长约30千米，湾滨曲折，岸势较低，有数个浅水咸湖。湾口介于靖海角与牛心岛之间，向南偏西敞开，湾内又有涨濛港（属荣成市）、龙门港等小港湾。湾口东侧的靖海角有一礁脉向西南延伸至凤凰尾（岛）；湾口西侧有牛心岛、人石、怀石、陀螺头（驮篓头子）等较小岛屿，北有二岛借礁盘、沙嘴与陆地相连。湾之西北隅有山嘴礁脉伸入海中1.2千米，海拔37.6米。湾北首经长会口与张家埠湾相连。湾口东南向，口外无掩护，外海偏南向的波浪能直接进入，故波浪较大。系不正规半日潮，年平均水温12.8℃。多年平均盐度为31.6‰，海水透明度在1.2米左右。有长会口、靖海、前岛等口岸，现修建码头，为渔港。湾内及附近海域产比目鱼、鲅鱼、鲐鱼、对虾、虾蛄、梭子蟹等。滩涂地带产牡蛎、菲律宾蛤仔、文蛤、四角蛤、青蛤、寻氏肌蛤、泥蚶等。沿岸建有盐场、养殖场等，文登有泽库（花岛）盐场。养殖品种以海参、对虾、梭子蟹为主。

环翠区

山

棉花山 371002-21-E01
[Miánhuā Shān]

在省境的东部，市境北部。向南、东、北三面绵延迄海。东西偏北走向。相传，因山顶形似棉花得名。但庙后、棉花音相近，也可能是谐音演变所致。最高海拔293.8米。主要峰岭有松顶、双顶、雕山、菊花顶、古陌岭等。山体由下元古代胶东岩群的各类片岩为主，以黑云斜长片麻岩和黑云片岩为主，因长期风化剥蚀，岩石裸露，土质瘠薄。植被有松树、刺槐、麻栎，多疏矮幼林。有连林岛、半月湾、猫头山等自然景观。通公交车。

正棋山 371002-21-E02
[Zhèngqí Shān]

在省境的东部，市境南部。东南至西北走向。又称著棋山。道光《文登县志》："正棋山在县东北五十里。顶上有石棋枰方一丈许。传为仙人纯阳吕祖著围棋之所。《一统志》作正棋山，今俗称著棋山。"一般海拔在200~400米之间，最高海拔483.7米。主峰玉皇顶。山有五峰，东西横列，清代每个山顶都建有一座小庙，俗称五座庙。山体由花岗岩与变质岩构成，局部有石英岩出露。因长期风化剥蚀，山顶趋于浑圆，山脊多成梁状。沟谷开阔，时有基岩出露。五渚河、石家河、杜梨河等发源于此。山中林木茂密，有各类树木140余种，以赤松、麻栎、楸树、槭树等为主。北麓建有林场，引种白榆、泡桐、赤杨、柳杉、刺杉等树种。山中林木苍郁，沟壑纵横。旅游资源有正棋山风景区。通公交车。

里口山 371002-21-E03
[Lǐkǒu Shān]

在省境的东部，市境中部。因主峰地处里口，故名。一般海拔300~400米，最高海拔418.2米。主峰老孤庙顶。张村河、望岛河等发源于此。属低山丘陵，切割强烈，沟岔交错。山体由下元古代胶东岩群变质岩构成，以黑云斜长片麻岩为主，局部有花岗岩、石英岩出露。经风化剥蚀，岩石裸露，多悬崖陡壁。主要树种有松树，间有柞岚。盛产水果，以蟠桃驰名。旅游资源有里口山风景区。通公交车。

凤凰山 371002-21-G01
[Fènghuáng Shān]

在省境的东部，市境西南部。该山峰巅向北翘起，左右余脉东西延伸，形似大鸟展翅，故名凤凰山。海拔146.7米。主要树种有松树、刺槐等。有公路经此。

仙姑顶 371002-21-G02
[Xiāngū Dǐng]

属里口山。在省境的东部，市境中部。因山上有仙姑庙，故名仙姑顶。海拔375米。植物以松树为主。山上有仙姑顶风景区，每年阴历三月十五有庙会。通公交车。

菊花顶 371002-21-G03
[Júhuā Dǐng]

在省境的东部，市境北部。山有数顶，四面环绕，略呈菊花状，故名。海拔262米。东西走向，西与古陌岭相连，远望如石屏横列，植被以松树、刺槐等为主。交通便利。

古陌岭 371002-21-G04
[Gǔmò Lǐng]

属棉花山西行支脉。在省境的东部，市境北部。因何得名，无考。海拔284米。呈东西走向，东与菊花顶相连，有松树等林木。交通便利。

塔山 371002-21-G05
[Tǎ Shān]

属里口山余脉。在省境的东部，市境中部。旧称文笔峰。康熙《威海卫志》："文笔峰在卫治南一里，即古峰岭口，为文庙案山。"清初，邑贡生夏士彦等欲"文运肇兴"，建石塔于山上，后始名塔山。海拔119米。1984年建山门、凉亭，辟为园林风景区。园林与防护林带相连。通公交车。

河流

张村河 371002-22-A-a01
[Zhāngcūn Hé]

外流河。在市境西南部。以张村镇名为名。有三个源头，分别为里口山山脉的佛顶、仙姑顶、邓家寨诸山，三支流汇合后，经姜南庄、张村西流至黄埠港入海。全长96千米，河床宽约30米，流域面积30平方千米，多年平均径流量605万立方米。属季节性河流。上游建成里口水库。下游沿岸有小型冲积平原分布。沿线途经张村镇中心，河流两侧有居民区、商铺。张村河沿岸增设供附近居民健身、休闲、娱乐的场所，提升了张村河下游的滨河景观。

滩

葡萄滩 371002-22-F01
[Pútao Tān]

在市境北部。相传，葡萄滩本名埠头滩，因"埠头"与"葡萄"谐音相近，后来演变为葡萄滩。又传民国初年，岸边植有葡萄园，遂得名葡萄滩。水域面积约6平方千米。平均深度10~20米，湾口在20米以上，最大水深达40米，纵深2.5千米。湾口向北敞开，底质多为硬泥，东侧为泥沙，西侧为软泥，南部多沙质。潮汐属于不规则半日潮。沿岸有渔船锚地多处。葡萄滩水质清澈，为威海的海水浴场之一，是当地重要旅游资源。

海湾

威海湾 371002-23-B01
[Wēihǎi Wān]

在市境东部。水域面积约54平方千米，平均深度6~9米，纵深8千米，最大水深34.5米。湾底多属泥沙底质。潮汐为不规则半日潮，基本上属于往复流类型。冬季季风最强，多北风，以北向浪为主，春季风向不稳，浪向分布杂乱，仍有较多的偏北向浪。冬季一般均不结冰，有时近岸处出现轻微的薄冰。有货运、客运、旅游和渔业码头10余座，是国家一类开放港口。湾内风平浪静，航道可常年通行。湾内海洋生物资源丰富，共366种，有刺参、牡蛎、海带、裙带菜等。

双岛港湾 371002-23-B02
[Shuāngdǎo Gǎngwān]

在市境西部。因湾口北部有大小二岛并立得名。水域面积约16平方千米，平均深度3~4米。纵深6千米。口小腹大形似花瓶，湾口航道弯曲，泥沙底质，有浅滩及礁石。12月至次年2月为结冰期，冰厚一般0.3米。周边有海参、对虾、鲍鱼等养殖业，最高回捕率为8%。双岛渔港是天然的避风良港。

柳树湾 371002-23-B03
[Liǔshù Wān]

在市境东北部。据传，旧时港湾西南山沟里有许多柳树，人称柳树沟，港湾以此得名。水域面积1.4平方千米。水深10~20米，湾口附近水深 17~26 米，纵深 1.2 千米。湾口介于猫头山与江古嘴之间，底质大部分为泥，岸边为沙或岩，西、南两侧群山环抱，岸外 100 米以内有礁石及延伸礁脉。潮汐属于不规则半日潮。湾内水深，可停泊渔船。

合庆湾 371002-23-B04
[Héqìng Wān]

在市境东北部。以港湾西岸的合庆村得名。水域面积 0.7 平方千米。中部水深 5~12 米，纵深 0.8 千米。底质为泥沙，潮汐属于不规则半日潮。该湾可做避风锚地。半月湾西岸多沙，是海水浴场。有旅游资源半月湾风景区，配套设施齐全，是休闲、旅游、度假的风景胜地。

文登区

河流

母猪河 371003-22-A-a01
[Mǔzhū Hé]

外流河。在省境东部，市境南部。母猪河，古称"木渚河"，据考证，"木渚"是指伸入水中的半岛，后传为母猪河。有两支流，西母猪河发源于昆嵛山主峰泰礴顶东侧和汪疃镇、荅山镇与草庙子镇交界处的角山，流经界石、汪疃、荅山（丁家洼）、米山、葛家镇至泽头镇的高家庄村东、道口村北与东母猪河汇流；东母猪河北支发源于正棋山（今属环翠区），旧称送驾河，今上段称高格河，下段称柳林河。经申格庄、高格庄、中床、西床、北陇埠、九里水头、七里水头，在柳林与南支汇流，南支流发源于驾山山脉的林子顶，称抱龙河或城南河。经前后驾山村东、东杜梨村南、姚家疃、营前、七里河，在柳林与北支合

流后，经泊子、河圈、郭格庄、小床、大床、潘格庄、周格庄，在泽头镇高家庄村东、道口村北与西母猪河合流。两条干流于文登区原宋村镇道口村北汇合后，经道口大桥、虎口山至高岛西侧流入黄海。西母猪河全长 49.8 千米，流域面积 680 平方千米。东母猪河全长 51.25 千米，流域面积 360 平方千米。母猪河干流长 65 千米，流域面积 1115.18 平方千米。最大洪峰流量 2600 立方米／秒。河床沙质，水质透明。主要支流有西母猪河、东母猪河。

海湾

五垒岛湾 371003-23-B01
[Wǔlěidǎo Wān]

在省境东部，市境南部。因湾之东岸有五座小山东西横列，海上遥望，形同堡垒，故名五垒岛，以岛名湾。面积约 143 平方千米。纵深约 13 千米。湾底质地细腻，从北到南，依次为泥滩、泥沙滩和沙滩。湾内有发浪石、八坰地、东石栏、长石栏等明礁和母猪石、红岩、二口江等暗礁。属不正规半日混合潮。湾东口向南建设货运港口。沿岸均为重要海盐产地。海产资源有鲐鱼、对虾、虾蛄、梭子蟹等。有海参、对虾、梭子蟹养殖。

荣成市

山

九顶铁槎山 371082-21-E01
[Jiǔdǐng Tiěchá Shān]

在市境西南部。东起码头嘴，西至山西头。东西走向。因山脉横卧，九顶连绵，浓雾时，山大部隐进雾海之中，只有九个

峰顶漂浮其上，宛若叶叶扁舟，浮游于大海之上，故名槎山。一般海拔 200~500 米，最高海拔 539.8 米，主峰为清凉顶。主要景点有云光洞、九龙池、僧帽顶、董家顶、释佛石、老子石等。岩体南侧是荣成片麻岩，由于地壳的演化形成了花岗岩山岳地貌景观、奇石奇洞景观，造就千姿百态的险峰。有公路经此。

伟德山 371082-21-E02
[Wěidé Shān]

在市境北部。西起高牧顶，东至虎础寺。西北—东南走向。因此山高大雄伟，盛产林木柴草为人们造福，清道光《荣成县志·山川》中称其为巍德山，后演为今名。最高海拔 553.5 米。主峰为老阁坟。名胜古迹有圣水观、古迹顶等。岩石主要有燕山期花岗岩，森林覆盖率达到 80%，植被有松树、刺槐、黑松、柞树等，以松树为主，主要生物为昆虫、鸟类、野猫、啮齿类动物等。有公路经此。

清洁岭 371082-21-G01
[Qīngjié Lǐng]

属伟德山山脉。在市境西部。山上青石很多，远望山峦秀丽，青岩洁净，得名清洁岭。海拔 134 米。地势北高南低，长 0.5 千米，宽 0.2 千米。山峰地类为有林地，林种为防护林，树种以黑松为主。有公路经此。

龙山 371082-21-G02
[Lóng Shān]

属甲子山山脉。在市境南部。因山前坡有天然石洞，相传为龙洞，山由此而得名。海拔 82 米。呈东西走向，长 0.3 千米，宽 0.1 千米。植被有松树、柞树、黑松等，以松树为主。有公路经此。

甲子山 371082-21-G03
[Jiǎzǐ Shān]

属甲子山山脉。在市境东南部。因山峰上有两块大石，形似架子，名架子山，后演变为甲子山。海拔 262 米。呈南北走向，长 2 千米，宽 1.5 千米。山上植被茂密，树木多以松树、槐树为主，板栗树、果树等经济树种也有小规模种植，石矿储存量丰富，主要以建筑用花岗岩及乱石为主，现已被大规模开采利用。有公路经此。

青石崖 371082-21-G04
[Qīngshí Yá]

属槎山山脉。在市境南部。因山崖上石质坚硬而呈青色，故名青石崖。海拔 362 米。呈南北走向，长 2.5 千米，宽 1.0 千米。山峰有林地，林种为防护林，树种以黑松为主，平均树龄为 30 年，森林类别属公益林。有公路经此。

天门里 371082-21-G05
[Tiānménlǐ]

属槎山山脉。因山峰峭壁处有两块巨石，形似石门，故名天门里。海拔 397 米。南北走向，长 2.5 千米，宽 1 千米。山峰有林地，林种为防护林，树种以黑松为主，平均树龄为 35 年。有公路经此。

土步山 371082-21-G06
[Tǔbùshān]

属槎山山脉。因山峰突起，多有黄土和沙石，草木甚少，故名土毕山，后演变成土步山。海拔 411.9 米。南北走向，长 3 千米，宽 2.5 千米。植被较差，只有少量松树及杂草。有公路经此。

烟台头子山 371082-21-G07
[Yāntái Tóuzi Shān]

属槎山山脉。在市境南部。山上有一

巨石，形似吸烟的烟袋锅，名烟袋头子山，后演变为烟台头子山。海拔 339 米。东西走向，长 2 千米，宽 1.5 千米。山峰有林地，林种为防护林，树种以黑松为主，平均树龄为 35 年。有公路经此。

五龙山 371082-21-G08
[Wǔlóng Shān]

属槎山山脉。在市境南部。山上有龙王庙，相传五龙居山，故名。海拔 140.2 米。东西走向，长 0.6 千米，宽 0.4 千米。山峰有林地，林种为防护林，树种以黑松为主，平均树龄为 35 年，森林类别属公益林。有公路经此。

佛爷院 371082-21-G09
[Fóyéyuàn]

属槎山山脉。在市境西南部。山上古时建有一座佛爷庙（现已不在），故名佛爷院。海拔 269 米。南北走向，长 1.8 千米，宽 1 千米。山峰有林地，林种为防护林，树种以黑松为主，平均树龄为 35 年，森林类别属公益林。有公路经此。

庙岭 371082-21-G10
[Miào Lǐng]

属龙庙山山脉。在市境西南部，荣成市虎山镇政府境内。因岭上有一座庙，得名庙岭。海拔 150 米。东西走向，长 0.4 千米，宽 0.04 千米。山峰内有林地，林种为防护林，树种以松为主，平均树龄 50 年。有公路经此。

万将山 371082-21-G11
[Wànjiàng Shān]

属龙庙山山脉。在市境西南部。传说古时有两位将军于此山上比武，结果两将俱亡，名亡将山，后演变为万将山。海拔 138 米。东西走向，长 1 千米，宽 0.5 千米。有公路经此。

峰山 371082-21-G12
[Fēng Shān]

属龙庙山山脉。在市境西南部。据传古时山上有很多狐狸洞，名空山，后演变为峰山。海拔 199.8 米。东北—西南走向，长 2.5 千米，宽 1.5 千米。山顶岩石裸露，只有少量松树。山腰以下植被较好，以松树为主，间有刺槐等，有少量梯田。山东南半腰下有抗日战争时期牺牲的革命烈士墓地。有公路经此。

小古山 371082-21-G13
[Xiǎogǔ Shān]

属龙庙山山脉。在市境西南部。因此山孤立隆起，与别的山没有联系，故名小孤山，后演变为小古山。海拔 190 米。南北走向，山势北高南低，长 1.2 千米，宽 0.15 千米。山峰有林地，林种为防护林，主要树种为松，平均树龄 50 年。有公路经此。

燕窝山 371082-21-G14
[Yànwō Shān]

属龙庙山山脉。在市境西南部。因形似燕窝，故名燕窝山。海拔 168 米。东西走向，长 1 千米，宽 0.3 千米。山峰有林地，林种以黑松为主，平均树龄 31 年。有公路经此。

崂山 371082-21-G15
[Láo Shān]

属甲子山山脉。在市境南部。山高而陡险，登山者极为劳苦，故取名劳山，因是山名，加山字旁写成崂山。海拔 167.9 米。南北走向，长 1.5 千米，宽 1 千米。植被有松树、柞树、刺槐等，以松树为主。有公路经此。

香山 371082-21-G16
[Xiāng Shān]

　　属伟德山山脉。在市境东北部。因山上有庙，古时香火兴盛，故名香山。海拔132.8米。西北—东南走向，长1千米，宽0.8千米。香山顶植被较好，主要有松树、刺槐等。有公路经此。

红山 371082-21-G17
[Hóng Shān]

　　属伟德山山脉。在市境东北部。因此山横在群山之中，原名横山，后演变为红山。海拔433.4米。东西走向，属于自然地理原因形成的山峰，长2千米，宽1千米。山顶植被以松树为主，间有刺槐等。山腰以下有少量梯田，有金矿。山中有各种动物。山下土质肥沃，适宜耕种土地。有公路经此。

老爷头 371082-21-G18
[Lǎoyétóu]

　　属伟德山山脉。在市境东北部。山形似一官帽子，故名老爷头。海拔345米。呈南北走向，长2千米，宽0.1千米。山顶植被茂盛，土质较好，主要有松树、槐树等。山中有各种动物；山下土质肥沃，适宜耕种土地；山峰山壁陡峭。有公路经此。

群仙山 371082-21-G19
[Qúnxiān Shān]

　　属伟德山山脉。在市境东北部。此山东与石匣山相连，西与老爷头相接，山形似人，人山为仙，群山相接，故名群仙山。海拔293.7米。南北走向，长1.5千米，宽1千米。山顶岩石裸露，山下有梯田，植被以松树和刺槐为主。山上有一古庙，现已倒塌，庙基尚存。有公路经此。

石鼓岭 371082-21-G20
[Shígǔ Lǐng]

　　属伟德山山脉。在市境东北部。岭上有大小不一的石硼，形似战鼓，故名石鼓岭。海拔196米。东西走向，长2千米，宽2千米。山顶植被茂盛，主要有松树、槐树等。有公路经此。

黄宝山 371082-21-G21
[Huángbǎo Shān]

　　属伟德山山脉。在市境东北部。山上土石呈黄色，据说可以淘金，故名黄宝山。海拔168.4米。南北走向，长1.4千米，宽1千米。植被以松树为主，间有刺槐树等。山中有各种动物，山腰以下有梯田。有公路经此。

老虎顶 371082-21-G22
[Lǎohǔ Dǐng]

　　属伟德山山脉。在市境东北部。山顶有一巨石，形似老虎，故名老虎顶。海拔188米。东西走向，属于自然地理原因形成的山峰，长1.2千米，宽0.6千米。山顶植被较好，主要有松树、槐树等。有公路经此。

龙眼山 371082-21-G23
[Lóngyǎn Shān]

　　属伟德山山脉。在市境东北部。山上有一泉洞，终年汪水，似龙眼，故名龙眼山。海拔236.9米。东西走向，长1千米，宽0.8千米。植被有松树、刺槐等，以松树为主。山腰以下有梯田；山中有各种植物；山下土质肥沃，适宜耕种土地；山壁陡峭。有公路经此。

牛子山 371082-21-G24
[Niúzǐ Shān]

　　属伟德山山脉。在市境东北部。此山

是当地人牧牛的地方，得名牛子山。海拔359 米。南北走向，长 1.5 千米，宽 0.8 千米。山顶植被较好，主要有松树、槐树等。有公路经此。

人石顶 371082-21-G25
[Rénshí Dǐng]

属伟德山山脉。在市境东北部。山顶有一大石，形似人，故名人石顶。海拔 311 米。东西走向，长 0.5 千米，宽 0.5 千米。山顶植被较好，主要有松树、槐树等植被。有公路经此。

石山渠 371082-21-G26
[Shíshān Qú]

属伟德山山脉。在市境东北部。清朝中期叫西南夼，后因山沟两岸多石，流水不断，似渠，故名石山渠。海拔 230 米。南北走向，长 1 千米，宽 0.8 千米。山顶植被较好，主要有松树、槐树等。有公路经此。

石匣顶 371082-21-G27
[Shíxiá Dǐng]

属伟德山山脉。在市境东北部。山上有一石窟，形似石匣，故名石匣顶。海拔 230 米。南北走向，长 1.7 千米，宽 1.5 千米。山顶植被较好，主要有松树、槐树等。有公路经此。

松山 371082-21-G28
[Sōng Shān]

属伟德山山脉。在市境北部。因山上松树茂密，故名。海拔 316 米。南北走向，长 1 千米，宽 0.6 千米。植被较好，以松树为主。山中有各种植物；山上水源丰富，土质较好；山下土质肥沃，适宜耕种土地；山壁陡峭。有公路经此。

大顶 371082-21-G29
[Dà Dǐng]

属伟德山山脉。在市境东北部。因在礼村之北有三个山顶，因该顶在北，比其他两个山顶都大，故名大顶。海拔 230 米。南北走向，长 1.7 千米，宽 1.5 千米。山顶植被较好，主要有松树、槐树等植被。有公路经此。

高落山 371082-21-G30
[Gāoluò Shān]

属槎山山脉。在市境西南部。相传，一对金鸽子。在此向南飞，刚要飞向高空，复又落在此山，得名高落山。海拔 134.3 米。呈东西走向，长 5 千米，宽 3 千米。植被有松树、刺槐等。有公路经此。

古迹顶 371082-21-G31
[Gǔjì Dǐng]

属伟德山山脉。在市境西北部。以山上有三青宫、玉皇大帝殿、古银杏树等古迹得名。海拔 514 米。东西走向，长 4.5 千米。植被较好，有松树、柞树等，以松树为主。生态环境保存完整，国营古迹顶林场驻此。有公路经此。

石山 371082-21-G32
[Shí Shān]

属伟德山山脉。在市境北部，夏庄镇大胪村东。此山岩石嶙峋矗立，故名石山。海拔 249.6 米。东西走向，长 2 千米，宽 1 千米。有公路经此。

官厅顶 371082-21-G33
[Guāntīng Dǐng]

属伟德山山脉。在市境北部。此山原为岳姓山岚，明朝中期征为官所有，故名官厅顶。海拔 210 米。东西走向，长 12 千米，宽 1.5 千米。植被较好，以松树和柞树为主。山腰以下有梯田及少量果树。有汞、金、银、铜等多种矿藏。有公路经此。

虎头石 371082-21-G34
[Hǔtóu Shí]

属伟德山山脉。在市境北部。因山形似虎头，故名虎头石。海拔 201.4 米。东西走向，长 0.5 千米，宽 0.25 千米。有公路经此。

马枣山 371082-21-G35
[Mǎzǎo Shān]

属伟德山山脉。在市境西北部。山上多野生马枣，故名马枣山。海拔 226 米。东西走向，长 2.5 千米，宽 1.5 千米。山上植被主要有松树、刺槐及马枣小果树等。山腰以下有梯田。有公路经此。

牛星顶 371082-21-G36
[Niúxīng Dǐng]

属伟德山山脉。在市境北部。夜晚时，天空牛星恰好位于该山顶，放牧者多来此夜宿观星，因此得名。海拔 461 米。南北走向，长 1.5 千米，宽 1 千米。有公路经此。

山神庙山 371082-21-G37
[Shānshénmiào Shān]

属伟德山山脉。在市境北部。相传，山上有一座山神庙，山以庙名，故名山神庙山。海拔 135.6 米。东西走向，长 1 千米，宽 0.5 千米。有公路经此。

钥山顶 371082-21-G38
[Yuèshān Dǐng]

属伟德山山脉。在市境北部。此山原是岳姓的山岚，名岳山顶，后演音为钥山顶。海拔 165 米。东西走向，长 2 千米，宽 1.5 千米。该山植被较好，有松树、刺槐及杂草等，以松树为主。山麓有梯田。有公路经此。

珍子山 371082-21-G39
[Zhēnzi Shān]

属伟德山山脉。在市境东部。传说古时有人来此山探珍取宝，故名珍子山。海拔 115 米。西北走向，长 0.9 千米，宽 0.5 千米。植被覆盖以松树为主，间有杨树等。山腰下有少量农田。有公路经此。

北石炕 371082-21-G40
[Běishí Kàng]

属伟德山山脉。在市境东部。位于寻山街道青安屯村北，赵家村西。山顶有一岩石，形似石砌火坑，故名北石炕。海拔 115 米。西北—东南走向，长 4 千米，宽 1.3 千米。植被覆盖以松树为主，间有杨树等。山腰以下有少量农田。此山东处建有寻山街道烈士陵园。有公路经此。

凤顶山 371082-21-G41
[Fèngdǐng Shān]

属伟德山山脉。在市境东部。相传有一凤凰落于此山顶，故名凤顶山。海拔 144.7 米。东西走向，长 0.15 千米，宽 0.06 千米。植被覆盖以松树为主，间有杨树等。山腰以下有少量农田。有公路经此。

送将口 371082-21-H01
[Sòngjiàng Kǒu]

在市境南部。古时，百姓在此山口为抗敌将士送行，故名送将口。海拔 272 米。口宽 10 米，长 100 米，地势险要。两侧植被以松树、柞树等树木为主，兼有灌草丛、栎类落叶阔叶林等。有公路经此。

邵家口子 371082-21-H02
[Shàojiā Kǒuzi]

在市境南部。因山口位于邵家村东，故名邵家口子。海拔 90 米。口宽 5 米，与两侧山峰高差约 60~100 米，东西走向，长约 600 米。两侧植被以松树、柞树等树木为主，兼有灌草丛、栎类落叶阔叶林等。有公路经此。

风门口 371082-21-H03
[Fēngmén Kǒu]

在市境北部。口西为寨山，口东为老阎坟，在两山中间形成风口，故名风门口。海拔 470 米。东西走向，口宽 250 米，口高 280 米，与东、西两侧山峰高差约 80 米。植被多为黑松、槐树、柞树林。

骆驼口子 371082-21-H04
[Luòtuó Kǒuzi]

在市境西南部。此山口形似骆驼，故名骆驼口子。海拔 204 米。两侧山峰林立，南北走向，长 500 米，宽 200 米，与两侧山峰高差约 90~170 米。植被多为绿针叶荆条、背草等。

河流

大疃河 371082-22-A-b01
[Dàtuan Hé]

内陆河。在市境西南部。因河流经大疃镇大疃村，故名大疃河。发源于邹山，向南流经徐田庄、大疃村、南湾头村至滕家镇大章村，向东入小落河，进入八河水库。全长 24.95 千米，河床宽 20~120 米，总流域面积 161.72 平方千米，多年平均年径流量 4 852 万立方米，最大洪峰流量为 1 172 立方米／秒。沿河两岸属于丘陵地带，下游有大片冲积平原。有南北两大支流。

海湾

荣成湾 371082-23-B01
[Róngchéng Wān]

在市境东北部。因靠近老荣成县城得名。水域面积约 30 平方千米，平均深度 9 米，最大深度 16 米。年平均水温 12.8 度，盐度为 31.6‰。湾内岸边除西端外，大部分为荣成平原东缘之沙滨。中部有松埠嘴村南向海中伸出约 0.37 千米的低岩角，角东有敢出礁。东侧有礁石，延伸约 2.8 千米。湾内可避西风和北风，尤其东北部为避西北强风之良好锚地。湾内有海水养殖场，从事海底、扇贝等水产养殖。

马栏湾 371082-23-B02
[Mǎlán Wān]

在市境东北部。因所在政区而得名。水域面积 2.4 平方千米，湾内水深 5~10 米。湾口东侧系圆崖角，峭壁耸立，海拔 48 米，角西北约 0.13 千米与其北部 0.18 千米处有散礁分布。西岸多礁石，属基岩海岸。南滨多为沙滩，其中部有马栏嘴岬角，海拔 19 米。泥及泥沙底。潮汐为不规则的半日混合潮。湾内可作小型渔船避风锚地，适宜养殖海带。产刺参、小黄鱼、黑鱼等。

爱连湾 371082-23-B03
[Àilián Wān]

在市境东北部。原名爱伦湾，后演变为爱连湾。水域面积约 11 平方千米。湾内水深 5~14 米。潮汐属不规则半日混合潮。年平均水温 12.8 度，表层盐度为千分之 31.6‰。沿岸有车道河流入湾内。该湾可避偏西与偏北风。湾内适宜养殖海带和贝类。

桑沟湾 371082-23-B04
[Sānggóu Wān]

在市境东南部。因桑沟河由此入海得名。水域面积 143 平方千米，湾内水深 3~12 米。表层盐度 31.1‰，海水透明度 1.2 米。湾北滨有海拔 25~30 米的险崖，近岸有多处浅滩及礁石，有面积 0.24 平方千米的石滩一掏萝岛子。北岸有蜊江港，建有突提码头。港内驻烟台救捞局荣成救助站。该港至西水域，近岸是一天热海水浴场。湾内水面是荣成市最大的海水养殖区，沿岸有寻山、夏庄、大疃、东山、大鱼岛、人和等 16 处养殖场。

俚岛湾 371082-23-B06
[Lǐdǎo Wān]

在市境东北部。因地处俚岛镇得名。水域面积约 4.5 平方千米。湾内平均水深 5~9 米。海岸线长 8 千米，北部和近岸处多为石底，间有泥河泥沙底，南部和中部则多泥底。潮汐为不规则半日潮。湾内适宜养殖海带、扇贝、海参、鲍鱼等。

石岛湾 371082-23-B07
[Shídǎo Wān]

在市境南部。因地处石岛得名。水域面积为 31 平方千米，湾内水深 3~8 米。潮汐属不规则半日潮。湾东南部有突入海中的炮台嘴。东北部水域中有牡蛎岩礁，西北部水城中有先生石、东北礁、牛石礁等礁石。西岸是石岛街区，湾内建有渔业、商业、客运等码头 7 座，最大泊位 5 500 吨。该湾可作良好的避风锚地。旅游资源有万米海水浴场。北岸建有省级旅游度假区。

王家湾 371082-23-B08
[Wángjiā Wān]

在市境南部。以湾口处有大、小王家岛得名。水域面积 4 平方千米。西部近岸处水深 0.5~2 米，东部和北部近岸处水深 3.5~6 米，中部水深 4~7 米，湾口处水深 7~8 米，海岸系长 5.5 千米。多系泥质底。潮汐为不规则半日混合潮。湾口偏西有大王家岛和小王家岛，两岛并列，形成天然屏障。大王家岛东端是出入港湾的主航道。是避北风和东北风的良好锚地。湾内适宜养殖海带。

海洋岛屿

大王家岛 371082-23-D01
[Dàwāngjiā Dǎo]

大陆岛。属人和镇管辖。位于东经 122°23′13.61″，北纬 36°51′4.52″。位于港湾街道东南海域，王家湾口外。面积 0.088 平方千米。明洪武年间两岛由王隆占有，因此岛较大故名。岛体由细粒石英正长岩和泥沙构成，属基岩海岸，沿岸多礁石，岛东头有灯桩，有国家大地控制点；岛上长有松树及杂草，植被覆盖率达 85%，周围海域产鱼、虾、海参等。

鹁鸽岛 371082-23-D02
[Bógē Dǎo]

大陆岛。属东山街道管辖。位于东经 122°28′43.43″，北纬 37°02′57.02″。在山东省荣成市东南沿海，桑沟湾内侧偏南，八河港口外。面积 0.01 平方千米。因岛上常有鹁鸽栖息，故名。岛体由粗粒花岗岩构成，呈卧狮形状，海拔 5.6 米。周围海域产蛤蜊、鱼类等，岛上有一小型风力发电机。岛上建有多间民房、小亭子，有海参养殖池，常年有人看岛。

海驴岛 371082-23-D03
[Hǎilú Dǎo]

大陆岛。属成山镇管辖。位于东经

122°39′56.36″，北纬 37°26′48.60″。在成山镇成山头西北 6 千米海域中。面积 0.073 平方千米。整个岛屿状似一只瘦驴卧于海中，所以得名海驴岛。以石英岩为主。呈月牙形，东西走向。东高西低。海蚀地貌极为壮观。岛前有海蚀洞，可划进小船；岛后悬崖陡壁，怪石林立。有少量杂草，植被覆盖率 45%。此岛系海鸥繁衍生息之地。岛上正在进行旅游开发，建有富有特色的尖顶塔式房屋，有简易风力发电机、2 泊位码头。

海岛 371082-23-D04
[Hǎi Dǎo]

大陆岛。属成山镇管辖。位于东经 122°34′58.47″，北纬 37°24′26.51″。在市区东北 29.8 千米，成山镇刘夼村东北海域中。面积 1 平方千米。因海鸥在此岛栖息得名。略呈长方形。长 50 米，海拔 5.7 米，岛岸线长 0.25 千米。由粗花岗岩组成，侵蚀性基岩海岸。年均温度 11.4℃。周围产蛤蜊、黄花鱼等。

养鱼池草岛 371082-23-D05
[Yǎngyúchícǎo Dǎo]

大陆岛。属成山镇管辖。位于东经 122°34′27.54″，北纬 37°18′32.94″。在成山镇马山蔡家村南海域中。面积 0.001 平方千米。因位于养池湾内，岛上杂草丛生，故名。近似椭圆形。长 0.4 千米，宽 0.2 千米，地势东高西低，海拔 22.8 米，周围水深 4~7 米。岛岸线长 1.38 千米。由粗粒花岗岩构成基岩海岸。植被以草本为主，覆盖率达 20%，顶部设灯塔 1 座。现已筑坝，与陆地相连，可通车。

鸡鸣岛 371082-23-D06
[Jīmíng Dǎo]

大陆岛。属港西镇管辖。位于东经 122°28′56.37″，北纬 37°27′1.97″。在荣成市埠柳镇东北 13 千米海域中。面积 0.3 平方千米。清乾隆年间名羽毛岛。后有渔民捕鱼迷航，听岛上鸡鸣，闻声至岛脱险，故更名鸡鸣岛。地势东高西低，由粗粒花岗岩构成。植物有黄花鱼、青鱼、铜鱼、鲅鱼、对虾、鹰爪虾等。岛上有行政村，有移动信号基站、大地控制点、防空洞、华能电力测风速铁塔、淡水井，有威海港务局投资建设的码头，通过海底电缆向岛上供电。

花斑彩石岛 371082-23-007
[Huābān Cǎishí Dǎo]

大陆岛。属俚岛镇管辖。位于东经 122°33′37.91″，北纬 37°17′19.11″。在俚岛镇烟墩角村南海域中。面积 600 平方米。因岛上岩石花纹阑绚丽多彩得名。岛上岩石斑纹绚丽，东西走向，近似椭圆形。长 30 米，宽 20 米，海拔 17 米，岛岸线长 0.1 千米。由粗粒花岗岩构成。侵蚀性基岩海岸。岸周围底质平坦，为海上突立孤石。

南草岛 371082-23-D08
[Náncǎo Dǎo]

大陆岛。属俚岛镇管辖。位于东经 122°33′37.91″，北纬 37°17′19.11″。在俚岛与联络湾之间。面积 0.02 平方千米。因位于养鱼池草岛之南得名。岛体构成为安山岩，海拔 7.8 米，无居民，杂草丛生，植被覆盖率达 90%，周围产鱼类、海参、贝类等。每年春季岛东南部海域是捕捞青鱼渔场。

外遮岛 371082-23-D09
[Wàizhē Dǎo]

大陆岛。属俚岛镇管辖。位于东经 122°35′6.13″，北纬 37°15′27.67″。在俚岛镇俚岛港东北 0.6 千米处。面积 0.06 平方千米。因此岛在外，故名外遮岛。岛体构成为粗粒花岗岩及泥沙，形状呈椭圆形，海拔 38.6 米，植物多为松树、杂草。周围海域产鱼类、贝类及海参等，现有大堤与大陆相连。

内遮岛 371082-23-D10
[Nèizhē Dǎo]

大陆岛。属俚岛镇管辖。位于东经122°35′5.23″，北纬37°15′8.76″。在俚岛镇俚岛港外海域中。面积0.64平方千米。因此岛居内，故名内遮岛。呈南北走向，椭圆形。长0.4千米，宽0.16千米，海拔33.8米，岛岸线长1.55千米。岛体构成为粗粒花岗岩与泥沙，植物多为松树、杂草，植被覆盖率达80%，周围海域产海参及贝类等。现有大堤与大陆相连，可通车。

镆铘岛 371082-23-D11
[Mòyé Dǎo]

大陆岛。属宁津街道管辖。位于东经122°30′51.97″，北纬36°53′50.48″。在石岛港东北5千米海域中。面积4.5平方千米。因岛形似镆铘剑而得名。长5.1千米，宽0.93千米，海岸线长18千米。地势西高东低。有9个行政村和1个渔业公司，岛上经济以渔业、种植业为主。有公路与大陆相接。

苏山岛 371082-23-D12
[Sūshān Dǎo]

大陆岛。属人和镇管辖。位于东经122°15′29.82″，北纬36°45′6.60″。在人和镇西南部海域中。面积0.486平方千米。因岛高似座山，更名苏山岛。长1.8千米，宽0.27千米。海岸线长6.3千米。岛体由元古界胶东群变质岩构成，以片麻岩及变岩为主。海拔106.40米，地势中部高四周低，周围多断崖绝壁。南侧水深12.8米，可停船。植被覆盖率达50%以上。周围产鱼虾。有公路经此。

乳山市

山

垛山 371083-21-G01
[Duò Shān]

位于乳山市崖子镇驻地东北5千米。因其主峰光圆似草垛，故名垛山。海拔612米。垛山属低山丘陵区，北高南低，阳坡阳光充足，温度适宜，产苹果、梨、桃、杏等水果和板栗、核桃等干杂果。垛山的珍奇植物有赤松、枫杨、银杏、杜仲、鹅掌楸、麻叶乡球、油芒、百里秀等。304省道、208省道经此。

岠嵎山 371083-21-G02
[Jùyú Shān]

位于乳山市区西南约18千米处。其四周群山环抱，中间形成"人"字形峡谷，以此得名。海拔589.5米。岠嵎山地质奇特，构成为岩浆岩。古老的岠嵎山，历经地质活动的沧桑，构造了当今秀俏天成、奇石林立的自然风貌。有公路经此。

大岚顶 371083-21-G03
[Dàlán Dǐng]

位于乳山市区北21.5千米。因此山峰在这一带群山中最高大而得名。海拔151米。植被由松、柞、刺槐等构成。属暖温带气候。有公路经此。

马石山 371083-21-G04
[Mǎshí Shān]

位于乳山市崖子镇马石店南2.5千米处。因从北面远望，像一匹头西尾东的骏马，头、耳、背、尾清晰可辨，山体多岩石，故名马石山。海拔467.4米。属暖温带气候。有公路经此。

大乳山 371083-21-G05

[Dàrǔ Shān]

位于乳山市区南 14 千米，海阳所镇西端，西隔乳山口与垛山相对。主峰浑圆丰满，形似乳房，故名大乳山。海拔 221.6 米。属暖温带海洋性气候。704 省道经此。

三佛山 371083-21-G06

[Sānfó Shān]

位于乳山市政府驻地东北 21 千米处，南黄镇归仁村西南、大孤山镇入夼村东，徐家镇桑行村西。因有三座山峰远望似三个佛像，故名三佛山。海拔 378 米。属暖温带气候。

四角山 371083-21-G07

[Sìjiǎo Shān]

位于乳山市区北 24.5 千米。因山顶往下伸出四条小岭，形似四个角，得名四角山。又因方言读"角"音与"脚"相似，俗称四脚山。海拔 317 米。植被由松、柞、柳、刺槐等构成。属暖温带气候。

驴儿山 371083-21-G08

[Lǘér Shān]

位于乳山市徐家镇辛家口村之东。因传说此山曾有野驴出现而得名。海拔 310 米。属暖温带气候。

叉山 371083-21-G09

[Chā Shān]

位于乳山市白沙滩镇与徐家镇交界处。因此山之峰无论从哪个方向看都成叉状，故名。海拔 320 米。属暖温带气候。

隋崮山 371083-21-G10

[Duògù Shān]

位于乳山市白沙滩镇驻地东北方向 6 千米。因其顶峰如巨石垛成，似从天而降，故名隋崮山。海拔 395.9 米。属暖温带气候。

松树篓顶 371083-21-G11

[Sōngshùlǒu Dǐng]

位于乳山市区北 23.5 千米处。山上多岩石，高凹不平，像松球一样。松球俗称松树篓，故名松树篓顶。海拔 322.3 米。植被以黑松为主，间有柞树、刺槐。属暖温带气候。

潘家口 371082-21-H01

[Pānjiā Kǒu]

位于乳山市城区东南 17 千米。因山口西临潘家，故得名潘家口。海拔 100 米。范围 0.5 平方千米。属暖温带气候。

口子 371082-21-H02

[Kǒuzi]

位于乳山市城区西北 32 千米，崖子镇境内，马石店村西北 2 千米。因此山口系由东向西去海阳县郭城的必经山口，俗称口子。海拔 263 米。范围 0.8 平方千米。属暖温带气候。

驾马道口 371082-21-H03

[jiàmǎdào Kǒu]

位于乳山市城区西北 9 千米。因进出驾马沟村，必须经过此山口，故得名驾马道口。海拔 99 米。范围 1 平方千米。属暖温带气候。

虎山口 371082-21-H04

[Hǔshān Kǒu]

位于乳山市城区东北 27 千米。因山口险要似虎口，故得名虎山口。海拔 329 米。范围 0.6 平方千米。属暖温带气候。

凤凰口 371082-21-H05
[Fènghuáng Kǒu]

位于乳山市城区东 23 千米，南黄镇境内，南黄庄西北 1 千米。相传古时曾有凤凰落此山口，故名凤凰口。海拔 152.4 米。范围 1.5 平方千米。属暖温带气候。

北斜山口 371082-21-H06
[Běixiéshān Kǒu]

位于乳山市城区东 22 千米。因位于北斜山村北，故名北斜山口。海拔 135.7 米。范围 2.5 平方千米。属暖温带气候。

河流

乳山河 371083-22-A-a01
[Rǔshān Hé]

外流河。在省境东部，市境西部。因所在政区而得名。发源于境域西端垛鱼顶南麓。流经诸往、崖子、午极、育黎、乳山寨、夏村、乳山口 7 镇。支流汇水后经乳山寨河段南流入海，注入乳山口海湾入黄海。全长 81.78 千米，流域面积 1.043 平方千米。其流域为乳山最大最富饶的农业区。主要支流有正甲夼河、介河、午极河、诸往河、夏村河、赤家口河等。

大崮头河 371083-22-A-a02
[Dàgùtóu Hé]

乳山河支流。在山东省东部，乳山市西部。因流经崖子镇大崮头村而得名。发源于牟平区王格庄，向南流入乳山市崖子镇大崮头村，于肖家村入乳山河。全长 14 千米，河宽 36 米，流域面积 80 平方千米。泥沙含量大。沿线多为村庄。承担重要农田灌溉功能。

流水头河 371083-22-A-a03
[Liúshuǐtóu Hé]

乳山河支流。在山东省东部，乳山市西部。发源于乳山市诸往镇口子，流经崖后、李格庄、流水头、西纪村，注入乳山河。全长 13 千米，河床宽 30 米，流域面积 25 平方千米。泥沙含量大。沿线多为村庄。承担重要农田灌溉功能。

诸往河 371083-22-A-a04
[Zhūwǎng Hé]

乳山河支流。在山东省东部，乳山市西部。两河在诸往村南汇合称诸往河。源头有二，一为发源于乳山市铁山村西的马陵河；一为发源于马石山东侧金银顶的大龙口河。流经大龙口村、二龙口村、西辛庄头村、东辛庄头村、野房村、西诸往村，由诸往村向东经育黎镇城阴村注入乳山河。全长 19 千米，河宽 28 米，流域面积 117 平方千米。泥沙含量大。沿线多为村庄。承担重要农田灌溉功能。

老清河 371083-22-A-a05
[Lǎoqīng Hé]

黄垒河支流。在山东省东部，乳山市东部。发源于牟平区昆嵛山南麓的北宋家村，流经莒家庄，向南进入乳山市境的冯家镇，在冯家村之南注入黄垒河。全长 26 千米，河宽 32 米，流域面积 130 平方千米。泥沙含量大。沿线多为村庄。承担重要农田灌溉功能。

司马庄河 371083-22-A-a06
[Sīmǎzhuāng Hé]

内流河。在山东省东部，乳山市西部。因流经司马庄村，故名。发源于乳山市乳山寨镇土崮顶和玉皇山的两条支流汇合后流经司马庄村、赤家口村、宝口村、果枣夼村、北司马庄村、南司马庄村、东司马庄村、小管村、圈港村、乳山屯村、芦根滩村、楼村，在凤台顶村入乳山河。全长12千米，河宽21米，流域面积89平方千米。泥沙含量大。沿线多为村庄。承担重要农田灌溉功能。

白石河 371083-22-A-a07
[Báishí Hé]

乳山河支流。在山东省东部，乳山市西部。发源于牟平与乳山交界分水岭刘家夼村一带，流经由家庄、石字岘、北庄、中庄、泽上、南庄，最终流入乳山河。全长20千米，河宽37米，流域面积159平方千米。泥沙含量大。沿线多为村庄。承担重要农田灌溉功能。

炉上河 371083-22-A-a08
[Lúshàng Hé]

乳山河支流。在山东省东部，乳山市南部。因经过炉上村被称为炉上河。发源于乳山市市区中部，流经乳山口镇西耿家村，注入乳山河。全长15千米，河宽74米，流域面积117平方千米。泥沙含量大。沿线多为村庄。承担重要农田灌溉功能。

锯河 371083-22-A-a09
[Jù Hé]

外流河。在山东省东北部，乳山市东南部。因发源于乳山市大孤山镇锯齿山而得名。发源于大孤山镇河东村，流经乳山口镇、南唐家村，最终流入乳山湾。全长18千米，河宽18米，流域面积44平方千米。泥沙含量大。沿线多为村庄。承担重要农田灌溉功能。

徐家河 371083-22-A-a10
[Xújiā Hé]

内流河。在市境东南部。因位于徐家

镇得名，发源于乳山市大孤山镇锯齿山。向东经八里甸村，小孤山村进入徐家镇；流经黄疃、西峒岭、东峒岭、小浩口村、大浩口村、王家庄村、徐家村、洋村、东南堼村，入黄海。全长18千米，宽度266米，流域面积43平方千米。主要用于灌溉农田。

洋水河 371083-22-A-a11
[Yángshuǐ Hé]

黄垒河支流。在山东省东部，乳山市南部。发源于乳山市南黄镇西部崮山东，流经上庄、西珠港、东珠港、高家屯、西洋水、东洋水，最终注入黄垒河。全长10.2千米，河床宽60米，流域面积35平方千米。泥沙含量大。沿线多为村庄。承担重要农田灌溉功能。

归仁河 371083-22-A-a12
[Guīrén Hé]

黄垒河支流。在山东省东部，乳山市南部。因流经归仁村而得名。发源于三佛山东麓。自西南向东北流经归仁、宫家疃，由湾头村北注入黄垒河。全长6.4千米，河床宽40米，流域面积12平方千米。泥沙含量大。沿线多为村庄。承担重要农田灌溉功能。

崖子河 371083-22-A-a13
[Yázi Hé]

乳山河支流。在山东省东部，乳山市西部。因流经崖子村而得名。发源于乳山市崖子镇垛山之西之磨顶。自北向南流经磨山、石甲庄、泽科、河南、姜家、河西、崖子、岛子村，最终注入乳山河。全长7.5千米，河床最宽40米，流域面积25平方千米。泥沙含量大。沿线多为村庄。承担重要农田灌溉功能。

石城河　371083-22-A-a14
[Shíchéng Hé]

黄垒河支流。在山东省东部，乳山市西部。因流经石城村而得名。发源于乳山市大孤山镇万户村南，自南向北流经下刘家、石城、山北头，最终注入黄垒河。全长 18 千米，河床宽约 30 米，流域面积 8 平方千米。泥沙含量大。沿线多为村庄。承担重要农田灌溉功能。

黄格庄河　371083-22-A-a015
[Huánggézhuāng Hé]

黄垒河支流。在山东省东部，乳山市北部。因流经黄格庄村而得名。发源于乳山市下初镇双山南麓，由北向南经初家沟、英格庄、西泊、黄格庄，转向东流经下初，最终注入黄垒河。全长 10 千米，河床宽 50 米，流域面积 10 平方千米。泥沙含量大。沿线多为村庄。承担重要农田灌溉功能。

兰家河　371083-22-A-a15
[Lánjiā Hé]

外流河。在山东省东部，乳山市南部。因流经兰家村而得名。发源于乳山市白沙滩镇丈八石村南，自东北向西南流经曹家庄、吉林、王家庄、封赠山、兰家村，向南注入乳山湾。全长 8 千米，河床最宽 40 米，流域面积 26 平方千米。泥沙含量大。沿线多为村庄。承担重要农田灌溉功能。

白沙滩河　371083-22-A-a16
[Báishātān Hé]

外流河。在山东省东部，乳山市南部。因流经白沙滩村而得名。发源于乳山市白沙滩镇隋崮山西麓，蔡家村南。自东向西流经潘家庄、桃村王家、堡上、白沙滩，最终流入海。全长 10 千米，河宽 50 米，流域面积 30 平方千米。泥沙含量大。沿线多为村庄。承担重要农田灌溉功能。

海湾

大圈海湾　371083-23-B01
[Dàquānhǎi Wān]

位于乳山市海阳所镇小青岛东北 3 千米。海湾呈马蹄形，似圆形，故名大圈。面积 0.36 平方千米。长 1.2 千米，宽 0.3 千米，平均水深 1.9 米。底质为沙质结构，岸边有小块礁石，适合养殖贝类。可停泊小型渔船。

葫芦岛湾　371083-23-B02
[Húlúdǎo Wān]

位于乳山市海阳所镇海阳所村西南 10 千米。因位于葫芦山旁而得名。面积 1.2 平方千米，长 1.2 千米，宽 1 千米。平均水深 2 米。西北到洪石崖，西南到葫芦山，呈马蹄形。底质为细沙，适合养殖贝类。港湾内可驻泊一般渔船。

杜家岛湾　371083-23-B03
[Dùjiādǎo Wān]

位于乳山市海阳所村西南 5 千米。因位于杜家岛旁而得名。面积 15.5 平方千米，东西长 5.5 千米，南北宽 4 千米。平均水深 2.5 米，浅处仅 0.2 米。底质为泥沙，适合养殖贝类。港湾内可驻泊一般渔船。

白沙湾　371083-23-B04
[Báishā Wān]

位于乳山市白沙滩镇白沙口南。因位于白沙口南，故名白沙湾。面积 27 平方千米，长 9 千米，宽 3 千米。水深 4 米，海底为沙质。盛产海产品，海湾内可停泊小型渔船。

乳山口湾　371083-23-B05
[Rǔshānkǒu Wān]

位于乳山市南部。因海口东侧的大乳山而得名。水域面积 46 平方千米。平均水深 5 米。有乳山河、司马庄河、锯河、六村屯河、兰家河注入。湾内岩礁有乳岛子和取脚石，海湾底质为砂质。乳山口湾是乳山著名海水养殖基地。

海洋岛屿

宫家岛 371083-23-D01
[Gōngjiā Dǎo]

大陆岛。属山东省乳山市白沙滩镇。位于东经 121.42°，北纬 36.48°。在乳山市白沙滩镇白沙口东 7 千米，古龙嘴东北 9.5 千米的海域中。面积 0.18 平方千米。历史上曾有"宫"姓居民在此住过，故名宫家岛。南北走向，形似月牙，海岸线长 2.25 千米。由花岗岩构成，海拔 12.2 米，南高北低，岛岸较缓，岛南海水最深处 6 米，北面最浅处 1 米。岛上长有松树，水源较缺，植被覆盖面积约占 60%。有爬行动物栖息。盛产牡蛎等海产品资源。靠船只与陆地往返。

腰岛 371083-23-D02
[Yāo Dǎo]

大陆岛。属山东省乳山市海阳所镇。位于东经 121.38°，北纬 36.47°。在乳山市白沙滩镇白沙口南 1.5 千米，古龙嘴北 6 千米的海域中。面积 0.075 平方千米。因位于海阳所半岛的腰际处，故名腰岛。岛体呈椭圆形，最高处海拔 22.7 米，海岸线长 0.85 千米，全岛由花岗岩石构成。周围坡度较陡，海底为泥沙，周围水深 2~4 米。西距大陆最近点 1 千米，岛上有少量松树，水源较缺，植被面积约占 45%。有贝类等海产品资源。

南黄岛 371083-23-D03
[Nánhuáng Dǎo]

大陆岛。属山东省乳山市海阳所镇。位于东经 121.37°，北纬 36.43°。在乳山市海阳所镇小石口村、南奔村南黄海中。面积 0.72 平方千米。早在明朝万历年间，著名的人文地理学家王士性在他撰写的《广志绎》卷三中，就提到了"黄岛"这个海岛的名称，也就是今天的"南黄岛"。东北走向，海岸线 5.5 千米。花岗岩构成，海拔 62.4 米，两端高中间低，沿岸除部分为岩石陡岸外，余者多为斜岸。海滩为砾砂质，周围多明暗礁石。南水深 16 米，北面最浅处为 3 米，正北距大陆最近点 1 千米。岛上有动植物生长，植被覆盖面积约占 70%。南黄岛村有居民 578 人，耕地 161 亩，同时拥有渔船多艘，居民多以捕捞为生。岛南端设有灯塔 1 座。岛上无公路，与陆地交通靠船往返。水源较缺，现已由陆地通海底管道输送。

汇岛 371083-23-D04
[Huì Dǎo]

大陆岛。属山东省乳山市海阳所镇。位于东经 121.39°，北纬 36.40°。在乳山市海阳所镇南黄岛东南 5.5 千米，古龙嘴东南 6 千米的黄海中。面积 0.015 平方千米。因距陆地较远，南来北往的鸟类汇集在此栖息，故名汇岛。东西走向，岛体呈椭圆形，由花岗岩构成。海拔 7.4 米，岛岸较陡，周围水深 15 米。岛峰建有灯桩 1 座，无居民，水源稀缺，有鸟类栖息，产牡蛎等海产品。

小青岛 371083-23-D05
[Xiǎoqīngdǎo]

大陆岛。属山东省乳山市海阳所镇。位于东经 121.28°，北纬 36.43°。在浦岛西 3.5 千米，乳山市海阳所镇大乳山南 5 千米的黄海中。面积 0.6 平方千米。因岛上土质肥沃，四季葱绿，故名小青岛。呈东北—西南走向，岛体呈"8"字形，海岸线长 4.74 千米，由花岗岩构成，海拔 38.2 米。地势南北高，中间低，岛周围坡度较陡，周围水深南 6 米，北 1 米。岛上树木较多，植被覆盖面积 75%，有候鸟栖息。有居民 324 人，耕地 254 亩，以渔业为主，兼少量农业。本岛由南北两个岛组成，中间有人工坝连接。南岛岛峰建有灯桩 1 座，与陆地交通靠船只往返；北岛建有码头 1 座。有黄鱼、带鱼、贝类等海产品资源。

浦岛 371083-23-D06
［Pǔ Dǎo］

大陆岛。属山东省乳山市海阳所镇。位于东经 121.28°，北纬 36.43°。在乳山市小青岛东 3.5 千米，杜家岛西 0.5 千米黄海中。面积 0.21 平方千米。东西走向，岛体呈扁圆形，海岸线长 1.48 千米，由花岗岩石构成。海拔 59.3 米，地势南高北低，岛北水深 7 米，南 3 米。岛上有少量树木，有候鸟栖息。植被覆盖面积 29%，低潮和险岛相连一体。岛峰设灯桩 1 座。有贝类等海产品资源。

杜家岛 371083-23-D07
［Dùjiā Dǎo］

大陆岛。属山东省乳山市海阳所镇。位于东经 121.33°，北纬 36.44°。在乳山市南黄岛西北 5 千米，小青岛东 4.5 千米海域中。面积 2.32 平方千米。自清朝康熙年间，杜姓从即墨迁此，为避"险"字忌讳，以杜姓命名，又名杜家岛。东西走向，呈弧形，海岸线长 11.4 千米，花岗岩石结构，海拔 128.6 米，西高东低。岛体南侧为礁石陡岸，北侧为泥沙滩，岛南水深 6 米，北部水深 1.5 米。植被覆盖面积 75%。杜家岛村有居民 1 160 人，耕地 1 040 亩，有各种渔船 31 只。1976 年填海筑道 1 华里与陆地相连，车辆可通行。有黄鱼、鲅鱼、贝类等海产品资源。有公路。

竹岛 371083-23-D08
［Zhú Dǎo］

大陆岛。属山东省乳山市海阳所镇。位于东经 121.35°，北纬 36.43°。在乳山市险岛东 3 千米，南黄岛西北 2.5 千米的海域中。面积 0.07 平方千米。传说以前岛上长有竹子，故名竹岛。岛体呈扁圆形，海岸线长 1.15 千米。由石英岩构成。海拔 34.4 米，周围坡度较陡。南面水深 6 米，北面 4 米。岛上长有少量草木，植被覆盖面积约 30%。有候鸟和爬行动物栖息。有青鱼、贝类等海产品资源。

塔岛 371083-23-D09
［Tǎ Dǎo］

大陆岛。属山东省乳山市海阳所镇。位于东经 121.34°，北纬 36.44°。在乳山市海阳所镇杜家岛东 1.5 千米，南黄岛西北 4.5 千米的海域中。面积 0.28 平方千米。因岛上建有灯桩，故名塔岛。东南—西北走向，岛体呈长方形。海岸线长 0.8 千米，由花岗岩构成，海拔 10.8 米。南高北低。岛南水深 5 米，北深 1 米。礁盘与险岛、黑石栏相连，有候鸟栖息。岛峰设有灯塔 1 座。有牡蛎等海产品资源。

洪石崖 371083-23-D10
［Hóngshí Yá］

明礁。属山东省乳山市海阳所镇。位于东经 121.29°，北纬 36.46°。在乳山市小青岛北 3.2 千米，海阳所镇西山村南 0.5 千米黄海之滨。面积 0.024 平方千米。因岩石呈红色而得名。东北走向，呈长条形，海岸线长 0.29 千米。由花岗岩构成，海拔 5.4 米，中间高，四周低，有少量柳树和爬行动物。岛西南端有灯桩 1 座。

黄石栏 371083–23–D11

[Huángshí Lán]

明礁。属山东省乳山市海阳所镇。位于东经 121.33°，北纬 36.44°。在乳山市于海阳所镇杜家岛东 0.6 千米，南黄岛西北 4.2 千米的海域中。面积 0.025 平方千米。因岛体岩石呈黄色，故名黄石栏。呈不规则长方形，由花岗岩构成，海拔 4.9 米。周围坡度较缓，岛基和塔岛相连，南面最大水深 4 米。有牡蛎等海产品资源。

羊角石 371083–23–D12

[Yángjiǎo Shí]

明礁。属山东省乳山市海阳所镇。位于东经 121.41°，北纬 36.41°。在乳山市海阳所镇汇岛东 1 千米，南黄岛东南 5.5 千米的海域中。高潮时面积 0.000 15 平方千米；低潮时面积 0.000 375 平方千米。因礁石形似羊角，故名羊角石。由花岗岩构成，海拔 1.5 米，礁坡较陡，周围水深 15 米。

长石栏 371083–23–D13

[Chángshí Lán]

明瞧。属山东省乳山市白沙滩镇。位于东经 121.48°，北纬 36.53°。在乳山市白沙滩镇凤凰嘴东北 1.8 千米，西石栏西南 4.5 千米的黄海中。高潮时面积 0.004 5 平方千米；低潮时面积 0.02 平方千米。因礁体呈长方形，故名长石栏。东西走向，呈长条形，由花岗岩构成，海拔 2.9 米，礁坡较缓。有海产品资源。

五　名胜古迹、纪念地和旅游地

文登区

重点文物保护单位

圣经山摩崖 371003-50-B-a01
[Shèngjīngshān Móyá]

位于文登区葛家镇西于疃村。因所在自然地理实体而得名。为金、元代遗迹。圣经山摩崖位于圣经山的一道山梁上，山梁上有两块巨石屹立，东面一块高5米，长15.6米，因状如新月，俗称月芽石。其阴面随石之凹凸起伏阴刻《太上老子道德经》上下两卷，全文每字大小为6厘米左右，楷书。部分刻字因雨蚀风化，已模糊不清，大部分尚可辨读。另一石在月芽石西3米处，高3米，长4.5米，中上部刻"圣经山"三字，下面刻着一片文字，约700余，已完全不能辨识。是研究当地民俗宗教与地方史的重要实物资料。2006年5月被批准为国家级文物保护单位。交通便利。

万家梁氏庄园旧址 371003-50-B-b01
[Wànjiā Liángshì Zhuāngyuán Jiùzhǐ]

位于高村镇万家村。因是梁氏家族住所而得名。始建于清咸丰二年（1852），1935年建成。是一座北方四合院与军事堡垒相结合的古建筑群，庄园占地百余亩，为昆嵛山以东最大的官僚地主庄园。现存庄园占地约4 000余平方米。建筑物不足原来的1/3，共有房屋8栋102间，多数已改建，但保留下来的房屋仍能够展示当年的风貌。现存建筑基本为砖木结构，皆系青砖勾白线柱墙框架，房山头分别呈等腰三角形、圆弧形和阶梯形。融合胶东、晋中和滇西的建筑特点，而屋脊、瓦垄、门窗、墙壁都是典型的胶东风格。整体坚固、古典，做工精良，很多宅子的大门还保留原始面貌，门楣上有雕刻，大门上有古色古香的门环。现祠堂、楼阁和围墙等已不复存在。具有深厚的历史文化底蕴，传承历史文化，具有重要的考古价值。2013年10月被批准为省级文物保护单位。交通便利。

柳营丛氏宗祠旧址 371003-50-B-b02
[Liǔyíng Cóngshì Zōngcí Jiùzhǐ]

位于市区柳营街57号。是丛氏族人为纪念明代工部尚书丛兰而修建，因姓氏得名。始建于清光绪三十二年（1906），成于民国初年。前后殿落成后，因资金紧缺而停工。民国初年再筹资金，继建东、西两厢，宗祠落成。宗祠主体部分已于20世纪90年代初拆掉，现存部分后殿五楹，长18.7米，进深8.3米；前殿五楹，长18.7米，进深6米；殿前石柱四根。大门背后圆石券门上有石匾额一块，上书"世承天宠"，为光绪戊子解元于霖逢所写。东、西厢各有五间房，总长13.5米，进深5米，为逢年过节祭祀时远方族人居住场所。现宗祠占地938平方米。建筑为砖石结构，下铺规整的长石条，上砌青砖；硬山式屋顶，前后殿脊檐饰以兽吻。具有典型的晚清四合院特色，蕴含深厚的历史文化底蕴，具有传承历史文化的重要考古价值。2013年10月被批准为省级文物保护单位。交通便利。

石羊汉墓群 371003-50-B-b03
[Shíyáng Hànmùqún]

位于宋村镇的宋村、台上、石羊、城东和小泽头村之间。因所在政区而得名。为汉代墓群。面积约36万平方米。在昌阳古城址的南北均发现较大封土墓冢，1995年在石羊村东大寨村西挖掘两处西、东汉墓葬，证实为地方王一级官位。因而取名石羊汉墓群。一号墓位于台上村北，封土南侧被村民挖去大半，残存直径约17米，高约4米。二号墓位于宋村中学（文登八中）足球场之后100米处的小丘顶上，封土高约4米，直径为20米，因村民在封土上耕地使封土变矮，群众称为"官帽子"。三号墓位于潘家山最高峰上，封土高约3米，直径约19米。四号墓、五号墓位于潘家山西南的山峰之上，四号墓在北，直径18米，高3米；五号墓在南，直径17米，高2米。六号墓在阁石山顶，直径约20米，高约1.5米。古墓遗址的开发保护让人们对历史朝代的文化演变有更深层的了解和认识，能够掌握古文化演变的历史进程，具有重要的考古价值。2006年12月被批准为省级文物保护单位。交通便利。

沙里店遗址 371003-50-B-b04
[Shālǐdiàn Yízhǐ]

位于沙里店村北200米的丘陵上。因所在政区而得名。龙山文化时期遗址。距今约4000~8000年，1974年发现。南北宽500米，总面积约25万平方米，文化堆积层厚约2米，第二次全国文物普查时采集的遗物有石器、陶器等，石器有斧、矛等器物，陶器有鼎、罐、盆口沿残片及鼎足等，

器物纹饰有附加堆纹、弦纹等，黑、灰陶较多。具有重要的考古价值。1977年12月被批准为省级文物保护单位。交通便利。

昆嵛山长城遗址 371003-50-B-c01
[Kūnyúshān Chángchéng Yízhǐ]

位于文登区小观镇、葛家镇、界石镇。因所在自然地理实体而得名。建于清代。同治元年（1862）始建，历五月而成。石墙依山就势，山口与山坡平缓处立墙，墙一般高2米余，底宽1.2米，山口留石门。南端起自泽头镇的唐疃口，向西转北延伸。各山口间直线距离总长73.3千米。交通便利。

石羊遗址 371003-50-B-c02
[Shíyáng Yízhǐ]

位于宋村镇石羊村北100米。因所在政区而得名。龙山文化时期遗址。文化堆积层厚1米左右，内含红烧土、陶片、石器和灰坑。遗物有石器、陶器和骨器等，石器有石斧、石碳、石锤、石簇、石臼，陶器有陶口、鼎足以及骨刀。大型石器在刃部磨制，其余部分为琢制；陶片以黑陶为主，红陶少见。具有重要的考古价值。交通便利。

林村遗址 371003-50-B-c03
[Líncūn Yízhǐ]

位于泽头镇林村东北50米处。因所在政区而得名。新石器时代至宋代遗址。南北长约130米，东西宽约60米，总面积约7800平方米。陶器从制作工艺及器形可定为新石器时代遗物。钱币分布时期较长，有战国的刀币、东汉的五铢、唐代的"开元通宝"和"乾元通宝"；出土宋代钱币种类很多，几乎涵盖宋代所有时代铸币；还有金"正隆元宝"以及日本的"宽永通宝"。具有重要的考古价值。交通便利。

姜家庄遗址　371003-50-B-c04
[Jiāngjiāzhuāng Yízhǐ]

位于宋村镇姜家庄村北 200 米处。因所在政区而得名。新石器时期遗址。原遗址南北长约 150 米，东西宽约 130 米，总面积约 2 万平方米。后由于采铁矿石、修平塘和搬土积肥，对遗址周边破坏较严重，现遗址东西约长 120 米，南北长约 80 米，面积约 9 600 平方米。从南部断层看，文化层厚约 1 米，被现代墓葬和耕地扰乱较严重，文化层不明显，为灰褐色土，内含红烧土、牡蛎壳、陶片和石器。第二次全国文物普查采集的器物有石锤、石斧、石核、石磨棒、石刀、石铲和石凿，其中石斧和石锤较多；制作工艺较粗糙，多为琢制，磨制器物较少，且多为部分磨制。陶器陶质粗劣，多为手制，主要是夹砂红陶，不见黑陶，鼎足多有泥突，把手多为蘑菇状和鸟头状。采集的陶片能够辨认的器型有钵、鼎；其他为器把手、支架等。具有重要的考古价值。交通便利。

六度寺遗址　371003-50-B-c05
[Liùdùsì Yízhǐ]

位于昆嵛山主峰泰礴顶东南麓，无染寺之东，六度寺村中部。始建于隋代。唐开元至宣宗年间重修，又葺于光化。宋兴国、淳化、治平重修，遇劫废弛。金大定、明昌、泰和，元延祐、至正年间相继重修。寺之北山，有大石高约一丈，宽约七尺，仰面平而微凹。是文登最古老的寺院。原寺庙长约 62 米，宽约 51 米，建筑面积约 3 162 平方米。清顺治七年（1650）于七起义时毁于兵火。20 世纪 60 年代初，六度寺村有驻军，六度寺庙遗址上建学校，后废置不用。现存原庙台、山门踏脚石、残碑等。具有重要的考古价值。交通便利。

东华宫遗址　371003-50-B-c06
[Dōnghuágōng Yízhǐ]

位于圣经山紫金峰前。金大定二十二年（1182），马丹阳经过此地，视为洞天福地名胜处，先创筑契遇庵，又营建殿堂，称东华宫。金真祐年间，马丹阳所建东华宫毁于兵火。后来真人王玉阳又令其徒扈庆修葺。元大德六年（1302），道士李道元又竭力构筑。东华宫帝君碑额篆书"东华紫府辅元立极大帝君碑"十二字，为著名书法家赵孟頫所书，碑立于元皇庆元年（1312）。元至正六年（1346），东华宫增修，明景泰四年（1453）又重修。相传明朝中期毁于火，至清光绪年间"栋宇已颓，历代碑碣林立，山水雄丽，规模森然"。1993 年，在东华宫原址重建三清殿，殿内供奉道教最高尊神"三清"，玉清（元始天尊）居中，上清（灵宝天尊）、太清（道德天尊）分列左右。2009 年，山东金日月旅游开发有限公司斥巨资对东华宫进行复修、扩建。重装开放的东华宫以三清殿、太乙殿、五祖殿、三官殿、山门殿为正殿，还有东、西配殿及两个跨院等古建筑群组成，总占地面积 1.7 万平方米。是研究当地民俗宗教与地方史的重要实物资料。交通便利。

罗汉庵石刻　371003-50-B-c07
[Luóhànān Shíkè]

位于界石镇崮头集村西北 600 米，坐落于罗汉庵山阳半山腰处。因所在自然地理实体而得名。字刻在一天然断裂的为 75 度角、巨石东平面上，断面平整。石面最高处为 4.9 米，最长处为 5.8 米，石面总面积为 25 平方米左右。在石面的偏左侧刻字，整个刻石高 2 米，宽 2 米，文字为线雕阴刻行草，有七言诗一首，落款是"醉语""元素子书并镌"，左侧刻"屏垒石壁，布印苍苔"。石刻下行 60 米，有一独立的大石，高 2.3 米，宽 1.2 米，阳面刻楷书"泉石"二字，苍劲有力。根据字迹风化情况来看，可能为清代中期所刻。具有深厚的历史文化底蕴，传承了历史文化。交通便利。

无染寺遗址 371003-50-B-c08
[Wúrǎnsì Yízhǐ]

位于昆嵛山无染寺风景区内。现存清光绪十三年（1887）《重修无染禅院记》中，考证"无染"来历谓："其地距乡村辽远，居之者六根清净，得大解脱，故名。或曰：'染'与'盐'，声相转，寺内古石龛，其下空洞，相传为齐王后无盐冢云。"无染寺创建于唐昭宗大顺二年（891），由檀越主宋璋捐献十顷山地所建。唐光化四年（901）无染院碑记载："鸡林金清押衙……凿白石竖竺乾之塔。"此碑通高 2.1 米，宽 1.18 米，厚 0.76 米。分为基座、碑体和顶层浮雕三部分。基座是一块长 1.18 米、厚 0.76 米、高 0.56 米的大理石，由几何纹和涡纹组成；碑体宽 0.62 米，厚 0.26 米，高 1.56 米，前后阴刻文字皆为行书，420 余字，记述重修无染寺的经过，周围有纹饰，正面皆似"彩带"纹样，背面上端左右两边是两只凤凰展翅高飞，中间为一朵盛开的花朵，其余三边都是双龙戏珠；顶端为浮雕层，正面雕三龙戏珠，龙首正下方凿有一龛，背面雕刻双龙戏珠，龙首下雕有排位，刻字为隶书。由于年代久远，风吹日蚀，碑体文字字迹模糊，除龙首和背部文字部分被损毁外，其他部分保存完好。现存山门、石门、庙基、光绪十三年碑、古玉兰树、古银杏树、木瓜树等。根据调查，估测原寺庙建筑面积约 4 000 平方米。交通便利。

重要景点和一般名胜古迹

威海汤泊温泉度假区 371003-50-D-a01
[Wēihǎi Tāngpō Wēnquán Dùjiàqū]

位于经济开发区大连路 2 号。因所在政区汤泊村而得名。是烟台虹光房地产开发有限公司和山东黑豹集团有限公司联合兴建的集温泉养生、休闲娱乐、商务洽谈、会务接待、生态采摘于一体的综合休闲度假区。度假村一期占地 133 公顷，2009 年开始营业。内部主要景观有室内温泉、露天温泉、溶洞温泉、圣泉屋等区域，共设有 60 余个特殊功能的温泉浴池。度假区充分利用当地旅游资源，发展当地经济，带动乡村旅游的特色建设，为人们提供了舒适美好的休闲环境。2010 年 5 月被评为国家 AAAA 级旅游景区。交通便利。

天沐·山东威海温泉度假区 371003-50-D-a02
[Tiānmù Shāndōng Wēihǎi Wēnquán Dùjiàqū]

位于张家产镇。因开发商珠海天沐集团而得名。2008 年 8 月开业。占地面积 33 公顷。通过地下管道引入汤村汤温泉水。设有鼋山五福泉、鼋水六德汤、美芦荟温泉区、森林静泡区、草本养生谷、SPA 动感温泉区、室外无边界游泳池、石板温泉、亲亲温泉鱼疗等特色功能浴池，共设有 66 个室内外特色功能温泉汤池，日最高接待量可达上万人。度假村充分利用当地旅游资源，发展当地经济，带动乡村旅游的特色建设，为人们提供了舒适美好的休闲环境。2009 年被评为国家 AAAA 级旅游景区。交通便利。

荣成市

纪念地

青山烈士陵园 371082-50-A-a01
[Qīngshān Lièshì Língyuán]

位于荣成市区青山中路 406 号。烈士陵园建于青山上，故名为青山烈士陵园。1968 年动工，1970 年落成。1979 年整平广场。面积 3192 平方米。1983 年建起陵园围墙。1984 年筑成 500 米长的入园花岗石砌甬路。1990 年在原址重建革命烈士纪念堂。1993 年在革命烈士纪念堂前东侧建烈士骨灰室，西侧建烈士遗物展室。有烈士事迹展室有 3 个。为广大群众缅怀革命前辈丰功伟绩，接受革命传统教育和爱国主义教育的场所。2009 年 3 月被批准为全国重点烈士纪念建筑保护单位。交通便利。

荣成抗日救国军旧址 371082-50-A-c01
[Róngchéng Kàngrì Jiùguójun Jiùzhǐ]

位于荫子镇陈家埠村东南。因历史事件而得名。荣成县委为纪念荣成人民抗日救国的历史，表彰抗日救国运动的英雄们，在 1940 年抗日武装组建地荫子镇陈家埠村东南方树立石碑，上书荣成抗日救国军旧址。交通便利。

土山烈士陵园 371082-50-A-c02
[Tǔshān Lièshì Língyuán]

位于东山街道土山村东。因土山籍两位烈士墓穴迁回修建，故名。2013 年 5 月开工，2014 年建成。占地面积 13.3 亩，建筑面积 1 000 平方米。重新修整硬化陵园道路，新砌三面石墙，高 2.2 米，长 400 米。铺设台阶 45 级，新建烈士纪念碑 3 座。有公路经此。

重点文物保护单位

成山头遗址 371082-50-B-b01
[Chéngshāntóu Yízhǐ]

位于荣成市成山山脉东侧。因遗址所在地得名。秦代至清代遗址。公元前 219 年和公元前 210 年，秦始皇东巡曾两次来此，建造行宫，并留下许多传说。公元前 94 年，汉武帝来此，建日主祠。唐初大将苏定方出征百济，由此率师东渡，1895 年日军进攻威海部，在此登陆。整个遗址分布于成山山顶和西南坡，文化堆积层厚约 0.5~1 米。暴露有灰坑、建筑夯土、台阶、烧沟等遗址，曾发现建筑基质和祭祀玉器。地表散布有大量的残砖断瓦。具有重要的考古价值。1992 年 6 月被批准为省级文物保护单位。有公路经此。

河口遗址 371082-50-B-b02
[Sānzhǒngbó Yízhǐ]

位于人和镇西河口村附近。因所在政区而得名。为新石器时代遗址。20 世纪 80 年代曾出土有陶片、石器等。具有重要的考古价值。1992 年 6 月被批准为省级文物保护单位。有公路经此。

成山卫古城遗址 371082-50-B-c03
[Chéngshānwèi Gǔchéng Yízhǐ]

位于荣成市成山镇政府驻地。因古城位于原成山卫而得名。据《荣成县志》记载，明朝洪武三十一年（1398），开始在此卫筑城，同时建成的还有四座城门以及城内的一些卫、所及官署建筑群。城墙周长 3280 米，高达 6 米，厚度 7 米，东西南北各设一个城门：东为永泰门，西为天顺门，南为文兴门，北为武宁门。抗战时期将城墙拆除，仅余东北二门。2008 年复修北城门。城门残存长 20.1 米，墙高 6 米，后墙高 6.3

米，厚度 13.3 米。城墙墙体表面为砖石结构，底部墙基由五层石条砌成。具有重要的考古价值。1988 年 9 月被批准为市级文物保护单位。228 国道、301 省道经此。

三冢泊遗址 371082-50-A-c04
[Sānzhǒngpō Yízhǐ]

位于三冢泊村。因所在政区而得名。为汉代遗址。原有石碑 1 座，石碑正反两面分别刻有"昌阳严"和"严㹒高"字样，文化层堆积厚约 0.6 米，早年整地曾有小型墓葬发现，采集有泥质陶盆口沿、豆柄、筒瓦、瓦当等。有公路经此。

风景名胜区

成山头风景区 371082-50-C-a01
[Chéngshāntóu Fēngjǐngqū]

位于胶东半岛荣成成山山脉的最东端。面积 3 平方千米。因位置而得名。1988 年被国务院批准为国家级风景名胜区。成山头景区内最高点海拔 200 米，东西宽 0.75 千米，南北长 1 千米，这里群峰苍翠连绵，大海浩瀚碧蓝，峭壁巍然，巨浪飞雪，气势恢宏，是理想的避暑旅游胜地。主要有海驴岛、天鹅湖、花斑彩石、俚岛海滨、成山林场、始皇庙、秦代立石、拜日台、秦桥遗迹、望海亭、观涛阁和镇龙石等著名景点。成山头三面环海，是胶东半岛最早看见海上日出的地方，被称为"中国的好望角"。丰富了市民的休闲娱乐生活。有公路经此。

荣成赤山风景名胜区 371082-50-C-b01
[Róngchéng Chìshān Fēngjǐngmíngshèngqū]

位于山东半岛最东端，荣成市境内石岛管理区南部的赤山南麓。东起法华路二

道山门，向北穿西车村经小天绕赤山顶北侧山脊线，并沿山脊线由北向南、向东经法华院牌坊至西岚村西口，再沿山脊线北上闭合。面积 5.57 平方千米。因所在自然地理实体而得名。2005 年 4 月被批准为省级风景名胜区。景区现有威海唯一的佛教寺院——赤山法华院；亚洲最大规模的观音动感音乐喷泉广场——极乐菩萨界；世界最大的锻铜神像——赤山明神（大明圣境）；反映胶东历史变迁事象的民俗博物馆——荣成民俗馆；记述韩国民族英雄、海上贸易家张保皋生平壮举的张保皋传记馆；展现博大精深的佛教文化与日本高僧圆仁入唐求法经历的赤山禅院等。法华院是胶东半岛最大最早的佛院之一，也是目前威海市唯一的一座佛教寺院，824 年由新罗人张保皋所建。张保皋纪念塔坐落于莲花顶上，塔座长 19 米，宽 16 米，高 1.8 米；塔身高 15 米，全部用石岛红剁斧石砌成。张保皋传记馆占地 1.3 万平方米，共设 5 个展厅、1 个影视厅。展馆建筑仿唐风格，雕梁画栋，气势宏伟。荣成民俗馆，位于法华院南，建筑面积 2 500 平方米，共设 3 大展厅 6 个展区。赤山禅院共分圆仁入唐展馆、赤山阁两大部分，占地 1.6 万平方米，建筑面积 3 000 多平方米。其中圆仁入唐展馆共设 5 个展厅，主要展示隋唐佛教发展史，圆仁法师入唐求法以及回国后在日本建立赤山禅院的过程。法华塔位于赤山禅院后的赤山西侧，建筑面积 1 100 平方米，高 48 米，共 7 层。赤山明神铜像位于张保皋南面，高 33.8 米，占地 12 万平方米。由大明圣境、仙人棋盘、东峰观景台、明神铜像及其他附属建筑组成。大明圣境牌坊题名由著名书法家刘炳森题写。牌坊南墙的青铜浮雕"众仙朝神"众仙列班朝拜，听候赤山明神号令的情景。荣成赤山风景名胜区以赤山法华院为主线，以海文化为依托，贯穿崇自然，浸文化的特色主题，

把赤山景区打造成为空间序列清晰，功能完备，具有浓郁地域特色的国际一流景区。有公路经此。

重要景点和一般名胜古迹

圣水观风景区　371082-50-D-a01
[Shèngshuǐguān Fēngjǐngqū]

位于荣成市崖西镇朱埠村。因观内有一泓神奇的圣水，且全真七子之一王玉阳于1164年奉师命建观于此，故名。景区内风光秀丽，殿、台、阁、坛巍峨壮观，天然景观就达30余处。圣水观风景区内主要景点有涌金泉、圣水宫、卧龙洞、银杏树、万寿塔，并建造荣成籍将军手书碑廊1座、圣水金鼎九龙亭1处。为广大群众缅怀革命前辈丰功伟绩，接受革命传统教育和爱国主义教育的场所。被评为国家AAA级旅游景区。交通便利。

铁槎山风景区　371082-50-D-a02
[Tiěcháshān Fēngjǐngqū]

位于荣成市人和镇南端。由于地壳的演化形成了花岗岩山岳地貌景观、奇石奇洞景观，造就了千姿百态的险峰，故名九顶铁槎山。面积30平方千米。主峰清凉顶海拔539.8米。主要景点有云光洞、九龙池、僧帽顶、董家顶、释佛石、老子石等。2007年被评为国家AAA级旅游景区。有公路经此。

金鼎九龙亭　371082-50-D-c01
[Jīndǐng Jiǔlóng Tíng]

位于伟德山西部森林公园内。共建有九座亭子，每个亭子内铸有一口大金鼎，故名金鼎九龙亭。九座亭子沿伟德山南坡一条山脊顺势而建，全长270多米，远远望去蔚为壮观，恰似一条游走在茫茫林海中的金龙。金鼎九龙亭以鼎为模，雕建成亭，亭高9.99米，每亭九龙齐驾，状态严谨，尽显"鼎"字形体。亭内放着金鼎，鼎高1.99米，重1.99吨，镀金999.9克。203省道、303省道经此。

滨海公园　371082-50-D-c02
[Bīnhǎi Gōngyúan]

在荣成市境东部。因地处荣成市区东海之滨，故名滨海公园。公园内建设了总占地6.5万平方米的明珠、观演、渔家乐等三大主题广场，全长3 500米的观光路，1.5万平方米的停车场，9 200平方米的商业服务及海水浴场等设施，设置了景观小品、大型雕塑18组，栽植了5 000多棵名贵树木，播种草坪25万平方米，绿化覆盖率达到75%。园内公建配套设施齐全，分娱乐区、饮食区、游泳区、休闲区，有沙滩蹦极、沙滩跑车、沙滩排球等游乐健身项目。是游客观光旅游和市民休闲娱乐的首选之地。通公交车。

青山公园　371082-50-D-c03
[Qīngshān Gōngyúan]

在荣成市境东部。以公园处青山西麓，故名青山公园。设有福寿广场、文化广场、六角重檐亭、四角亭。栽植了紫椴、流苏、泡桐、榆树等乡土树种4 380棵。安装了座椅，设有景观小品20组。山体间有暗流和水塘，有亲子游乐池，打造自然式堤岸，配置景石和水生植物，形成了生态湿地景观。是游客观光旅游和市民休闲娱乐的好去处。通公交车。

自然保护区

山东荣成大天鹅国家级自然保护区 371082-50-E-a01

[Shāndōng Róngchéng Dàtiān'e Guójiājí Zìránbǎohùqū]

位于成山镇、俚岛镇境内。北、东、南三面濒临黄海，西邻前神堂村。面积10 500平方千米。因自然保护区是大天鹅及其他的珍稀鸟类的重要栖息地、繁衍场而得名。保护区内存在芦苇沼泽、滩涂和浅海及泻湖四种湿地类型。沙坝—泻湖体系是保护区内典型的海岸地貌，其中马山港是中国现存最为完整、最为典型的泻湖之一。属温带季风性湿润气候区，四季分明，年平均气温11.1℃，是山东沿海平均气温最低的海湾之一。由于保护区地处陆地和水生生态系统之间的过渡带，涵盖了盐沼、草本沼泽、岩石海岸、河口湾、潮间滩涂、浅海水域等各种湿地类型。保护区属暖温带落叶阔叶林区，主要植被类型为沙生植被、盐生草甸、水域植被、灌丛等，植被演替规律非常明显。2007年4月被批准成立国家级自然保护区。主要保护对象是国家Ⅱ级保护动物大天鹅。保护区共分布有陆栖脊椎动物185种，迁徙性鸟类特别是旅鸟构成了鸟类区系分布的基本类群，且呈现出明显的南北过渡的地带性。有国家Ⅰ级保护鸟类东方白鹳、黑鹳、中华秋沙鸭、大鸨、白头鹤、金雕等6种；国家Ⅱ级保护鸟类大天鹅、黄嘴白鹭、鸳鸯、白鹅雁、灰鹤、小杓鹬等17种；属于濒危野生动植物种国际贸易公约保护物种17种；中澳候鸟保护协定保护鸟类36种；中日候鸟保护协定保护鸟类94种。是世界上已知最大的大天鹅越冬种群栖息地。荣成大天鹅国家级自然保护区的建立，对于保护大天鹅这一珍稀、濒危物种和生物多样性，进一步改善区域生态环境，维持生态系统良性循环，促进经济、社会可持续发展都具有重要意义。

桑沟湾湿地公园 371082-50-E-a02

[Sānggōuwān Shīdì Gōngyuán]

位于荣成市市区东南部。云光南路以西，凭海路以北，悦湖路以南。面积1.316平方千米。因桑沟河从这里入海而得名。海湾北岬为青鱼滩岩岬，南角为诸岛等连岛沙坝，湾顶有湾顶沙坝，坝内为泻湖。底质主要为沙，局部岩礁突起。栽植常绿乔木4 000棵、落叶乔木3 000棵（主要是白蜡、柳树、杨树、黑松等大树）、花灌木5万株、水生植被10万株。2005年2月被批准为国家级城市湿地公园。主要对公园水系、绿化等进行规划建设。这片湿地对涵养城市水源，维持区域水平衡，调节区域气候，降解污染物，保护生物多样性，美化环境发挥着重要作用。这里的动植物资源非常丰富，不仅有万亩天然芦苇，各种藻类、水草遍布其中，而且还是南北方鸟类理想的栖息地，除每年来此越冬的上千只大天鹅外，还有黑雁及海边千亩黑松林中生活的几十种陆地鸟类，形成了一个群鸟汇集的天然王国。交通便利。

乳山市

纪念地

马石山突围战遗址纪念地 371083-50-A-a01

[Mǎshíshān Túwéizhàn Yízhǐ Jìniàndì]

位于乳山市西北部。因历史事件而得名。1943年1月，胶东行政公署在主峰前南坡安葬十勇士并立马石山殉难军民纪念碑，1972年乳山市政府在海拔487米的主峰前立革命烈士纪念塔，在塔下300米处建设纪念堂。2013年12月，乳山市政府建十勇士纪念馆，在其后建乳山革命纪念馆。为广大群众缅怀革命前辈丰功伟绩，接受革命传统教育和爱国主义教育的场所。2014年8月经国务院批准为国家级抗战纪念遗址。有公路经此。

双山战斗纪念地 371083-50-A-c01
[Shuāngshān Zhàndòu Jìniàndì]

位于乳山市下初镇。因历史事件而得名。1944年建有烈士纪念碑一座。为广大群众缅怀革命前辈丰功伟绩，接受革命传统教育和爱国主义教育的场所。交通便利。

重点文物保护单位

圣水岩石刻造像 371083-50-B-b01
[Shèngshuǐyán Shíkèzàoxiàng]

位于乳山市冯家镇。因此处曾建有圣水庵而得名。为金代遗址。洞内水流长年不断，水旱不知，终年如一。洞内水中原有水神娘娘小庙和陶制船模型，早已被毁。洞口向南，南北深约9米，东西深约13米，洞内南高北低，有水自北壁下流出；洞口东高西低，最高处8米。洞口踏石的上面刻"大安二年"四个字，清楚可读；洞口东上方刻有"圣水嵒"三个大字，单字高0.59米，宽0.45米。洞口外西侧石壁上有阴刻七言诗一首："道高曾受帝王宣，敢得金书赐体玄，道法一身升羽化，铁查山下水依然"落款"即墨县仁化乡石匠 东古镇曲道明 大安七年"。具有重要的考古价值。1992年6月被批准为省级文物保护单位。交通便利。

玉虚观 371083-50-B-b02
[Yùxū Guān]

位于乳山市冯家镇孔家村。相传1187年，道教全真派七子之一王玉阳率其徒众来此结庵修炼，创立了全真教嵛山派，金世宗、金章宗先后多次召见王玉阳，赏赐大量财物扩建道观，并御赐观名玉虚观。自金至明、清，玉虚观屡经修葺；1942年后，日军扫荡，观内塑像被毁；1950年，殿宇被拆除；2010年在原有基础上恢复重建。占地面积4 000平方米，建筑面积1 800平方米，建有玉皇殿、三清殿、三官殿、万寿宫、救苦殿、七真殿等。在圣水岩东侧的《玉虚观记》碑，立于金贞祐二年（1214），由朝散大夫国偶撰文，文山进士王良臣书丹，州学进士范景纯篆额，全真大师韩道温等立石。碑座东面西，通高5.7米，阔1.25米，厚0.29米。下为龟趺，石呈灰黑色，为本山花岗岩石。额为青石，碑额正中篆书阴刻《玉虚观记》，共1 460字。碑阴横列阴刻隶书《王玉阳宗派之图》，下小楷阴刻王玉阳弟子姓名。尽管由于自然和历史的原因，玉虚观遭受到了极大破坏，但金代玉虚观碑、玉阳洞天、玉虚观遗址（老祖殿、石狮、石兽）等基本保存完好。1992年6月被批准为省级文物保护单位。交通便利。

马石山战斗遗址 371083-50-B-b03
[Mǎshíshān Zhàndòu Yízhǐ]

位于乳山市诸往镇上石硼村西北的马石山上。以山名及发生事件而得名。1943年1月，胶东区行政主任公署在马石山南坡安葬了这些牺牲的干部群众，立下墓碑和纪念碑。1970年10月—1972年10月，乳山县人民政府在马石山主峰建纪念塔，山阳坡建纪念堂，纪念堂两侧重新安葬烈士遗骨。现存马石山上环山毛石砌筑围墙，是当时战斗主要依托，全长2 000余米。占地面积240 000平方米。主峰阳坡有烈士纪念塔、纪念堂、纪念碑、烈士墓等。墓碑高1.22米，宽0.49米，正面阴刻楷书"马石山殉难军民之墓"。烈士纪念塔呈六边形，通高15米，正面行书阴刻"革命烈士纪念塔"，塔顶装一玻璃红五星，塔座高4米，周长55米，基座为一直径32米的圆形平台。战斗掩体乱石围墙仍在，现存高0.5~1.5米；墙间连有4个方形碉堡掩体，高约1.5~2米，全长2 000余米。纪念馆在纪念塔下约500米处，室内陈列马石山战斗的图片资料和遗物等。纪念馆东侧有45座烈士墓，西侧有51座烈士墓。西侧北端有一水井，北墙上端有题刻，正楷阴刻，"志马石山惨案时我抗日军民已两日粒米未腹，乃笑饮此井水倍力於敌，英勇奋战到底"。为广大群众缅怀革命前辈丰功伟绩，接受革命传统教育和爱国主义教育的场所。2013年10月被批准为省级文物保护单位。交通便利。

重要景点和一般名胜古迹

乳山市银滩旅游度假区 371083-50-D-a01
[Rǔshānshì Yíntān Lǚyóudùjiàqū]

位于市境南部。因景区内沙质细腻松软，洁白如银而得名。度假区内，景观别墅群、星级酒店、生活小区、商贸大厦与区内的三观亭、仙人桥、和尚湖、白浪湾、潮汐湖、幺岛、宫家岛等自然景观融为一体，还有中国迄今为止最大的内陆潮汐湖湿地公园。是度假、旅游、避暑、养生、娱乐与举行体育赛事的理想去处。2002年11月被国家旅游局批准为国家AAAA级旅游区。交通便利。

大乳山滨海旅游度假区 371083-50-D-c01
[Dàrǔshān Bīnhǎi Lǚyóudùjiàqū]

位于乳山市海阳所镇。根据该地区所具备的山、海、滩、湾、岛、湖、林、泉等综合资源，为打造以休闲旅游和度假养生为主题的综合旅游目的地而命名。度假区以独特的大乳山为中心，由海、滩、山、岛、湾自然景观与人文景观共同组成，海陆山、海、滩、湾、岛资源齐全，景观丰富，环境优美，山海湾相连，湖海滩相映，春温秋爽，冬暖夏凉，被誉为"北方三亚"。大乳山滨海旅游度假区以"母爱温情、福地养生"为主题，是一个集旅游观光，休闲度假、康体养生、文化娱乐为一体的综合性大型休闲旅游胜地。704省道经此。

河滨公园 371083-50-D-c02
[Hébīn Gōngyuán]

位于山东省乳山市东山南路。该公园因滨临城南河而得名。植有黑松、垂柳、玉兰等各类乔灌木60多个品种20万余株，种植草坪7.7公顷。挖土成湖，人工湖面积8.23公顷，亭、台、楼、榭倒映湖水中。公园设有动物区、划船区、垂钓区、少儿游乐区等，建有汉白玉桥、单孔石桥、七曲铁桥各1座，雕塑3座；是乳山市第一个大型公园，是集文化、娱乐、观赏、健身融为一体的多功能综合公园。有公路经此。

青山公园 371083-50-D-c03
[Qīngshān Gōngyuán]

位于乳山市青山路。因靠近青山路而得名。建于1992年，当年建成开放。园内建有假山、紫藤绿廊、荷花池，池上建有水榭3座。高标准绿化，使公园内绿树成荫、花红柳绿、曲径通幽，为周边市民提供了健身、休闲的良好场所。有公路经此。

东山公园 371083-50-D-c04
[Dōngshān Gōngyuán]

位于东山路中段东侧，商业街以南。因靠近东山路而得名。建于1992年，当年建成开放。园内建有凉亭、雕塑群、喷泉等景观。园内绿篱修剪平整、花繁叶茂、三季有花、四季常绿，以整洁、灵巧、精致、秀美的环境吸引了广大市民留连忘返。为周边市民提供了健身、休闲的良好场所。有公路经此。

晨读公园 371083-50-D-c05
[Chéndú Gōngyuán]

位于胜利街中部。因原设计园内建有"学生读书"雕塑而得名。园内绿化为主，布局简洁明快，具有时代特色，为周边小区广大居民提供了健身、休闲的美好场所。有公路经此。

自然保护区

岠嵎山风景区 371083-50-E-a01
[Jùyúshān Fēngjǐngqū]

位于乳山市区西约 18 千米处。南至玉皇山，西至太平顶，北至岠嵎瀑布，东延至岠嵎山口。面积 1 204 公顷。岠嵎山四周群山环抱，中间穿过"人"字形峡谷，状如"岠、嵎"，即大山山势弯曲的地方，岠嵎山由此而得名。因历经造山运动与强烈地震，大自然的鬼斧神工雕琢出雄、险、奇、秀的岩石自然景观，其石形有的似兽，有的似禽、似人、似物，如骆驼负宝、千古猿人、石猴拜月等，惟妙惟肖，栩栩如生。山中有甜泉、飞瀑、幽洞，共组成二十四大景、七十二小景，被誉为"天然石雕园""植物园""天然氧吧"的美誉。岠嵎禅寺始建于明代初期，有着深厚的文化底蕴和内涵。景区内野生植物资源十分丰富，有各种树木 180 余种，其中国家保护树种 70 多种。2002 年 12 月被批准为国家级森林公园。交通便利。

六　农业和水利

文登区

水库

米山水库 371003-60-F01
[Mǐshān Shuǐkù]

位于文登市区西部。因大坝处米山得名。1958年10月25日开工，1960年2月建成。2008年10月至2010年11月实施水库除险加固工程。2013年9月至2014年11月实施水库清淤增容工程。枢纽工程主要由大坝、溢洪道（闸）、放水洞、电站等建筑物组成。大坝为黏土心墙沙壳坝，迎水坡有料石护面，坝肩设防浪墙，长950米，坝顶宽8.5米，高程为35.6米，防浪墙顶高36.8米。放水洞分东、西两处；溢洪道宽50米，共5孔，每孔净宽10米，最大泄量1885立方米/秒。水库控制流域面积440平方千米。总库容2.8亿立方米，兴利库容1.38亿立方米，死库容700万立方米。建库主旨为灌溉和防洪，并可发电、养鱼。现在主要担负城市供水功能。该水库为农业生产的作物品种、种植结构、耕作制度提供了优越的水利条件。主要用于城市供水、灌溉农田，使农业生产条件得以极大地改善，具有重要的现实意义。交通便利。

坤龙邢水库 371003-60-F02
[Kūnlóngxíng Shuǐkù]

位于市境东南部。因处坤龙邢家村西南500米，故名坤龙邢水库。1958年冬始建，1960年6月15日竣工，1966年4月完成配套工程，之后多次进行加固加高。控制流域面积186平方千米，总库容6 500万立方米，兴利库容800万立方米，死库容160万立方米，调洪库容5 540万立方米。该水库主要用于城市供水、灌溉农田，使农业生产条件得以极大地改善，具有重要的现实意义。交通便利。

南圈水库 371003-60-F03
[Nánquān Shuǐkù]

位于市境南部。因处南圈村南侧，故名。1958年9月始建，1959年11月建成。控制流域面积25.6平方千米，总库容1 290万立方米。兴利库容716万立方米，死库容13.8万立方米，调洪库容560.2万立方米。有效灌溉面积800公顷。该水库主要用于灌溉农田，使农业生产条件得以极大地改善，具有重要的现实意义。交通便利。

昆嵛山水库 371003-60-F04
[Kūnyúshān Shuǐkù]

位于市境西北部。因地处昆嵛山区，故称昆嵛山水库，俗称簸箕掌水库。1977年开工，1997年续建，2000年6月基本竣工。总库容和兴利库容均达到390万立方米。水库内水质优良，完全没有污染，是优质的饮用水和生产食品用水。交通便利。

松山水库 371003-60-F05
[Sōngshān Shuǐkù]

位于市境东北部。因临近松山，故名松山水库。1959 年 10 月开工，1960 年 6 月竣工。流域控制面积 16.6 平方千米。小（一）型水库。总库容 835 万立方米，兴利库容 450 万立方米，死库容 37 万立方米。对农业灌溉具有重要作用。交通便利。

堤防

五垒岛防潮堤 371003-60-G01
[Wǔlěidǎo Fángcháodī]

位于五垒岛湾东南岸。南起寺五路西，北至后岛村滩涂南端。一期工程 1998 年立项，1999 年 8 月 1 日开工，1999 年 12 月 20 日建成；二期工程 2004 年 5 月 11 日开工，2004 年 9 月 20 日建成。全长 2 650 米，其中主坝长 2 380 米；坝基底宽 15 米，上宽 4.5 米。主体为散石和沙土，外坡喷射混凝土，内坡为预制六角水泥板，坝顶为混凝土路面。围海形成坝内滩涂总面积约 320 公顷，其中养殖面积约 250 公顷。防潮堤及主要建筑物等级均为 3 级，次要建筑物为 4 级。设计标准为 20 年一遇，风浪等级 11 级。设计潮水位 2.65 米，防潮堤顶高程 5.4 米。防止海水在潮汐的作用下入侵，有效保护了人们的生命财产安全。交通便利。

埠口防潮堤 371003-60-G02
[Bùkǒu Fángcháodī]

位于张家埠村南 1500 米处。2001 年 3 月 16 日开工，同年 10 月 9 日建成。全长 830 米，主坝 650 米，附坝 180 米。按 20 年一遇防潮标准改建加固，允许越浪设计。防止海水在潮汐的作用下入侵，有效保护了人们的生命财产安全。交通便利。

荣成市

林场

龙山林场 371082-60-C01
[Lóngshān Línchǎng]

属荣成市自然资源局管辖。位于东山街道。面积 0.1 平方千米。因山得名。1947 年建立小型农场，种植果树。1959 年成立林场，开始植树造林。2003 年改为荣成市国有龙山林场，至今。林场范围南至林场果园南墙；北与龙山后村林地相接；西面以原界墙外水沟为中心，东面以龙山东坡环山小道为界。林场为龙山革命纪念馆区防护林。有公路经此。

古迹顶林场 371082-60-C02
[Gǔjìdǐng Línchǎng]

属荣成市自然资源局管辖。位于市区北 11.3 千米。林场占地面积 0.16 平方千米。因林场地处伟德山古迹顶，因山得名。1943 年由县政府收回管理称为新农场，1956 年正式成立国营荣成县古迹顶林场，2003 年改为荣成国有古迹顶林场。分布在伟德山山脉第二主峰古迹顶中。植被以黑松为主，间有柞树、刺槐等。现在树木储积量 4 320 立方米，场部驻古迹顶前坡。所属林区对绿化荒山有重要作用。有公路经此。

成山林场 371082-60-C03
[Chéngshān Línchǎng]

属荣成市自然资源局管辖。位于市区东北 26.1 千米。林场占地总面积 1.18 平方千米。因林场在成山镇境内，故名成山林场。1957 年海滩栽植黑松试验成功，1958 年开始营造黑松防护林，1960 年 1 月正式成立了荣成市国营成山林场。植被以黑松为主，间有少量柞木等。现在林材储积量 10 430 立方米。所属林区对防风、固沙起重要作用。现已成为自然风景保护区。有公路经此。

槎山林场 371082-60-C04
[Cháshān Línchǎng]

属荣成市自然资源局管辖。位于市区南 35 千米。占地面积 0.16 平方千米。因林场属槎山山系，因山得名。1949 年 1 月建立文登县草场庵林场延寿宫分场。1955 年划归荣成，改称荣成县延寿宫林场；1992 年被批准为国家级森林公园；1966 年改称为荣成县槎山林场。现有木材储积量 1 340 立方米。场内有云光洞等名胜古迹。场部驻朱口西圈北岸。植被以黑松为主，间有少量柞木等。所属林区对封山造林、美化风景区有重要作用。有公路经此。

水库

八河水库 371082-60-F01
[Bāhé Shuǐkù]

位于荣成市经济开发区崂山街道。因该水库处八河港内，故名八河水库，又名龙山湖。1977 年 12 月建成并投入使用。库容 1.05 亿立方米，兴利库容 7 105 万立方米，流域面积 256 平方千米，有效灌溉面积 66.67 平方千米。供给城区生活用水。228 国道经此。

纸坊水库 371082-60-F02
[Zhǐfáng Shuǐkù]

位于荣成市埠柳镇埠柳村。因位于原纸坊村，故以纸坊为名。1958 年建成并投入使用。主水库坝长 910 米，底宽 140 米，顶宽 6 米，最大坝高 26.28 米。蓄水面积 30 平方千米，总库容 1.65 亿立方米。坝中部有泄水闸门，其上建 200 千瓦发电站，

大坝两端有溢洪道。控制流域面积 30 平方千米，有效灌溉面积 16 平方千米。具有防洪、灌溉及城镇供水等作用。有公路经此。

郭家水库 371082-60-F03
[Guōjiā Shuǐkù]

位于荣成市斥山街道郭家村东南处与沟姜家交界。因所在地得名。1958 年建成并投入使用。水库蓄水面积 6 平方千米，总库容 0.016 亿立方米。大坝长 0.13 千米，底宽 0.04 千米，顶宽 5 米，最大坝高 12 米，坝顶高程 25.7 米。主要水源来自山水及雨水蓄水。控制流域面积 6.0 平方千米，总库容量 1.33 亿立方米，兴利库容为 0.82 亿立方米。有效灌溉面积 0.27 万亩。具有防洪、灌溉及城镇供水等作用。有公路经此。

后龙河水库 371082-60-F04
[Hòulónghé Shuǐkù]

后龙河水库位于城西街道后龙河村。因所在地得名。1958 年建成并投入使用。坝中部设泄水闸 1 座，其上建 250 千瓦发电站 1 座。控制流域面积 61 平方千米。总库容量 5 300 万立方米，兴利库容为 2 100 万立方米。设 15 处提水站，有效灌溉面积 28 平方千米。作用以灌溉、市区供水为主，兼有养鱼。908 省道经此。

后荫子水库 371082-60-F05
[Hòuyīnzǐ Shuǐkù]

在市区西北 16.8 千米，位于后荫子村。因所在地得名。1958 年建成并投入使用。该水库蓄水面积为 2 平方千米，控制流域面积 2 平方千米。总库容量为 1.05 亿立方米，兴利库容 0.71 亿立方米。有效灌溉面积 1.33 平方千米。主要水源为雨水和地下水，作用以灌溉为主，兼有养鱼。有公路经此。

雨山水库 371082-60-F06

[Yǔshān Shuǐkù]

在市区西北 18.1 千米。因水库建于雨山前怀，故以雨山为名。1966 年建成并投入使用。大坝长 0.226 千米，底宽 0.101 千米，顶宽 0.004 千米，最大坝高 0.016 千米。控制流域面积 3.8 平方千米。总库容量为 3.14 亿立方米，兴利库容为 2.08 亿立方米。有效灌溉面积 1.87 平方千米。作用以灌溉为主，兼有养鱼。有公路经此。

乳山市

林场

国有垛山林场 371083-60-C01

[Guóyǒu Duòshān Línchǎng]

垛山林场位于乳山市西北 45 千米处，崖子镇北炉上村境内。面积 3.8 平方千米。位于垛山遗址附近，故命名为垛山林场。1950 年建立林场，1954 年改称乳山县垛山林场，1958 年改称牟平县玉泉寺林场，1962 年改称乳山县国有垛山林场，1993 年改称乳山市国有垛山林场。有造林和护林的作用，对改善乳山环境和净化空气有重要作用。304 省道、208 省道经此。

国有岠嵎院林场 371083-60-C02

[Guóyǒu Jùyúyuàn Línchǎng]

位于乳山西 20 千米处，乳山寨镇玉皇山后村境内。面积 3.4 平方千米。因岠嵎山而得名。1962 年建立。对林木保护和环境改善有重要作用。202 省道经此。

大乳山林场 371083-60-C03

[Dàrǔshān Línchǎng]

位于海阳所镇后山村境内。面积 4 平方千米。位于大乳山附近，故命名为大乳山林场。1989 年建立。对林木保护和环境改善有重要作用。704 省道经此。

水库

龙角山水库 371083-60-F01

[Lóngjiǎoshān Shuǐkù]

位于乳山市崖子镇东南，育黎镇西北。因大坝建于育黎镇龙角山村而得名。1959 年开工建设，1960 年 6 月 13 日建成。大坝长 725 米，坝顶宽 7 米，坝高 23 米。控制流域面积 277 平方千米，最大回水线 11.3 千米，总库容为 1.11 亿立方米，有效灌溉面积 3 万亩。系乳山市境内库容量最大的水库，是市区工业及居民饮用水的最大水源。309 国道经此。

词目拼音音序索引